KB039957

미스터
마켓
2021

삼프로TV와 함께하는
2021년 주식시장 전망과 투자 전략

미스터 마켓

— MR.MARKET —

2021

이한영·김효진·이다솔·이효석·염승환 지음

page2

많은 변수가 도사리는 여정을 앞두고 꼭 숙지해야 할 가이드북

한 해를 마무리하는 이맘때가 되면 늘 다사다난했다고들 한다. 그렇다. 2020년은 정말 다사다난했다. 아니 어쩌면 다사다난이라는 말이 모자랄 수도 있겠다. 백 년 만에 처음 전염병으로인해 130만 명에 가까운 사람들이 목숨을 잃었고, 5000만 명 이상이 감염됐다. 그저 많은 어려운 일이 있었다라고만 하기엔 턱없이 모자란 재앙의 한 해였다.

경제는 추락했고 죽음보다 더 고통스러운 실업과 빈곤이 인류를 습격했다. 그럼에도 불구하고 주식시장은 사상 최고가를 경신하거나 육박하고 있고, 서울의 아파트 가격은 여전히 고공행진 중이다. 백화점의 명품 매장은 대기표를 받아 줄을 서야 입장이 가능할 정도로 호황이다. 상식이 통하지 않는 세상이 되어가고 있다.

애널리스트들은 면죄부를 받을 만했다. 경제를 예측하고 주가를 맞추는 이들이 전염병을 예상했을 리도 없거니와 막상 닥쳐온 전염병이 이처럼 큰 재앙이 될지 누군들 알았겠나. 어차피 잘안 맞는 분석, 2020년은 모든 애널리스트가 당당하게 나만 못 맞췄냐고 할 만한 해다. 어디 애널리스트만 그런가? 저명한 방역학자, 인류학자 하물며 공무원에 이르기까지 누구 하나 제대로 된예측과 전망을 한 이가 없다. 이를 두고 미증유의 사태라고 할법하다.

그런데 이런 미증유의 재앙으로 인해 오히려 더욱 빛을 발하게 된 이들이 있다. 이 책 『미스터 마켓 2021』의 저자 다섯 분이바로 그 주인공들이다. 펀드매니저로서, 거시경제 분석가로서또한 투자 전략가이자 시장 분석가 그리고 일선 개인투자자들을위한 프라이빗 뱅커로서, 코로나19가 낳은 새로운 시장의 질서를 예측하고 각자의 분야에서 뛰어난 실력을 발휘해 명성을 얻은 분들이다. 그만큼 앞으로가 더욱 기대되는 우리 자본시장의인재들이다.

다섯 분의 글과 말에는 힘이 있다. 에둘러 얘기하지 않고 모르는 걸 아는 체하지도 않으며 나 홀로 정답이라고 고집을 부리지도않는다. 다만 그 주장의 근거를 충실히 내어놓고 동의를 구한다.

부럽다. 이 책의 기획자이자 〈삼프로TV〉를 통해 이분들을 본격적으로 세상에 소개한 사람으로서 보람을 느끼는 것도 사실이지만 인간적으로는 부럽고 시샘이 나기도 한다. 내가 이분들 나이에 이렇게 통찰력을 표현해낼 수 있었다면 나는 지금쯤 무얼 하고 있을까 싶은 생각도 든다. 그래도 이분들을 인터뷰할 때 내 얼굴에 즐거운 미소가 가득했다는 〈삼프로TV〉 시청자들의 평을 보면, 젊고 실력 있는 인재들과 교류하는 나는 행복한 사람이다.

2021년이 목전이다. 앞날을 예측하기 어려울 정도의 많은 변수가 도사리고 있다. 이 책이 정답을 제시한다고 할 수는 없겠지만 더없이 다사다난할 또 한 해의 여정을 앞두고 꼭 한 번은 숙지해야 할 가이드북으로서의 역할에는 부족함이 없을 것이다. 부디 낙오하지 않고 다른 이들보다 안전한 지름길을 통해 부의 산마루에 베이스캠프를 차릴 수 있기를 바란다. 나 또한 이분들과 함께 늘 여러분들의 척후병 역할을 충실히 수행할 것을 이 기회에 다짐해둔다. 2021년엔 모든 분이 꼭 부자 되시기를 기원한다.

2020년 11월 햇살 좋은 오후에
삼프로TV 김동환

차례

1장

우리가 해야 할 투자의 방향은 명확하다 _ 이한영

2장

무엇이 주도주를 결정하는가? _ 김효진

3장

투자도 계절의 변화를 준비해야 할 때 _ 이다솔

4장

주식의 시대, 새로운 밸류에이션으로 승부하라 _ 이효석

5장

어떤 업종, 어떤 기업에 투자할까? _ 염승환

우리가 해야 할
투자의 방향은 명확하다

DS자산운용 주식운용본부장

이한영

시장에 참여할 때 반드시
정해야 할 자기만의 기준

2020년 시장을 되돌아보면 '코로나19', '변동성', '동학개미운동', 'BBIG Bio, Battery, Internet, Game 혹은 성장주 주도', '유동성 장세', '그린뉴딜' 등의 단어로 요약해볼 수 있을 것이다. 코로나19에도 불구하고 강한 지수의 반등, 성장주의 차별화된 수익률은 많은 국민을 주식시장으로 유입시켰고, 〈삼프로TV〉와 같이 거시경제, 산업, 시황 등에 대해 양질의 분석을 제공하는 매체들이 증가하면서 주식시장에 참여하는 투자자의 수준도 갈수록 높아지고 있다.

이런 상황에서 2021년에 대한 전망을 글로 표현한다는 것이 부담은 있지만, 펀드매니저로서 매 순간 의사결정을 해야만 하고, 또 그에 대한 결과로 평가를 받는 것이 펀드매니저라는 직업이기에 '현재에 대한 진단' 그리고 '변화에 대한 예측'을 통해 '시장에 대응하는 방법론'을 도출하는 것에 중점을 두고 2021년 시장에 대한 나름의 설명을 해보려고 한다. 이 글을 읽는 투자자들이 조금이라도 더 높은 승률로 시장과의 싸움에서 이길 수 있는 데 기여할 수 있었으면 한다.

자본시장에 참여하다 보면 글로벌 정치와 경제를 비롯한 각종 이벤트에 관심을 갖고, 그것들의 순환고리나 각 사건에 대해 개별적으로 예측하고 대응하는 과정을 겪을 수밖에 없다. 그런데 이것이 훈련되지 않은 일명 '주린이(주식+어린이)'들에게는 쉬운 것이 아니다.

동학개미운동이 본격화되면서 나도 주변인들에게 수없이 많은 주식과 관련된 질문을 받아왔다. 낙폭 과대인 상태에서 주식시장이 급반등할 때는 본인 실력으로 수익이 난 것인지, 시장이 올라서 수익이 난 것인지 모른다. 그러다 일차적인 기술적 반등 이후 섹터의 순환매가 시작되고, 신규 테마가 발생하면서 새로운 변동성 요소가 보태지면 흔히 말하듯 '정신 줄 놓는' 순간이 온다. 따라가기 어려운 장이 시작되면서 본인의 투자 수익률에 대해 고민이 생기기 시작하는 것이다.

2020년 3월 이후 시장의 흐름을 예로 들어보면 쉽게 이해가 될 것이다. 주식시장은 '코로나19 발병에 따른 폭락 → 낙폭 과대주의 기술적 반등 → 주도주의 등장 → 주도주 급등에 따른 이격 조정 → 비주도주의 갭 메우기 → 주도주의 재압축·순환매'의 과정을 현재까지 거치고 있다. 실제 시장은 2020년만이 아니라 항상 이렇게 순환의 과정을 수없이 반복하면서 생물처럼 움직인다. 따라서 주식 매매의 타이밍이나 종목 선택이 잘못되면 아무리 시장이 좋아도 수익률은 나쁠 수도 있다. 선택에 따라 '대박', '쪽박', '평균적인 수익률' 등 다양한 성과로 그 결과가 다르게 나타나는 것이다.

수익을 창출하는 데 있어서 정해진 답은 없다. 하지만 몇 가지의 기준은 대안으로 제시할 수 있을 것 같다. 다음은 주변인들로부터 많이 받아온 질문과 그에 대해 설명해줬던 내용을 정리한 것이다. 이 글을 읽는 독자들, 특히 '주린이'들은 꼭 염두에 두었으면 하는 내용이기도 하다. 어떻게 보면 너무 당연한 말들이지만, 실제로 이를 행하느냐 아니냐는 수익률 차이로 나타날 것이다.

- **생활 자금이 아닌 여유 자금으로 투자하는가?**
  : 여유 자금이어야 주식 매매의 타이밍을 기다릴 수 있다.
- **매수·매도에 대한 판단의 주체는 누구인가?**
  : '~라고 하더라'에 의한 투자는 백전백패다. 수익이 났다면 그건 운

이다.

- **투자에 대한 판단 기준은 무엇인가?**

  : 기준이 있어야 매수·매도, 추가 매수·손절을 할 수 있다. 그리고 본
    인만이 투자에 대한 시간과 비중을 정할 수 있다.

- **자신만의 목표 수익률과 손절매**Loss cut **기준은 얼마인가?**

  : 사람마다 견딜 수 있는 손실의 폭이 다르다.

- **본인이 한 판단의 기준이 '예측'인가 '대응'인가?**

투자자들은 나름의 논리로 특정한 이벤트에 대해 선제적으로
'예측'을 하거나 특정 사건에 대한 후행적인 '대응'을 통해 투자
를 실행한다. 의사결정을 하는 그 순간에는 최선이라고 생각했
던 결정은 시간이 지나고 나서야 잘한 의사결정인지, 잘못한 의
사결정인지 판가름 난다. 잘못했다고 느끼는 순간은 이미 손실
이 발생했을 것이고, 그때는 투자한 종목에 대한 판단보다는 손
실의 규모에 사로잡혀 비자발적인 장기투자에 돌입할 것인지,
그냥 팔고 주식을 하지 말 것인지에 대한 고민이 더 깊어지는 단
계로 진입하게 된다.

투자를 하다 보면 예상하지 못했던 이벤트를 곤란한 타이밍에
겪게 되는 경우가 많이 생긴다. 따라서 투자를 하는 데 있어서
앞에서 정리한 자기만의 기준을 정립해 놓는다면 위기 상황에서
많은 도움이 될 것이다. 주식투자를 장기간 할 수 있는 가장 큰

요건은 리스크 관리 능력이라고 생각한다. 특정 현상에 대해 해석하는 능력을 갖추고, 그에 따른 본인만의 기준을 설정한 후 그것에 입각한 의사결정을 내려야 그렇지 못했을 경우보다 높은 확률로 성공적인 투자를 할 수 있으며, 그래야 결과에 대해서도 후회가 없을 것이다.

그럼 이제 지난 1~2년간 주식시장을 좌지우지했던 요인들에 대해 판단해보고, 향후 이 요인들이 장단기로 주식시장에 어떻게 영향을 줄 것인지 생각해보면서 2021년 시장을 전망해보자.

예측과 대응을 구분하라

2020년을 마무리하는 시점에 진입하면서 최근 2년간의 시장을 최대한 간단하게 정리해보면, 다음 페이지의 표와 같이 표현할 수 있다. 간단하다고는 했으나 사실은 복잡한 내용을 정리한 것이며, 각 요인들이 개별적이거나 복합적으로 작용하면서 시장의 급등락을 발생시켰다. 주식시장은 새로운 변수에 민감하게 반응한다. 모두가 기대하는 호재는 더 이상 호재가 아니고, 모두가 인지하고 있는 악재는 더 이상 악재도 아니다. 따라서 시간이 지나면서 특정 요인이 변수에서 상수로 바뀔 때 우리가 어떻게 대응하는 게 좋은지 생각해보면 좋겠다.

최근 2년간 시장의 변동 요인

구분	2019년	2020년	2020년+코로나19
G2 무역분쟁	• 극단적 분쟁→완화 • 코스피 2600→2300 →2000pt	• 단계별 합의 • 지수의 기술적 되돌림	• 제한적 확전
Fed 통화 정책	• 금리 인상→인하 • 유동성 공급	• 보험성 금리 인하 (Insurance cut)	• 무한 양적완화(QE)
거시경제	• 재정 정책 지원	• 순환적 회복 (Bottom out) • 인프라투자	• 국가별 순환적 회복 (Bottom out) 차별화 • 코로나19 대응력 차이
기업 실적	• 순환적 회복 (Bottom out)	• 영업이익 증가율·탄력적 반등	• 실적 성장주 차별화

자료: DS자산운용

G2 무역분쟁은 예측의 영역인가, 대응의 영역인가?

우선 'G2 무역분쟁'을 생각해보자. 2018년 G2 무역분쟁의 전면전이 개시되었고, 양국은 서로 '강 대 강'으로 맞붙었다. 트럼프 대통령은 법인세 인하로 중국과의 전면전에 대한 체력을 만들었고, 시진핑 주석은 관세에 상응하는 위안화 약세를 토대로 응전했다. 글로벌 증시는 G2 정상의 말 한마디에 변동성이 확대되는 양상을 보이기도 했고, 트럼프 대통령의 트위터가 매수·매도의 '답안지'처럼 여겨지는 상황까지도 연출됐다.

한국 증시는 2017년 실적 호조를 바탕으로 코스피지수 2600

포인트를 목전에 두고 있었으나, 2018년 G2 무역분쟁의 전면전을 계기로 2300포인트 수준으로 하락했고, 추가적인 확전으로 인해 2000포인트도 붕괴되는 과정을 거쳤다. 물론 이 과정에서 OECD가 이례적으로 경기선행지수를 하향 수정한 악재까지 겹치면서 지수의 하락 폭이 확대되기도 했다.

이렇게 2018년 6월 이후부터 약 2년간 무역분쟁을 끌어온 G2는 현재 부분적 합의에 도달했고, 전면전보다는 개별 기업을 규제하는 국지전으로 돌입했다. 2019년 중반 장기전에 돌입하는 과정에서 트럼프의 패가 꼬이기 시작했고, 이이 더해 2020년 초 코로나19가 발생하면서 추가적인 확전이 불가능한 상황이 되었기 때문이다. 확실한 승자와 패자가 있는 것이 아니라 그저 모두를 힘들게만 한 시간이었다. 그러나 결론적으로 보면 무역분쟁으로 인해 대중 관세가 극단적으로 높아지지도 않았고, 중국의 위안화도 무역분쟁 발발 이전 수준에서 안정화되었다. 경제성장률도 양호하게 유지되고 있고, 심지어 지수도 회복했다.

바로 여기서 말하고 싶은 첫 번째 포인트가 있다. 왜 펀드매니저를 비롯한 수많은 시장 참여자는 이 기간 동안 '트럼프의 트위터'를 투자 판단의 기준으로 삼았을까 하는 점이다. 이유는 간단하다. 무역분쟁은 미국과 중국의 지도자 두 명 간의 '정치 싸움'이었는데, 트럼프 대통령은 극단적 협상 전술을 사용하는 사람이라서 항상 예상을 벗어난 '액션'을 취했기 때문이다. 이러한 상황이 지속적으로 반복되는 과정을 거치며 예측이 불가능하다는 것을 체감하고 나서부터는 그저 트럼프 대통령의 입만 바라보고 있을 수밖에 없었다. 다시 말해 '예측'이 아닌 '대응'의 영역으로 진입했던 것이다.

그렇다면 2년간 시장을 지배해왔던 G2 무역분쟁이 '대응'의 영역이라고 할 때, 우리가 어떻게 대응했어야 성공적인 투자로 이어졌을지 생각해봐야 한다. 이에 대한 답은 의외로 간단하다. '대응'이기 때문에 이분법적인 답안지를 만들고, 그 답안지의 시나리오대로 실행하면 성공 확률이 높아진다. 그럼 G2 무역분쟁에 대한 답안지는 뭐였을까?

G2 무역분쟁이 단계별로 확전될수록 새로운 산업과 영역에 대한 관세가 부과됐는데, 그 새로운 영역에 포함되는 대표적인 것이 'IT 섹터'였다. 실제 2018~2019년 주식시장은 무역협상의 기조에 따라 긍정적이면 'IT 섹터 중심의 반등', 부정적이면 'IT 섹터 중심으로 급락'이 반복적으로 연출됐다. 시가총액이 큰 종목이 다수 포진해 있다는 점도 원인이었겠지만, 시장은 IT 섹터에 새롭게 관세가 부과될 수 있다는 '새로운 변화(리스크)'에 반응했던 것이다. 2020년 말인 지금은 어떠한가? G2 무역분쟁 관련 뉴스에 예전처럼 민감하게 반응하지 않고 있다. 바로 이러한 변화를 체감하는 것이 중요하다.

2018~2019년은 대부분의 섹터가 부진한 가운데 시가총액 상

위를 구성하는 IT 섹터의 급등락으로 인해 코스피지수의 변동성만 확대되었다. 자연스럽게 시장 참여자들은 IT 섹터를 소외시켰고, 새로운 변화와 상승 동력이 있는 소위 '4차 산업혁명주'가 대안으로 떠올랐다. 코스피지수의 흐름과는 무관하게 수익률이 창출되는 산업에 투자가 집중되는 '주도주의 쏠림'이 나타난 것이다.

G2 무역분쟁에 대한 향후 전망은 '2021년 전망'에 관한 부분에서 추가로 설명하고자 한다. 지금까지 설명한 부분에서는 다음의 내용만 기억했으면 좋겠다.

- '예측'과 '대응'을 구분하라. G2 무역분쟁은 대응의 영역이다.
- 시장은 새로운 변화에 민감하게 반응한다. '상수'가 된 '변수'에는 둔감하다.
- 악화 때는 신규로 포함될 산업이 급락했고, 완화 때는 반대로 급등했다. 대응에 대한 답안지를 만들어라.

연방준비제도는 누구의 편인가?

이 질문에 대한 답은 너무도 명확하다. 연방준비제도Fed(이하 연준)은 '시장Market'의 편이다. 연준은 그동안 시장의 안정화를 위해 가능한 모든 정책을 지속적으로 동원했다. 그럼에도 불구하고 연준의 액션과 성명서 문구 하나에 각종 분석이 더해지며 '매파', '비둘기파'라는 이분법이 적용됐고, 모든 게 다 시장의 변동성 요인으로 작용했다.

연준은 2015년 6월을 기점으로 금리 인상을 시작했는데, 이러한 스탠스는 2018년 상반기까지도 유지했다. 그러나 G2 무역분쟁의 전면전, 장기전으로 인한 정치적인 이유(트럼프 대통령의 인하 압박)와 실제로 부진한 경제 지표(시장의 요구) 등이 결합되면서 연준은 시장 달래기에 나섰고, 그것이 '보험성 금리 인하Insurance cut'로 표현되는 시장 친화적인 정책으로 이어졌다.

여기에 코로나19가 더해지면서 연준은 '무한 양적완화Quantitative Easing, QE'라는 극단적 처방을 했고, 현재는 '평균물가목표제Flexible Form of Average Inflation Targeting, AIT'라는 새로운 정책 수단을 제시하면서 확실한 시장 편임을 천명하고 있다. 이제 시장 참여자들은 이 AIT가 말하는 평균의 기간이 4년인지, 8년인지, 아니면 그 이상인지에 대한 논쟁이 벌어지고 있다. 그러나 연준은 이 기간이 정확히 얼마나 되는지 밝히지 않으면서 '정책의 유연성'을 증대시키고 있다.

2019년 말에서 2020년 초까지 시장이 걱정했던 부분은 장단기 금리 역전 현상이었고, 이는 실제 변동성 발생 요인이었다. 장단기 금리 역전 현상은 최근의 역전 현상을 포함해 총 여섯 번 있었는데, 과거 다섯 번은 모두 시장이 폭락을 경험했다. 따라서 과거의 사례를 통해 미래를 예측하는 관점에서 볼 때 시장은 공포심을 가지는 것이 당연했다. 그리고 연준의 정책은 G2 무역분쟁보다 상대적으로 높은 확률로 예측이 가능한 요인이기도 했다. 따라서 이번에도 주식시장에 변동성은 발생했으나, 그 폭과 기간은 앞선 경우보다 약했다. 왜냐하면 최근의 경우는 경기와 금리의 '채널'이 달랐기 때문이다. '채널이 다르다'는 말을 달리 표현하면 '추세가 다르다'라고 할 수 있다.

경기는 순환 사이클에 따라 흥망성쇠를 반복하는데, 경기가 활황으로 가면 당연히 연준 입장에서는 물가 안정화를 위해 금리를 인상한다. 즉, 인플레이션 방어에 나서는 것이다. 이러한 과

미국 10년물 − 2년물 장단기 금리 추이(역전 사례)

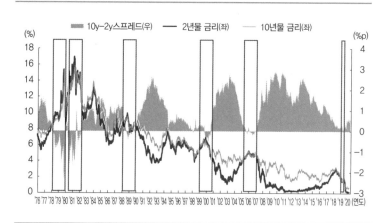

정에서 경기를 반영하는 국채 10년물 장기 금리의 상승세를 정책금리를 반영하는 국채 2년물 단기 금리가 따라잡으면서 그 차이가 축소된다. 그리고 일정 시간이 지나 경기가 둔화되는 시점에서 만나게 되고 결국 역전 현상이 발생한다. 즉, 과거 다섯 번의 금리 역전 현상은 이렇게 경기가 좋아서 금리를 올리다 보니 발생했던 것이다.

그러나 2019년에 경험한 장단기 금리 역전 현상은 과거와 달리 경기와 금리가 상승하는 채널이 아닌 하락하는 채널에서의 역전 현상이라는 점에서 차이가 있다. 물론 경기가 확실히 개선되지 않은 2015년 6월부터 연준이 금리를 인상하기 시작했던 게 문제이기도 했지만, 2015년에는 몰랐을 G2 무역분쟁으로 인한 경기 악화가 더 문제였다. 즉 '10년물-2년물 > 0'이라는 공식으로 볼 때, '0' 이상이었지만 레벨 자체가 낮은 상황이었고, 여유가 없는 상황에서 금리의 인상으로 인해 국채 2년물이 낮은 레벨에서 상승했던 것이다.

그렇다면, 간단하게 '10년물-2년물 > 0'을 유지시키는 방법은 무엇일까? 경기가 좋아지거나 금리가 낮아지면 된다. 그래서 연준은 금리를 인하하기 시작했고, 경기도 추가적인 하락이 제한되면서 현재는 이러한 우려가 해소되고 있는 것이다. 시장에서도 더 이상은 악재로 언급하지 않는 상황이다. 오히려 내년 경기 회복에 따른 시중금리의 상승을 걱정하기에 이르렀다.

이러한 정책적 지원 속에서 '낮아진 금리'와 '증가된 유동성'은 시장 할인율을 낮추고, 높은 밸류에이션(실적 대비 주가 수준)에 대해 관대한 투자 심리를 형성시키면서 PER Price earning ratio(주가수익비율)를 넘어 'PDR Price to Dream Ratio', 'PTR Price to Tesla Ratio'이라는 말이 만들어지기도 했다. 시장 친화적인 연준의 정책이 시장에 반영되고 있는 것이다.

코로나19 확산으로 금융시장이 악화될 때 연준이 보여준 정책에 대해 시장 참여자들의 반응은 달랐다. 펀드매니저로 국한해서 보면, 2008년 리먼브라더스 사태를 경험했던 매니저들은 연준의 정책에 대해 적극적인 매수로 대응했지만, 그때의 경험치가 없던 매니저들은 철저하게 코로나19의 확산 정도와 백신 뉴스에 따라 대응했다. 연준에 대한 신뢰 여부가 달랐던 것이다.

리먼 사태를 경험한 펀드매니저들이 적극적인 매수를 한 이유는 '주가=기업 이익×밸류에이션'이라는 함수에서 '기업 이익=0'이라는 부도 사태에 대해 정책적으로 구제가 이뤄지는 것을 봤고, 그런 극복의 역사를 가진 연준이 코로나19로 인한 글로벌 증시 폭락에도 민첩하게 대응했기 때문이다. 또한 연준은 시장 편이라고 믿었기 때문이다. 그래서 급락에 따른 연준의 정책에 매수로 대응했다. 급락에 따른 손실도 컸겠지만, 급반등 때는 높아진 비중으로 수익률 역시 급반등했을 것이다.

그럼 반대의 경우는 어땠나? 지속적으로 의심을 했고, 그러다 보니 연준의 정책이 발표돼도 리스크 관리 측면에서만 대응했다. 자연스럽게 급락 시 손실도 제한되었으나 급반등 시 수익률 역시 시장보다 부진했을 것이다. 이처럼 예측과 대응의 차이가 수익률의 결과물을 달리 가져다주는 것이다. 지금까지 설명한 부분에서 기억했으면 하는 내용은 아래와 같다.

- '예측'과 '대응'을 구분하라. 연준의 정책은 예측의 영역이다.
- 장단기 금리 역전 현상의 채널이 이전과는 다른 상황이다.
- 무엇보다, 연준은 '시장 편'이다.
- 그리고 우리는 연준 의장보다 연준의 정책을 모른다.

시장은 변곡점을 맞이했다

'G2 무역분쟁'은 미국 중심의 패권을 유지하기 위한 것이고, '연준의 금리 인상' 기조는 달러화 중심의 통화 정책이라는 점에서 두 요인의 결합은 '달러 초강세'라는 현상을 낳았다. 달러화 표시 자산에 투자가 쏠릴 수밖에 없었던 환경이 지속된 것이다. 그런데 만일 두 요인의 진행 방향이 바뀐다면 어떻게 될까? 이럴 때 시장의 '변곡점'이 형성된다. 반복적으로 언급하고 있지만,

시장은 새로운 변화에만 민감하게 반응할 뿐 익숙한 변수에는 민감하게 반응하지 않고 상수 취급을 하기 마련이다.

극단적 무역분쟁의 완화와 연준의 저금리 정책은 '달러 약세' 요인으로 작용하면서 자연스럽게 비달러 자산으로의 '머니 무브Money move'를 촉발하게 된다. 2020년 초를 복기해보면, 이런 환경으로 인해 실제로 비달러 자산과 신흥 시장, 특히 중국이나 한국 등 아시아 주요 국가의 증시가 강세를 보였다. 즉, 코로나19로 인한 차별적 경제 정상화가 아니더라도 시장은 비달러 자산으로 확산되고, 한국 시장은 강세를 보일 수 있는 환경이었던 것이다.

그런데 여기서 새로운 의문이 생긴다. 비달러 자산으로의 확산이면, 과거 10년간 상승한(단지 상승했기 때문에 걱정이던) 미국 주식은 부진하고 중국이나 한국 등 그동안 상승하지 못했던 국가만의 강세가 나타나야 하는데, 현재 글로벌 증시에서는 대부분의 기술 성장주의 강세가 공통적으로 나타나고 있다. 이 점은 향후 다시 정리하기로 하겠다. 어쨌든 이 부분에서 기억할 내용은 다음과 같다.

• 코로나19가 아니었어도 시장은 변곡점을 맞이했을 것이다. 비달러 자산으로 확산될 국면이었다.

2020년 주식시장의 특징, '쏠림'

2020년 주식시장의 특징을 한 단어로 표현하면 '쏠림'이라고 할 수 있을 것이다. 이 '쏠림' 현상도 두 가지로 나눌 수 있는데, 하나는 '주도주의 쏠림'이며, 다른 하나는 '투자 주체의 쏠림'이다. 대다수의 언론과 시장 참여자들이 2020년을 '유동성 장세'라고 표현하고 '유동성의 힘'이 지수를 견인했다고 하는데, 사실 이 표현에 대해서는 수정을 했으면 한다. 유동성이 시장을 견인한 것이 아니라 유동성이 주식시장으로 유입될 '자극'이 있었다는 점이 중요한 것이다. 그리고 유동성의 유입을 자극한 포인트가 바로 두 가지 형태의 '쏠림'으로 표현된 것이라고 생각한다.

첫 번째로 '주도주의 쏠림'을 생각해보자. 이 현상에 대해서는 다음 페이지의 표가 가장 명료하게 표현해준다. S&P500과 코스피의 2020년 시가총액 상위 10위 내의 종목을 살펴보면 그 특징은 명확하다. 미국의 경우 'FAANG Facebook, Amazon, Apple, Netflix, Google', 한국의 경우 'BBIG'이다. 왜 이런 결과물이 만들어졌는지는 더 명확하다. 인터넷·플랫폼, 2차전지, 바이오테크 등이 지금 시대에 개화하고 있는 신산업이기 때문이다.

산업이 성장하면 자연스럽게 대표주의 실적 역시 추세적으로 증가한다. 앞서 언급했던 '주가＝기업 이익×밸류에이션'의 함수에서 보면, 산업이 성장하니 기업 이익도 증가하고, 성장성이 돋보이니 밸류에이션도 확장되며 주가는 강세를 보이게 된다.

나는 직업상 투자설명회나 고객 상담을 종종 하는데, 내가 느끼기에 2020년에 모두가 힘들어했던 부분 중에는 '예상을 벗어난 지수의 급등락'도 있었지만, '너무 뻔한 산업의 너무 뻔한 그 주식'이 지속적으로 강세를 보였다는 점도 분명 존재한다.

S&P 500, 코스피 기준 시가총액 상위 기업

2000년 S&P500 시가총액 상위 기업			2020년 S&P500 시가총액 상위 기업			2000년 코스피 시가총액 상위 기업			2020년 코스피 시가총액 상위 기업		
순위	기업명	시가총액 (십억 달러)	순위	기업명	시가총액 (십억 달러)	순위	기업명	시가총액 (십억 원)	순위	기업명	시가총액 (십억 원)
1	제너럴 일렉트릭	475.0	1	애플	1,917.7	1	삼성전자	23,896	1	삼성전자	364,157
2	엑슨 모빌	302.2	2	마이크로 소프트	1,551.7	2	SK텔레콤	22,556	2	SK 하이닉스	59,332
3	화이자	290.2	3	아마존 닷컴	1,541.8	3	KT	20,917	3	삼성바이오 로직스	39,208
4	씨티그룹	275.7	4	알파벳 A	1,031.4	4	한국전력	15,106	4	NAVER	30,910
5	시스코 시스템즈	268.7	5	알파벳 C	1,031.4	5	POSCO	7,381	5	LG화학	23,051
6	월마트	237.3	6	페이스북	750.6	6	국민은행	4,464	6	셀트리온	19,621
7	마이크로 소프트	231.3	7	버크셔 해서웨이 B	524.7	7	KT&G	3,629	7	현대차	18,951
8	아메리칸 인터내셔널 그룹	228.2	8	비자 A	430.2	8	기아차	3,192	8	카카오	16,478
9	머크앤드 컴퍼니	215.9	9	존슨앤드 존슨	390.7	9	한국 주택은행	3,130	9	삼성SDI	13,494
10	로얄 더치 쉘 ADR Class A	212.9	10	월마트	386.1	10	현대차	2,772	10	LG생활 건강	13,160

자료: QuantiWise, Bloomberg

2000년 이후부터 약 20년 동안을 복기해보면, 2000년 초반은 IT 버블, 2000년 중반은 소재·산업재[이른바 '차화정(자동차, 화학, 정유)' 시대], 2010년대는 중국 소비재, 2010년대 후반부터 현재까지는 기술 성장주(4차 산업혁명주)로 시대별 주도 섹터를 정리해볼 수 있을 것이다. 시대마다 주도하는 산업이 새롭게 나타나고, 성장과 쇠퇴를 반복하면서 또다시 새로운 산업으로의 이전이 발생한다. 이렇게 신성장 산업은 주식에 있어서 가장 중요한 '성장'이라는 모멘텀을 제공한다.

아래의 그림은 코스피의 개장 이래로 지금까지의 지수 차트와

시대별 주도 섹터와 주도주의 주가 흐름

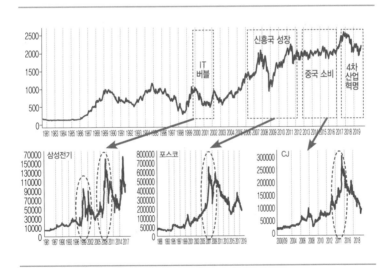

자료: DS자산운용

각 시대별로 주도주였던 종목이 동일 기간 동안 보인 주가 흐름이다. 앞서 설명한 내용이 축약적으로 표현된다. 지수가 오르든, 횡보하든 주도주는 차별적인 성과를 가져왔다. 그리고 그 시대가 마무리되면 그 주식은 냉정하게 잊힌다.

현재 우리가 BBIG이라고 부르는 신성장 산업을 산업 사이클로 보면 '개화'에서 '성숙 이전'의 단계에 있다고 볼 수 있다. 즉, 아직도 성숙 단계로 가려면 시간이 많이 남은 것이다. 그 시간 동안 해당 섹터들의 성장성이 모멘텀과 양호한 기업 실적을 선사해줄 것이다. 따라서 주도주의 '쏠림'은 일정 기간 이어질 것으로 판단한다. 물론 신기술의 전파 속도는 과거보다 빨라서 산업 사이클이 짧아지는 경향이 나타나지만, 현재는 성장기에 막 진입한 시점이므로 시간적으로 여유가 있다고 생각한다.

그리고 신성장 산업의 대표주자로 추세적인 상승세를 보이는 코스피 시가총액 상위 10위 종목들로 인해서 자연스럽게 지수의 하방 경직성은 강화될 것이고, 특정 변수로 인해서 변동성이 확대되더라도 강한 복원력을 시장에 제공할 것이다. 실제 이것이 우리가 2020년 '주도주의 쏠림'으로 인해서 체험하고 있는 내용이다. 이 부분에서 꼭 기억했으면 하는 내용은 두 가지다.

- 시대의 1등주는 항상 존재한다. 1등주는 지수와 무관하게 높은 수익률을 가져다준다.

- 성장주의 끝은 급락이다. 성장이 끝난 산업은 이후 잘해봤자 트레이 딩이다.

두 번째로 '투자 주체의 쏠림'을 생각해보자. 2020년 최고의 단어, '동학개미운동'이 보여준 고객예탁금의 급증이 이를 잘 말해준다. 그동안 한국 증시를 지배했던 외국인과 기관이 아니라 개인투자자들이 2020년 시장의 수급 주체로 급부상했다. 여기서 우리는 '이들은 왜 그리고 언제 증시로 유입되었나'를 생각해봐야 한다.

부동산을 비롯한 실물 자산의 상승, 빈부 격차의 확대, 현 집권 세력의 정치적 성향, 각종 부동산 규제의 본격화, 여러 금융 상품의 사고, 코로나19에 의한 단기 급락과 그에 따른 매수 기회

고객예탁금 추이

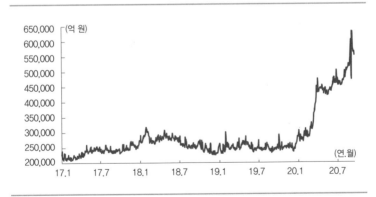

자료: 한국거래소

등 수많은 요인이 개인투자자들을 시장에 들어오게 했을 것이다. 이때 들어온 자금은 아직도 시장에 머무르고 있으며, 오히려 더 증가하고 있다.

여기서 '왜?'라는 의문이 생기는데, 그 답이 유동성 유입의 이유라고 볼 수 있다. 앞서 설명한 '주도주의 쏠림', 즉 '성장'이라는 모멘텀과 '실적'이라는 펀더멘털이 있었던 것이다. 즉, 주가가 상승하기 때문에, 투자를 하면 수익이 발생하기 때문에 유동성이 자극받아서 지속적으로 자금이 주식시장에 유입되고 있는 것이다.

한국 증시의 과거 고객예탁금은 25조 원 수준이었다. 그런데 2020년, 단 1년도 되지 않는 시간 동안 30조 이상의 자금이 순식

개인 투자자의 매수 비중

코스피지수대별 누적 순매수 비중(개인)

(P)	(%)
2300이상	100.0
2200~2299	82.0
2100~2199	74.1
2000~2099	50.5
1900~1999	38.8
1800~1899	30.4
1700~1799	14.1
1500~1699	9.8
1500미만	2.7

자료: 한국거래소

간에 유입되었고, 현재 고객예탁금은 60조 원에 육박하고 있다. 자극받은 유동성이 더 많은 유동성을 자극하고 있는 것이다. 심지어 이 글을 쓰고 있는 시점에서는 BTS 소속사의 상장으로 팬들(국내 청소년 및 해외 아미들)까지 투자에 나서는 상황이다.

그런데 이 자금들이 들어온 시점을 보면 의외로 뒤늦었다. 옆 페이지의 그래프와 같이 2020년 9월 기준으로 보면, 개인들의 50%가 코스피지수 2000포인트에서 본격적으로 유입되었다. 특히, 지수 1800포인트 이하 '낙폭 과대' 구간에 유입된 자금은 15%도 되지 않는다. 내가 계속 유동성이 자극을 받으면서 자금이 후행적으로 시장에 유입되고 있다고 주장하는 것을 이 점이 증명한다고 생각한다. 다시 한번 정리해보자.

- 유동성 장세라서 주식시장이 상승한 것이 아니라 '실적'과 '모멘텀'이라는 자극제가 있었기 때문에 시장에 유동성 자금이 유입된 것이다.
- 쏠림 1: 성장 산업이 주도주를 압축시켰다. 또한 주도주는 지속적으로 압축되고 있다.
- 쏠림 2: 자극받은 유동성 자금이 지속적으로 주식시장에 유입되고 있으며, 후행적으로 증가 중이다.
- 코로나19라는 특수 상황은 '주도주 쏠림'과 '유동성 증가'를 더욱 부각시킨다.

기업 실적의
우상향 추세

주가에 가장 중요한 요소는 '실적'이라고 생각한다. 재무제표에 표기된 수치는 과거의 실적이지만, 애널리스트들의 분석을 통해 형성되는 실적의 '컨센서스'는 미래에 대한 기대치다. 맞을 수도 있고, 틀릴 수도 있다. 하지만 이 미래에 대한 추정치가 주가의 방향성을 결정한다.

아래의 그래프는 S&P500과 코스피의 시가총액 상위 10개 기업들의 향후 12개월 EPS(주당순이익)의 추이를 나타낸 것이다. 이를 보면 실적의 추이가 우상향하고 있으며, 그 속도와 추세는 코

시가총액 상위 10개 기업의 실적 추이

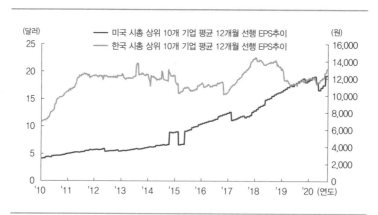

자료: Bloomberg

040

스피 기업들이 S&P500 기업을 상회하고 있다. BBIG과 FAANG 으로 통칭되는 기업들의 실적이 이러한 추세를 유지한다고 보면 2021년에도 성장주의 강세는 지속될 것이고, 자연스럽게 지수는 강세를 보일 것이다. '주가＝기업 이익×밸류에이션'이라는 공식 에서 기업 이익이 상승하고 있는 것이며, 우리는 이 상승세가 언 제 마무리될 것인지, 그리고 이 과정에서 어떤 선택을 해야 하는 지를 고민하면 된다.

일단 현재로서는 단기간에 이런 추세가 끝날 것 같지는 않다. 성장 산업이 '실적'을 보여주면서 지속적인 '모멘텀'을 창출하는 과정을 거치고 있기에 '주도주의 쏠림'은 앞에서 서술한 논리대 로 계속될 것이다. 그리고 성장의 끝, 버블의 우려는 성장이 멈추 는 시점(기업 이익의 성장이 멈추는 시점)에 가서 판단하면 될 것이다.

이 과정에서 우리에게 중요한 판단의 기준은 '압축되는 주도 주를 어떻게 판단할 것인가?'인데, 이 또한 간단한 산식으로 설 정이 가능하다.

- 매출액 증가율 > 영업이익 증가율: 성장하는 기업
- 매출액 증가율 < 영업이익 증가율: 시장을 지배하는 기업

기업의 실적을 분석하는 각종 지표들 중에서 다양한 방식으로 산식을 만들고, 그에 따라 좋은 기업을 고르는 방법을 제시할 수

있을 것이다. 그러나 나는 단순하게 이와 같은 방식을 제시한다.

일반적으로 실적이 좋고, 주가가 상승하는 구간에서는 악재에 덜 민감하기 때문에 성장성이 강하면 주가는 상승한다. 그러나 일정 시간이 지나서 지수의 상승 탄력이 둔화되고 개별 주식들의 수익률이 차별화되는 현상이 나타나면 '옥석 가리기'가 본격화된다. 그렇게 되면 엄격한 잣대로 실적을 분석하기 시작하므로 수익성이 중요해진다.

따라서 가장 좋은 '그 시대의 1등주'는 매출 성장을 유지하면서 지속적으로 영업이익률이 올라가고, 매출 성장이 둔화되어도 영업이익의 성장률은 이를 상회하는 기업이 될 것이다. 1등 주식의 실적이 이렇게 되는 이유는 간단하다. 해당 산업에서 그 기업의 점유율이 올라가기 때문에 '가격 결정권'을 보유할 수 있기 때문이다. 물론 반대의 경우는 위험해진다.

앞의 시총 상위 기업의 실적 추이 그래프를 보면 한국 기업들의 실적 턴어라운드는 2019년 하반기부터 시작되었고, 2020년 3월 코로나19에 의한 급락에도 불구하고 실적은 탄력적으로 개선되었다. 즉, 코로나19에 의해 공포로 인식되던 구간인 2020년 1분기, 2분기에 오히려 주도주의 실적은 예상을 상회하는 개선세를 보였고, 그 어려운 환경에서 매출 성장, 이익 성장이 나오는 기업들은 주도주로서의 지위를 누렸다. 그리고 시장은 '코로나19가 환경의 변화를 가져왔고, 산업 구조의 변화에도 영향을 주기 시작했다'고 해석하면서 의미를 부여하고 있다.

이 글을 쓰는 2020년 10월 현재 시점에서는 3분기 실적을 앞두고 또 한 번 '주도주의 옥석 가리기'가 시작되고 있다. 이제부터는 매출액 성장은 당연한 것이고, 이익률이 유지되는 또는 상승하는 기업이 주도주로서의 지위를 유지할 것이며, 그렇지 못한 기업은 탈락하게 되는 단계로 진입할 것이다. 시장이 점점 더 전문성이 필요해지는 영역으로 진입하는 것이다.

아래의 그래프는 2000년 이후로 코스피의 순이익과 지수를 표시한 것이다. 2008년 리먼 사태에 따른 지수 급락을 제외하면 한국 증시는 2007년 이후로 지수 2000포인트 수준을 유지한 것

코스피지수와 연간 순이익 추이

으로 보인다. 그러나 2000년대 초반에 코스피 순이익이 20조 원대에서 50조 원대로 상승했던 구간과 2017년 100조 원을 상회한 구간을 보면 확연하게 주가는 강세를 보였다. 결국 실적에 반응한다는 것을 알 수 있다. 따라서 2021년 실적 우상향이 진행된다면 주가는 실적에 반응할 것이고, 현재로서는 실적 증가세가 유지될 가능성이 높다고 판단한다.

다른 각도에서 설명을 하자면, 우리는 2020년에 기업들이 무상증자를 하는 경우를 자주 봤다. 무상증자는 사실 주주에게 실질적인 수익이 생기는 것은 아니다. 말 그대로 돈이 들어가지 않는 증자이므로 그 주식 수가 증가하는 만큼 1주당 가격은 비율대로 낮아지고, 거래량만 증가한다. 즉, 거래를 원활하게 해준 것인데, 실익이 없는 무상증자를 한 기업의 주가가 오르는 것은 인기 투표에서 인기상을 탄 것과 같은 것이다. 자신감이 있었던 회사가 시황에 맞게 실적 또는 성장 모멘텀에 대한 자신감을 표현한 것으로 해석할 수 있다. 물론 강세장에서 가능한 것이지만, 현재는 이것이 통하는 시장인 것이다.

- 주가는 실적을 반영한다.
- 실적의 방향성은 일정 기간 우상향 추세를 유지할 것이다.
- 산업을 지배하는 기업이 주도주가 되고, 그 주도주는 가격 전가력을 보유하고 있어 높은 영업이익 성장률을 보일 것이다.

어떻게 대응할 것인가?

2020년 시장을 분석하면서 G2 무역분쟁, 연준의 통화 정책, 두 가지 쏠림 현상, 기업 이익의 성장이라는 네 가지 요인에 대해서 정리했다. 그리고 내 나름의 대응법과 중요하다고 생각하는 내용을 첨언하면서 왜 2020년 주식시장이 강했고, 하방 경직성이 유지되었는지도 설명했다.

현재(10월 초) 기준으로 이야기하면, 2020년 주식시장은 코로나19로 인한 '짧고 굵은' 조정 이후 6개월간 강세장을 보였다. 하반기 가격 부담에 따른 일부 조정은 병행하고 있으나 하방 경직성은 유지하면서 실적 성장주는 지속적으로 우상향 추세를 유지하고 있다.

2021년은 어떤 요인들이 새롭게 등장하면서 시장에 변동성을 만들까? 또 지수의 추이는 어떤 형태를 보일까? 강세론자에 속하는 나도 전망이 틀릴 가능성에 대해서 고민을 많이 하는데, 아직은 기존의 생각이 더 강화되면 강화되었지 시장이 꺾일 만한 요인은 찾지 못하고 있다. 결론적으로 말하면, 2021년 시장의 색깔은 변하지 않을 것으로 판단한다. 그동안 수없이 시도했지만 성공하지 못했던, 2018년 초에 형성했던 코스피지수의 고점 갱신이 이루어질 것으로 예상하고 있다.

나는 2019년 말 여러 투자 설명회에서 "2020년은 새로운 '거리'가 없지만, 강한 실적 성장세를 보일 것이다. 편안한 투자 구간이 될 것이라고 생각하고 주식투자에 본격적으로 나서자!"라고 말하곤 했다. 하지만 당시는 대부분이 부동산, 해외 주식, 각종 구조화 상품에만 관심이 있었고, 국내 주식투자에는 큰 관심을 보이지 않았다. 그런데 지금은 어떤가? 코로나19가 새로울 것 없어 보였던 시장에 '언택트Untact'라는 새로운 변화를 가져왔고, 이렇게 바뀐 우리의 생활 환경이 주가로 표현되고 있다. '주식 열풍'으로 모두가 '한국 주식'에 기본으로 투자하는 상황으로 변화한 것이다.

예상치 못했던 코로나19 덕에 내가 주장했던 내용이 현실화되어 좋긴 하지만, 2021년을 앞두고 지금까지 설명했던 내용이 또 어떤 새로운 변수에 반응해서 어떻게 상황을 전개시킬지 두려운 것도 사실이다. 그래도 2020년을 설명했던 방식처럼 2021년에 대한 전망과 대응을 정리해보고자 한다.

가장 큰 투자의 줄기, '뉴 코리아New Korea'

개인적인 정의를 내려보자면, 2020년에 이어 2021년에도 가장 큰 투자의 줄기는 '뉴 코리아New Korea'이며, 여기에 무게중심을 둬야 한다고 생각한다(지난 8월경에 〈삼프로TV〉에 출연했는데, 당시 설명했던 내용과 관련해 방송 자막에 'New Korea'로 표기되었던 바 있다).

'주가＝기업 이익×밸류에이션'의 함수에서 볼 때, '기업 이익'은 추세적인 상승 가능성을 보인다고 2020년 리뷰 부분에서 언급했다. 실적은 수치로 주가에 즉시 반영되는 정량적인 요인이므로 숫자로 얘기하면 된다. 2020년부터 증명해 보이기 시작한 실적에 더해 2021년에는 '밸류에이션' 상향 요인이 새롭게 등장할 것으로 판단한다. 소위 말하는 '재평가'다.

앞서 밸류에이션에 대해 관대할 수밖에 없는 이유는 설명했다. 최근에는 지수와 성장주의 밸류에이션이 높아지다 보니 오히려 이것이 부담 요인으로 작용하고 있다. 기본적으로 실적이 추세적으로 장기간 성장하면 밸류에이션은 높아진다. 여기에 의미 있는 '스토리'가 더해지면 밸류에이션이 '확산 및 인정'을 받는 구간에 진입하게 될 것이다.

'뉴 코리아'와 관련해 어떤 형태의 재평가를 생각해볼 수 있을지 정리해보자. 첫째로 아래의 표에서처럼 2000년 초반 '바이 코리아' 열풍과 현재를 비교해보고자 한다. 당시는 IMF 국난을 극복하고, '저평가된 한국 주식을 사자'는 '애국 마케팅'이 통하면서 '6~7%대의 중금리' 수준에도 불구하고 개인 자금이 펀드로 쏠리는 현상이 발생했다.

바이 코리아(Buy Korea) vs. 뉴 코리아(New Korea)

구분	Buy Korea	New Korea
시대적 상황	IMF 국난 극복	코로나19
금리	6~7%대 중금리	0%대 저금리
투자 대상	저평가된 한국 기업의 주식	한국의 기술 성장주
마케팅	애국 마케팅	민족적 자긍심
공통점	주식시장에 유동성 유입	

당시 특정 증권사가 판매하고 계열 운용사가 운용했던 '바이 코리아' 펀드는 출시 4개월 만에 10조 원의 자금이 유입되는 성과를 거둘 만큼 열풍 그 자체였다. 이후 본격적으로 펀드 투자의 시대가 개막했고, 다양한 상품들이 지속적으로 출시되어 왔는데

최근 수년간은 시장 상황에 따라 침체기를 겪고 있다.

그럼 지금은 어떤가? 한국은 코로나19 대응에서 선진국으로 평가받으면서 각종 경기 지표상으로도 글로벌 우위를 보이고 있다. 신성장 산업에서도 한국 기업들이 중심 역할을 맡기 시작했다. 한국의 대표 기업들이 전 세계에서 유일하게 중단 없이 정상 가동되는 공장 역할을 수행하면서 시장에서의 위상이 상승한 것이다. 즉, 코로나19 시대의 글로벌 선진국 및 선도 기업이라는 '민족적 자긍심'을 불러일으키면서 '0% 금리' 시기에 '한국의 기술 성장주'를 자국민이 사고 있는 지금은 '뉴 코리아' 시대라고 의미를 부여할 수 있지 않을까 한다.

통상적으로 코스피의 밸류에이션은 PER 9~11배, 신흥국은 PER 13~15배, 선진국은 PER 18~20배 사이를 받아왔다. 현재는 코스피가 12배 수준이고 신흥국은 15배, 선진국은 20배를 상회하고 있는 상황이다. 밸류에이션이 상승한 이유는 '실적의 상승세'라기보다는 '주가 상승의 속도'가 더 가팔랐기 때문이다. 이로 인해 현재 '밸류에이션 부담'이라는 단어가 주가 조정의 빌미가 되고 있기도 하다. 하지만 실적을 바탕으로 자극받은 유동성이 지속적으로 들어오는 시장에서 주가는 항상 먼저 올라 있을 것이기에 밸류에이션은 항상 높을 것이다. 실적이 개선되면 다시 밸류에이션이 낮아 보이게 되고, 그럼 유동성이 또다시 밸류에이션을 밀어 올리면서 비싸 보이게 될 것이다.

이러한 과정을 반복하면서 지수가 지속적으로 상승한다면 '자국민의 자국 주식 매수'라는 현재의 상황, 한국의 차별화된 코로나19 대응과 정상적인 산업 생산, 한국 대표 기업들의 글로벌 성장주로서의 지위, 실적 호조세에 따른 배당의 증가, 각종 주주 친화적인 정책 등을 이유로 높은 밸류에이션을 합리화하는 작업이 진행될 것이다. 이런 내용을 '데이터'에 '스토리'를 덧붙여 설명하면 다음 페이지의 표와 같을 것이다.

이 표는 전 세계 GDP의 합을 기준으로 상위 1~10위 국가의 연도별 비중을 정리한 것이다. 여기서 내가 가장 의미를 두는 것은 2020년 예상치다. 나는 매년 이 자료를 업데이트하고 있지만, 한국이 상위 10위에 진입한다는 예상치가 나오는 것은 이번이 처음이다. 물론 예상치지만, 실제로 현실화되면 파급력은 커질 것이다.

표를 해설하자면, 2000년부터 매년 전 세계 GDP는 증가해왔다. 당연한 것이다. 2008년 리먼 사태와 2020년 코로나19에 의한 '락다운Rock down'을 제외하면 경제는 성장했다. 미국은 순위가 계속 1위이긴 하지만 그 비중이 지속적으로 감소해왔고, 중국은 급속하게 증가해왔다. 2000년 이후는 중국의 성장이 전 세계를 먹여 살린 것이나 다름없다. 이것을 보면 미국이 왜 중국을 견제하지 않을 수 없었는지 이해가 된다. 그런데 수치를 보면 미국이 무역분쟁을 일으켰는데도 2020년에 중국은 오히려 GDP 비중이

국가별 GDP 비중 추이

(실질 GDP 기준, 단위:십억 달러)

순위	국가별 GDP 비중(%)										
	2000	2001	2002	2003	2004	2005	2006	2007	2008	2009	2010
1	미국 28,7	미국 28,4	미국 28,2	미국 28,1	미국 28,0	미국 27,8	미국 27,4	미국 26,7	미국 26,2	미국 25,8	미국 25,4
2	일본 8,2	일본 8,1	일본 7,9	일본 7,8	일본 7,6	중국 7,8	중국 8,4	중국 9,2	중국 9,9	중국 11,0	중국 11,6
3	독일 5,9	중국 6,1	중국 6,5	중국 6,9	중국 7,3	일본 7,4	일본 7,2	일본 7,0	일본 6,8	일본 6,5	일본 6,5
4	중국 5,7	독일 5,9	독일 5,8	독일 5,5	독일 5,3	독일 5,2	독일 5,2	독일 5,1	독일 5,0	독일 4,8	독일 4,8
5	영국 4,7	영국 4,7	영국 4,7	영국 4,7	영국 4,7	영국 4,6	영국 4,5	영국 4,5	영국 4,4	영국 4,2	영국 4,1
6	프랑스 4,3	프랑스 4,3	프랑스 4,2	프랑스 4,1	프랑스 4,1	프랑스 4,0	프랑스 3,9	프랑스 3,8	프랑스 3,7	프랑스 3,7	프랑스 3,6
7	이탈리아 3,8	이탈리아 3,8	이탈리아 3,8	이탈리아 3,6	이탈리아 3,5	이탈리아 3,4	이탈리아 3,4	이탈리아 3,3	이탈리아 3,2	이탈리아 3,0	이탈리아 3,0
8	브라질 2,5	브라질 2,5	브라질 2,5	브라질 2,4	브라질 2,5	브라질 2,4	브라질 2,4	브라질 2,5	브라질 2,5	브라질 2,6	브라질 2,6
9	캐나다 2,4	캐나다 2,4	캐나다 2,4	캐나다 2,4	캐나다 2,4	캐나다 2,4	캐나다 2,3	캐나다 2,3	캐나다 2,2	인도 2,3	인도 2,4
10	스페인 2,0	스페인 2,1	스페인 2,1	스페인 2,1	스페인 2,0	스페인 2,0	인도 2,1	인도 2,1	인도 2,2	캐나다 2,2	캐나다 2,2
전세계 GDP 총합	47,938	48,929	50,074	51,665	53,885	56,077	58,605	61,170	62,367	61,561	64,303

순위	국가별 GDP 비중(%)									
	2011	2012	2013	2014	2015	2016	2017	2018	2019	2020(E)
1	미국 25,0	미국 24,9	미국 24,6	미국 24,5	미국 24,5	미국 24,2	미국 24,0	미국 23,9	미국 23,9	미국 24,1
2	중국 12,4	중국 13,0	중국 13,6	중국 14,2	중국 14,7	중국 15,3	중국 15,8	중국 16,4	중국 16,9	중국 18,1
3	일본 6,3	일본 6,2	일본 6,2	일본 6,0	일본 5,9	일본 5,8	일본 5,7	일본 5,5	일본 5,4	일본 5,4
4	독일 4,8	독일 4,7	독일 4,6	독일 4,6	독일 4,5	독일 4,5	독일 4,5	독일 4,4	독일 4,3	독일 4,2
5	영국 4,1	영국 4,0	영국 4,0	영국 4,0	영국 3,9	영국 3,9	영국 3,8	영국 3,8	영국 3,7	영국 3,5
6	프랑스 3,6	프랑스 3,5	프랑스 3,4	프랑스 3,3	프랑스 3,3	프랑스 3,2	프랑스 3,2	인도 3,2	인도 3,3	인도 3,1
7	이탈리아 2,9	이탈리아 2,7	브라질 2,7	인도 2,8	인도 2,9	인도 3,0	인도 3,1	프랑스 3,1	프랑스 3,1	프랑스 2,9
8	브라질 2,7	브라질 2,6	인도 2,6	브라질 2,6	이탈리아 2,5	이탈리아 2,4	이탈리아 2,4	이탈리아 2,3	이탈리아 2,3	브라질 2,1
9	인도 2,5	인도 2,6	이탈리아 2,6	이탈리아 2,5	브라질 2,4	브라질 2,3	브라질 2,2	브라질 2,2	브라질 2,2	이탈리아 2,1
10	캐나다 2,2	캐나다 2,2	캐나다 2,1	캐나다 2,1	캐나다 2,1	캐나다 2,1	캐나다 2,0	캐나다 2,0	캐나다 2,0	**한국 2,0**
전세계 GDP 총합	66,345	68,178	70,059	72,193	74,448	76,499	79,156	81,672	83,750	79,640

자료: HIS

더 증가했다. 미국의 견제가 특별한 효과가 없었다고 해석할 수 있으며, 이런 와중에 코로나19가 확산되면서 미국은 엎친 데 덮친 격이 됐다. 그래서 앞서 무역분쟁이 이제는 국지전으로 진행될 것이라고 설명했던 것이다.

그리고 그 국지전은 특정 기술 기업을 규제하는 형태로 나타나고 있다. 따라서 2021년부터 G2 무역분쟁과 관련된 변동성은 '기술 규제' 형태로 나타날 것이며, 이와 관련된 밸류체인Value chain(가치사슬)상에서의 호재와 악재를 판단해서 대응해야 할 것이다. 이른바 '줄서기', '찍기' 게임을 정말 잘해야 하는 구간에 진입한 것이다.

그런데 드디어 이 순간 한국이 10위에 진입할 것으로 예상된다. 2020년의 중국과 한국의 비중 증가는 결국 코로나19의 대응력으로 해석할 수 있다. 다른 나라들이 '락다운'에 걸렸을 때, 한국은 공장을 '셧다운Shutdown'한 적이 없었고, 중국은 빠르게 정상화했기 때문이다. 이 수치가 현재는 예상치일 뿐이지만 향후 차별화된 성장으로 증명해낸다면 G7 회의에 초청받는 이벤트성이 아닌 실제 선진국으로 인정받는 새로운 스토리가 완성될 것이라고 판단한다. 이 점이 '민족적 자긍심'을 충분히 갖게 할 것이고, 한국의 수출 데이터만 보고 투자하는 외국인 투자자들도 한국 기업을 인정하게 되는 주요 요인이 될 것이다.

실제로 경제 지표를 한눈에 표현해주는 OECD 경기선행지수가 앞의 표에서 이야기한 논리에 힘을 더해주고 있다. 아래의 그래프는 OECD 경기선행지수의 종합 그리고 미국, 중국, 한국의 국가별 선행지수를 나타낸 것이다. 한국은 '충격의 정도'와 '회복의 속도'가 한눈에 봐도 차별화된다. 앞서 얘기했던 여러 스토리적인 요인들이 데이터로 증명되고 있다고 생각한다.

코로나19 발생 직후 한국의 바이오시밀러 업체들의 대형 수주, 지속적인 한국 콘텐츠(영상, 음원 등)의 수출, 반도체와 2차전지 공장의 차질 없는 가동 등이 2020년 실적 증가에 속도를 더해준 것이라는 점에 의미를 둔다면, 앞으로가 더 기대된다.

'뉴 코리아'를 기대하면서 기억해야 할 내용은 다음과 같다.

국가별 OECD 경기선행지수

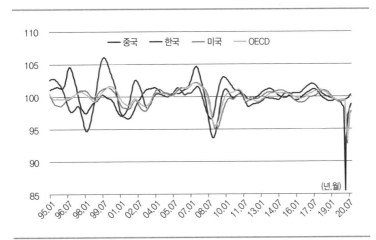

- 포스트 코로나19 시대는 한국이 선진국으로 인정받을 것이고, 이는 밸류에이션 상향 요인이다.
- 무역분쟁은 기술 규제로 변화할 것이다. 해당 밸류체인에 주목해서 대응하자.
- 밸류체인상의 수혜는 한국 기업이다. '민족적 자긍심'을 가지고 '한국의 기술 성장주'에 투자하자.

기업 실적의 강세는 지속될 것이다

밸류에이션의 상향 요인이 자부심을 가질 정도로 완성되어 가는 가운데, 앞서 지속적으로 강조한 실적이 뒷받침될 것이므로 당연히 지수는 상승 추세를 이어갈 것으로 예상한다. 현재 시가총액 상위 기업들의 향후 12개월 EPS 추정치는 다음의 페이지의 그래프와 같은 형태로 예상되고 있다.

앞서 한국 시가총액 상위 10위 주식의 '향후 12개월 순이익 전망치'가 오히려 미국 주식들을 압도하고 있다고 했다. 시가총액 10위에 속하는 기업들을 분류해보면 반도체(삼성전자, SK하이닉스), 2차전지(LG화학, 삼성SDI), 플랫폼·인터넷(네이버, 카카오), 바이오시밀러(삼성바이오로직스, 셀트리온) 이 4개의 섹터로 나뉘고, 다음 그

한국 시총 상위 기업들의 12개월 선행 EPS 추이

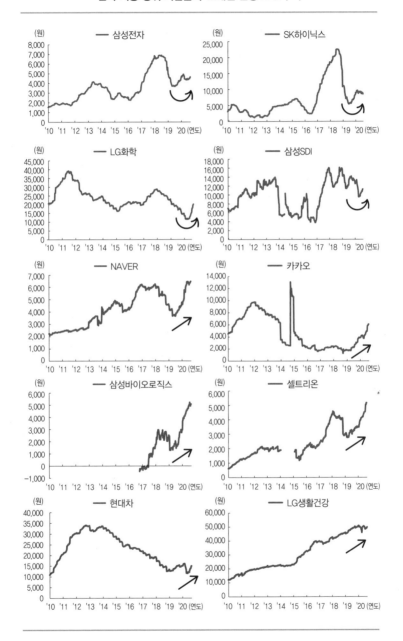

래프들이 이들의 실적 추이를 나타낸다.

실적의 패턴은 두 가지 형태로 나뉘는데, 2020년 이후 '턴어라운드형'과 2019년 이후 '지속 상승형'이다. 이 종목들이 앞서 설명한 재평가에 대한 '스토리'를 실적으로 증명해주는 역할을 할 것이다. 앞서 설명했던 '매출액 증가율 < 영업이익 증가율'을 기준으로, 어떤 종목이 더 탄력과 추세가 좋은지를 관찰하고, 또 주도주에서 이탈하는 종목이 어떤 것인지에 관심을 가지면서 투자와 리스크 관리를 병행하면 승률이 높아지는 게임을 하게 될 것이다.

요컨대, 실적 강세는 이어질 것이다. 여기서 강조하고 싶은 내용을 정리하면 다음과 같다.

- 한국 대표주의 실적 강세는 지속될 것인데, '턴어라운드형'과 '지속 상승형'으로 나뉠 뿐이다.
- 실적이 계속 상승하면 향후 '매출액 증가율 < 영업이익 증가율'을 기준으로 주도주의 지위 유지와 탈락에 대해 관찰하고, 투자와 리스크 관리로 대응하면 된다.

이런 기준에서 내가 2021년에 주목하는 것은 코스피 시가총액 1위 기업인 '삼성전자'다. 삼성전자의 영업이익을 단순하게 구분하면 45~50%는 핸드셋, 20~25%는 반도체, 나머지는 가전과 기타 통신장비 등으로 구성된다. 2020년 3분기부터 3년 만에 삼성전자의 핸드셋 실적이 개선되기 시작하며, 각종 수급 이슈가 마무리되는 반도체는 2021년 상반기에 정상화될 것으로 업계와 전문가들은 예상하고 있다. 비메모리 반도체, 5G 통신장비 등의 수주 모멘텀도 지속되고 있다. 한마디로 삼성전자가 '시장 주식'이 아닌 '개별 주식' 자체적으로 '펀더멘털의 개선'과 '모멘텀'이 결합하는 구간에 진입하는 것이다.

2020년은 '삼성전자'와 '외국인' 없이 현재 수준까지 회복했다. 이를 반대로 해석하면, 삼성전자는 아직 오르지 않았다. 이것이 오히려 2021년의 주식시장과 삼성전자 개별 주식 측면에서는 기회 요인이라고 생각한다. 과거에는 덩치가 큰 주식인 삼성전자가 상승하면, 수급의 '블랙홀' 현상이 나타나면서 나머지 주식들이 하락했다. 펀드매니저들은 그럴 때가 운용하기 힘든 순간이다.

하지만 이번에는 그렇지 않을 거라고 생각한다. 그 이유는 당연히 시장에 풍부한 유동성 때문이다. 실제로 나머지 주식들 역시 실적의 추세적 강세가 예상되는 상황이다. 2020년에 지속적으로 순환매가 발생했지만 동반 상승하는 확산 국면에 진입한 시장이기 때문이다. 삼성전자가 강세를 보인다면 이는 최소 '지수의 하방 경직', 최대 '신고가 요인'으로 작용할 것이라고 생각한다. 내가 여기서 특정 종목을 언급하는 건 그 주식을 사라는

의도가 아니다. 그 주식으로 인해 코스피지수를 특별히 걱정 안
해도 된다는 얘기를 하는 것이다.

- 삼성전자가 실적과 수주 모멘텀이 결합하는 구간에 진입했다.
- 시가총액 1위 주식의 강세는 최소 코스피지수의 하방을 견고하게 해
  줄 것이며, 최대로는 코스피지수 신고가를 견인할 것이다.
- 삼성전자가 2020년에 오르지 않았다는 것은 2021년 최대의 기회 요
  인이 될 것이다.

산업 구조는 이미 바뀌었고,
여기에 '돈'이 있다

앞서 언급했던 두 가지 요인(기업 이익의 상승, 밸류에이션 상승)을
증명해주는 표가 또 있다. 다음 페이지의 표는 2000년 이후 미
국과 한국의 MSCI 섹터 비중을 5년 단위로 정리한 것인데, 20년
간의 장기 시계열을 통해 그동안 어떤 변화가 있었는지 알 수 있
다. 단순하게 개별 국가의 비중 변화를 통해서도 성장하는 섹터
와 쇠퇴하는 섹터를 구분할 수 있고, 한국과 미국의 비중 차이가
좁혀지거나 벌어지는 섹터를 구분할 수도 있다. 즉, 산업의 사이
클이 보인다.

MSCI 국가별 섹터 비중

대분류	중분류	2020 한국	2020 미국	2020 한국-미국	2015 한국	2015 미국	2015 한국-미국	2010 한국	2010 미국	2010 한국-미국	2005 한국	2005 미국	2005 한국-미국	2000 한국	2000 미국	2000 한국-미국
에너지	에너지	1.51	2.36	-0.85	2.33	6.54	-4.21	3.08	12.47	-9.39	3.00	9.72	-6.71	0.00	5.07	-5.07
소재	소재	7.70	2.92	4.79	7.78	2.95	4.83	13.44	3.92	9.52	6.69	2.98	3.71	6.80	2.05	4.75
산업재	자본재	5.91	6.03	-0.12	8.57	7.42	1.15	14.58	8.49	6.09	8.67	8.78	-0.11	2.95	8.74	-5.79
	상업서비스	0.18	1.10	-0.92	0.61	0.81	-0.20	0.16	0.70	-0.55	0.28	0.81	-0.53	0.52	1.46	-0.95
	운송	0.76	2.08	-1.32	0.94	1.61	-0.67	1.41	1.81	-0.40	0.72	1.41	-0.69	0.61	0.83	-0.23
경기소비재	자동차/부품	6.73	1.45	5.28	11.07	1.21	9.86	11.57	1.10	10.48	9.73	0.49	9.24	2.82	1.13	1.69
	내구소비재/의류	2.34	1.30	1.04	1.95	1.54	0.41	2.38	1.11	1.26	3.44	1.45	1.98	1.13	0.70	0.43
	소비자 서비스	0.28	1.80	-1.52	0.86	2.17	-1.32	0.47	2.06	-1.59	0.71	1.94	-1.23	0.12	0.88	-0.76
	유통	0.75	9.19	-8.45	1.39	5.72	-4.33	1.09	3.93	-2.85	0.39	4.36	-3.97	0.76	4.88	-4.12
필수소비재	식품/식품소매	0.54	1.64	-1.11	1.08	2.38	-1.30	1.35	2.37	-1.02	2.03	2.48	-0.44	0.00	1.20	-1.20
	음식료/담배	2.05	3.89	-1.84	3.67	5.71	-2.04	1.67	5.79	-4.12	2.92	4.52	-1.60	1.50	4.00	-2.50
	가정 및 개인용품	2.52	2.10	0.42	4.91	2.03	2.88	1.13	2.49	-1.36	0.74	2.32	-1.58	0.00	1.92	-1.92
건강관리	건강관리 장비/서비스	0.85	7.36	-6.52	0.00	5.15	-5.15	0.00	3.98	-3.98	0.00	5.48	-5.48	0.07	2.62	-2.55
	제약/생물공학	6.77	8.46	-1.69	1.86	10.51	-8.65	0.50	7.59	-7.09	0.36	7.64	-7.28	0.20	12.41	-12.21
금융	은행	5.40	3.71	1.68	7.51	6.23	1.28	10.16	2.99	7.17	14.51	7.81	6.70	8.08	4.90	3.19
	다각화금융	1.30	4.90	-3.60	1.57	4.59	-3.02	2.67	7.51	-4.84	3.64	8.03	-4.40	3.98	6.63	-2.65
	보험	1.65	2.24	-0.58	4.21	3.12	1.10	2.57	3.57	-1.00	1.55	4.74	-3.19	1.18	4.06	-2.88
부동산	부동산	0.00	0.00	0.00	0.00	3.22	0.00	0.00	1.90	0.00	0.00	1.41	0.00	0.00	0.00	0.00
IT	소프트웨어	0.97	17.31	-16.33	5.21	12.96	-7.75	2.06	9.44	-7.37	1.67	6.19	-4.52	0.79	8.76	-7.98
	하드웨어	44.40	9.49	34.91	28.62	6.10	22.52	3.81	7.42	-3.61	3.32	7.25	-3.93	25.53	17.03	8.51
	반도체	5.22	5.36	-0.14	2.87	2.50	0.37	21.91	2.73	19.18	28.15	3.50	24.65	0.00	0.00	0.00
통신커뮤니케이션	통신커뮤니케이션	1.46	2.05	-0.59	0.81	2.53	-1.71	2.56	3.26	-0.70	4.40	3.18	1.21	32.19	7.19	25.01
유틸리티	유틸리티	0.71	3.27	-2.56	2.17	2.99	-0.82	1.43	3.36	-1.93	3.07	3.50	-0.42	10.77	3.53	7.24

어떤 방식으로 보든 바뀌는 산업 구조를 관찰하고, 성장하는 산업을 발견해 밸류체인을 분석하고, 그럼으로써 해당 섹터에서

1등주에 투자할 수 있다면(단순하게 GDP 성장률, 기업 이익의 성장률만 보고 투자해서 시간을 보내는 것이 아니라), 수익 창출이 빠른 투자를 할 수 있을 것이다.

앞의 표를 보면, 한국은 지속적으로 IT 산업의 비중이 증가하고 있다. 반도체, 가전 등에 이어 신규 산업으로 인해 파생되는 분야가 커지고 있으며, 국내 기업들의 입지도 갈수록 커지고 있기 때문이다. 또 눈에 띄는 섹터는 '건강 관리'다. 2000년에는 비중이 거의 없던 섹터가 20년 동안 약 30배 수준의 비중으로 증가했다.

바로 이런 발견이 핵심이다. 모든 변화는 장기 시계열로 보면 추세가 보인다. 주식시장에 참여하다 보면 단기에 집착할 수밖에 없게 되는데, 그럼에도 불구하고 장기 흐름에 편승하고 있어야 단기 시장에도 제대로 대응할 수 있다. 2021년에도 이런 비중의 변화는 미세하게, 그리고 지속적으로 관찰될 것이다. 장기 시계열로 보면서 흐름을 파악하고 단기의 변화에 민첩하게 반응한다면 성과는 시장이 어찌 되든 그와는 무관하게 양호할 것이라고 생각한다.

이번 코로나19를 통한 정부의 위기 대응에서도 보면, 기존 장치 산업에 대한 파급적인 지원책이 아닌 그린뉴딜, 5G 인프라 구축 등의 신성장 산업의 투자가 중심이었다. 이유는 간단하다. 산업 구조가 바뀌었기 때문이다. 대규모 인력이 필요한 장치 산업 등의 '구경제' 산업에 대한 지원책은 고용률을 유지하게 하지만, 새로운 주도 산업에 투자해야 빠르게 GDP 성장을 견인할 수 있다. 정치적인 선택은 당연히 후자다. 이 또한 산업 구조가 변화한 것임을 증명한다.

따라서 가치주, 성장주 구분해서 스타일 투자를 하는 것보다 변화의 핵심에 투자를 했으면 한다. 성장하는 산업에 속한 기업은 압도적인 시장 지배력이 없더라도 성장이 가능하다. 해당 산업군 내에서 시장 지배력이 있는 기업을 찾아 투자하면 승률이 높아질 수 있다. 실제로 '텐 베거$^{\text{Ten bagger}}$(10루타)'라고 불리는 10배 수익률의 종목들은 이런 성장 산업의 밸류체인에 있는 종목들에서 탄생한다.

그린뉴딜과 같은 새로운 정책적 모멘텀이나 기타 다른 이유로 이후 새로운 산업이 더 나오지 않는다는 전제 아래 2020년의 주도주는 2021년에도 유지될 것이라고 판단한다. 한마디로 실적이 증가하는 성장 산업의 대표주들이 보여주는 추세로 인해서 주도주는 변하지 않을 것이다. 다만, 추가적인 옥석 가리기만 진행될 것이다.

- 산업 구조는 변하고 있다. 여기에서 '텐 베거'가 탄생한다.
- 변화하는 산업 구조가 경기 부양책에서도, 투자에서도 핵심이다.
- 결국 주도주는 변하지 않을 것이다.

시장의 새로운 변수,
미국 대선

주기적으로 반복되는 미국 대선이라는 변수를 예측하는 것은 쉽지 않지만 G2 무역분쟁 부분에서 언급한 것처럼 이는 결과에 대한 대응으로, 시나리오 분석이 가능한 대응이다. 그리고 선거는 기간이 정해져 있기 때문에 변동성이 발생해도 선거일 전후 1~2개월 내를 제외하면 특별한 변동성 요인도 아니다.

이 글을 쓰는 현 시점에서 이야기하면 미국 대선 1차 TV토론회는 마무리되었고, 2차 토론회를 앞두고 트럼프의 코로나19 확진 및 2차 토론회 불참 등 다양한 이슈들이 있다. 바이든 후보가 여론조사에서 선전하고 있으며, 트럼프는 파격적인 행보를 이어가면서 반전을 노리고 있다. 사실 독자들이 이 글을 읽을 시점에는 당선자가 확정되어 있을 것이다. 따라서 시장도 이미 어느 정도 반영하고 있을 이슈지만, 이 또한 대응 차원에서 짧게라도 정리하고자 한다.

우선 지금까지 나온 두 후보의 공약에 대한 각종 분석을 단순화해서 보면, 대략 다음 페이지의 표와 같을 것이다. 주식투자와 연결하기 위해 복잡한 공약들은 배제하고 두 후보의 공통점, 차이점만 정리해 이분법화한 것이다.

현재 시장은 바이든의 여론조사 우위와 민주당의 상하원 독

트럼프와 바이든의 비교

구분	트럼프	바이든
미국 증시 입장	상원 공화당	-
미국 외 증시 입장	-	상원 공화당, 하원 민주당
중점 사항	기술투자 (5G 인프라투자 등)	친환경
재정 정책	소규모 재정 정책	대규모 재정 지출
공통점	철도, 도로, 교량 등 기초 인프라투자	
외교	미국 국익 중심	동맹, 다자간 협상 중심
조세	감세	법인세 인상
성장주에서의 구분	IT, 인터넷·플랫폼 등	신재생에너지, 바이오시밀러 등

식 가능성에 긍정적인 반응을 보이고 있다. 시장 참여자들은 안정적인 정책 수행 능력이 담보되는 형태를 선호하는 것이다. 누가 당선이 되든 후속적으로 의회 선거의 승자가 중요한 요인이 될 것이다. 이와 관련해 개인적으로는, 하원이 민주당이라는 전제하에 상원은 공화당이 유지되면 누가 당선이 되더라도 무난한 의회의 구조가 될 것이라고 생각한다.

대선 결과에서의 악재는 트럼프가 당선되고, 상·하원이 민주당이 되는 경우다. 그렇게 되면 대통령이 의회와 등지고 국정 운영을 해야 한다는 점에서 '트럼프발 리스크'가 다시 부각될 수 있다. 그리고 바이든과 민주당의 독식 체제가 될 경우, 트럼프가 선거 불복 선언을 할 수 있다는 점이 또한 변동성을 제공할 것이다.

미국 증시 입장에서는 트럼프의 당선과 공화당의 승리가 투자에 유리하다고 전망하고 있다. 그 이유는 트럼프가 '자국 대기업에 대한 친화적인 태도', '금융 규제의 완화', '적극적인 통화 정책 종용', '강달러 선호'를 이미 지난 재임 기간 보여줬기 때문이다. 기술투자에 중점을 둔 인프라투자를 표방한다는 점에서 성장주의 추세를 유지시켜줄 가능성도 크다. 또한 트럼프가 지난 선거 공약 중 유일하게 실행하지 못했던 기초 인프라투자가 본격화될 수 있기 때문에 미국에서는 오히려 섹터 로테이션도 병행될 수 있을 것이다.

앞서 G2 무역분쟁이 기술 규제로 바뀌는 형태를 띨 것이라고 언급했는데, 트럼프의 재선은 이 기술 규제의 장기화를 의미한다. 그리고 이는 오히려 산업 구조의 변화도 촉진시키는 요인으로 작용할 수 있다고 생각한다. 따라서 우리는 여기에 따른 '종목 찍기Stock picking 게임'을 잘해야 할 것이다.

반면, 바이든 후보의 당선은 미국 외 증시에 우호적일 것으로 전망되고 있다. 바이든의 지지율이 트럼프와 격차를 벌릴수록 중국, 한국 등 'Non-US' 시장이 더 우호적으로 받아들이는 상황이 이를 증명한다. 바이든의 외교 정책의 핵심은 '미국 중심, 달러 중심'이 아니기 때문이다. 외교적인 마찰 수위는 낮아질 수 있다. 반독점 규제와 법인세 인상은 악재로 작용할 테지만, 이는 미국 기업에 국한되기 때문에 국내 기업에 대해서는 수혜 여부를 지켜봐야 한다.

주식투자에서는 변화가 중요하다. 이번 대선에서 시장이 변화로 받아들일 이슈는 기존 대통령인 트럼프보다는 새로운 대통령인 바이든이 되는 것이다. 변화의 핵심은 '친환경'이 될 것이며, 이는 1차적으로 불이 붙은 '그린뉴딜'에 추가적인 모멘텀을 제공하게 될 것이다. 결론적으로 바이든이 당선될 경우 주도주의 색깔이 '녹색'으로 조금 더 변화할 가능성이 존재한다.

과거 미국 대선에서 경기를 살린 대통령, 국가의 위상을 상승시킨 대통령은 모두 재선에 성공했다는 점, 그리고 지난번 대선에서 힐러리가 아닌 트럼프가 당선됐다는 점을 고려해보면 현재의 예상만으로 결과를 단정하긴 힘들다. 그러나 대선 불복 선언만 아니라면 역사적으로 볼 때 주가는 결국 실적을 반영해 강세를 보일 것이다. 따라서 대선 결과 발표와 실제 취임 후 공약 실행에 따른 변동성을 감안한 투자 대응을 하면 합리적일 것이라고 판단한다.

- 트럼프가 당선된다면, 미국 중심 정책의 변화는 없다. 상대국의 기술 규제를 통한 산업 구조의 변화는 촉진될 것이다.
- 바이든이 당선된다면, 'Non-US' 시장에 우호적이며 친환경 관련주의 수혜가 예상된다.
- 누가 되든지 경기 회복만 뒷받침된다면 시장은 상승한다는 것이 경험치다.

한국 저평가,
끝날 때까지 끝난 게 아니다

　아래의 그래프는 코스피 시가총액을 GDP로 나눈 값을 그린 것이다. 일명 '자본화율'로 불리는데, 자본시장 선진화 및 발달 정도를 나타내는 수치다. 단순하게는 공식대로 '미래의 기대값이 반영된 주가'를 확인된 '과거의 GDP값'과 비교함으로써 자본시장 선진화 정도 및 절대값의 저평가 혹은 고평가를 판단해볼 수 있다. 나는 이 데이터를 시장 변곡점의 관점에서 살펴보는데, 낙폭 과대 국면 또는 신고가에 대한 의미를 파악하는 데 유용하게 사용하고 있다.

GDP 대비 코스피 시가총액 비중 (코스피/GDP)

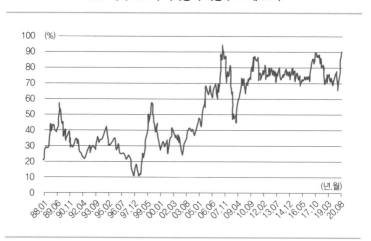

2020년 3월 코로나19로 급락이 나왔고, 지수의 바닥은 어디인가를 고민하게 했다. 비교 대상은 결국 리먼 사태였고, 그 수치는 45% 수준이었다. 당시는 미국 금융시스템의 붕괴를 가정했고, 실제 부도 사태로 이어지고 있었으며, 코스피 순이익도 100조를 향해 상승하던 구간에서 30조 수준으로 떨어졌던 시기다. 그러나 2020년 3월은 '락다운'은 있었지만 단기에 마무리되었고, 일정 수준 급락 이후 실적 대비 과매도라는 인식이 바닥을 형성시켜주면서 65% 수준에서 하락을 막아주었다. 시가총액 상위주의 정상적인 영업 활동 및 호실적으로 인해 주가가 저렴해 보이기 시작했던 것이다. 지나고 나서 보면 시장이 참 합리적이었다고 생각한다. 당시는 이유를 알 수 없어도 결국 지나고 나서 보면 알게 되는 게 이런 것이다.

장기 시계열로 보면 결국 이 그래프도 실적을 반영해서 움직였으며, 한국은 100%를 넘겨본 적이 없다. 산업재 시대에 이익의 수준이 올라가던 2007년과 실제 실적 개선이 되었던 2017년 이후로 현재 수치가 고점을 갱신하러 가는 수준인데, 그럼에도 불구하고 이제 90%를 초과한 상황이다. 결론적으로 한국은 저평가되어 있다는 것이다.

그럼 고평가와 호실적을 지속적으로 보여왔던 미국은 어떠한가? S&P500을 기준으로 동일한 그래프를 그려보면 다음 페이지의 그래프와 같다. 선진국이라서 실물 대비 금융 비중이 크다는 점을 고려해도 지속적으로 100% 이상에서 상승하는 추세를 보이고 있다. S&P500이 아닌 미국 전체 상장기업을 기준으로 살펴봐도 현재는 160%를 상회하는 수치가 나온다.

여기서 던지고 싶은 질문이 있다. 한국은 어떻게 될 것인가? 100%를 넘으면 버블을 걱정해야 할 텐데, 미국은 왜 저런 수치까지 올라와 있는가? 이것이 2021년에 대한 나의 답이다. 저평가된 한국의 성장주는 지속적으로 지수를 견인할 것이다.

GDP 대비 시가총액의 비중이 상승하려면 두 가지 이유가 있어야 한다. 첫째는 주가(기업 이익×밸류에이션)의 상승(분자의 상승), 둘째는 GDP의 하락(분모의 감소)이다. 분자인 주가의 상승에 대한 논리는 앞에서 반복적으로 설명했으므로 생략하고, GDP의 하

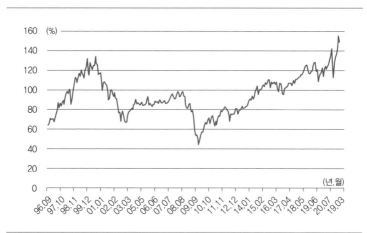

GDP 대비 S&P500 시가총액 비중 (S&P500/GDP)

락 측면을 짚어보자. 국가별 GDP를 살펴보면 2020년은 2019년 대비 역성장이 발생한다. 그러나 2021년 3월부터는 기저 구간에 진입하면서 경제활동의 정상화가 발생할 것이다. 즉, 분모가 커질 것이다. 분모가 커지면 당연히 수치는 낮아지고 자연스럽게 가격 부담이 해소되면서 시장은 이격 조정을 무난하게 지나가는 과정을 거칠 것이다.

따라서 앞의 'GDP 대비 코스피 시가총액 비중'을 나타낸 그래프를 기준으로 신고가 갱신은 실적 성장이 견인할 것인데, 시장이 이를 확인하기 전까지는 항상 가격 조정을 거치면서 횡보 국면을 보일 수 있다. 2020년 말에서 2021년 초반까지는 대선 이슈로 일정 수준의 변동성도 감안해야 할 것이다. 그러나 이런 시간이 지나가는 과정에서 지속적으로 증명해줄 성장주의 실적 성장은 저평가라는 매력으로 유동성을 계속 끌어들일 것으로 판단한다. 경제도 회복하는데 성장주의 실적 강세가 강하게 나타난다면 큰 장이 설 것이라고 생각한다.

수치가 높은 미국이 꺾이지 않는 이유는 주도주의 이익 성장이 끝나지 않았기 때문이다. 따라서 많이 올랐다는 이유만으로 걱정하지 말자. 한국의 지표들을 보면 여전히 저평가이며, 버블을 걱정할 시점이 아니라고 생각한다. 따라서 2021년은 지수 신고가를 향해 가는 한국의 성장주에 투자하는 것이 합리적인 선택이라고 전망한다. 요컨대, 내가 강조하고 싶은 2021년 주식시장 전망을 정리하면 다음과 같다.

- 한국 주식은 저평가되어 있다.
- 이번 주식시장 사이클은 주도주의 외형 성장이 끝날 때까지 지속될 것이다. 그때가 지금은 아니다.
- 경제가 회복되는 시점에서 기업 실적의 상승세가 장기화되고 있다. 장기 사이클에 대해 대비하자.

리스크:
시장 할인율

연준의 저금리 정책이 시장 할인율을 낮추었고, 이것이 성장주에 관대한 유동성 장세를 연출한 시발점이라고 언급했다. 따라서 반대로 할인율이 상승하는 것이 현재 기준에서는 우려할 만한 요인이다.

연준은 정책 총동원 형태로 시장을 지원했고, 후행적으로 경제도 정상화되고 있는 상황이다. 당연히 지표들이 개선될 것이며, 이에 따른 금리들 역시 반등의 가능성이 있다. 따라서 시장은 장단기 금리 역전 현상에서 설명했던 논리대로 시중금리 상승을 리스크로 받아들일 수 있다. 이 부분과 관련해서 관전 포인트는 상승하는 비용을 외형 성장이 감내할 수 있을지가 될 것이다. 시기적으로는 미국의 새로운 정권이 출범하게 되는 연초, 특히 거시경제의 기저 효과가 발생하기 시작하는 3월부터 정치적 변동성 및 경제 회복에 따른 시장 할인율 상승 우려가 나타날 수 있을 것이다. 그 외 상상 속의 리스크는 논외로 하고, 연중 잠재된 리스크는 다음과 같다.

- 시장 할인율 하락이 상승의 원동력이었으므로, 시장 할인율 상승이 연중 지속되는 리스크다.

투자의 방향성은
이미 정해져 있다

   2020년 코스피 2200포인트에서 시작된 지수는 1440포인트까지 하락했고, 다시 2450포인트를 상회했다가 현재는 2400포인트에서 등락을 거듭하고 있다. 올해도 어김없이 드라마 같은 시장이 펼쳐졌고, 지수의 등락 폭도 70%가 넘는 엄청난 시장이었다. 기승전 코로나19였다.

   다음 페이지의 그림은 2020년 3월을 기준으로 이후의 코스피지수 반등 추이를 기술적 지표로 표시한 것이다. 되돌림만 표시한 것인데, 이 또한 지나고 나서 보면 다음과 같이 설명이 가능하다. 2020년 시장이 강세를 보인 1차적인 이유는 '가격의 이점'

이었다고 생각한다. 시장의 '급락과 위기'라는 환경이 기회를 제공한 것이다.

기술적 반등 이후 쌍바닥을 기다렸던 투자자들에게는 '1분기 실적 서프라이즈'라는 상승 위험Upside risk이 발생했고, 지수는 지속적으로 상승해버렸다. 이후 조정을 기다리던 시장은 '코로나 19에 대한 적응력과 치료제 개발'이라는 기대감으로 추가 상승했고, 이때 또 2분기 호실적과 정부의 정책이 G2 무역분쟁 이전 수준의 주가로 되돌린 상황이다. 현재는 2차 팬데믹 우려로 가격 부담에 대한 이격 조정도 거쳤고, 삼성전자의 실적 서프라이즈가 3분기 실적의 포문을 열고 있으며, 환율 강세에 외인도 순매수로 전환되는 국면이다.

앞서 언급한 내용들은 이 과정을 해설한 것이었고, 또한 현재

2020년 3월 이후 코스피지수의 반등 추이

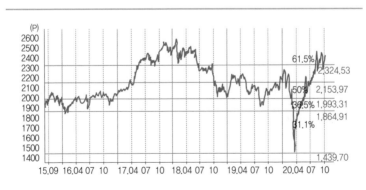

지수가 지지되고 있는 이유를 설명한 것이다. 그리고 확인된 데이터를 가지고 2021년에 대한 방향성을 제시했다. 10년 넘게 박스권을 형성한 코스피이며, 2020년 1년간 이렇게 엄청난 변동성도 극복한 한국 주식시장이다. 심지어 2020년엔 '삼성전자'와 '외국인' 없이 상승한 시장이다. 오히려 외국인의 공격을 받기도 했다.

2021년을 맞이하는 지금 시점에는 '정상화되는 국면의 경제'와 '개화되는 성장 산업'이 있다. 물론 2020년에 코로나19를 예상하지 못했던 것처럼 어떤 악재가 갑자기 튀어나올지 모르는 곳이 주식시장이다. 그러나 우리가 합리적으로 투자할 수 있는 영역에서의 근거가 지금까지 설명한 내용과 같다면 투자에 대한 방향성은 명확하다고 생각한다. 2021년 성공적인 투자를 기원하면서 마지막으로 요약 정리를 하면 다음과 같다.

- 포스트 코로나19의 한국 증시는 재평가받을 구간에 진입했다.
- 성장 산업의 대표주는 지속적인 실적 성장이 예상된다.
- 산업의 구조가 바뀌었고, 한국 대표 기업들의 위상이 상승했다.
- 한국은 저평가받고 있으며, 이 장은 성장주의 외형 성장이 끝나야 끝이 날 것이다.
- 바로 여기에 돈이 있다. 2021년에도 우리가 해야 할 투자의 방향은 명확하다.

- '시대의 1등주'에 투자하자!

　독자들에게 조금이라도 도움이 되는 내용이 되길 바라면서 이
글을 마친다.

MR.MARKET

2장

무엇이 주도주를 결정하는가?

KB증권 리서치센터 매크로 팀장

김효진

왜 주도주에
집중해야 하는가?

"요즘은 뭐가 좋아요?"

증권회사에 다니다 보니 어디에 투자하면 좋은지에 대한 질문을 종종 받는다. 죄송스럽게도 대부분은 잘 모르겠다고 대답을 피하지만, 대답을 꼭 해야 할 때는 늘 주도주라고 생각하는 것을 추천한다. 그러면 돌아오는 반응은 대개 비슷하다. 뭔가 처음 들어보는 '쌈박한', 당장 두 배는 기본으로 오를 것 같은 종목을 말해주나 하고 기대했는데 이미 뜬 종목들이 들어 있는 ETF 정도를 추천하니 고맙다는 대답을 하면서도 3초간 실망의 눈빛이 스쳐간다.

충분히 이해가 간다. 하지만 그냥 상황을 모면하려고 뻔한 대답을 하는 것은 아니다. 정말 주도주가 좋다고 생각해서 추천하는 것이다. 경제가 어떤지, 금융시장이 어떤지, 통화 정책은 어떤지 등 투자를 제대로 하기 위해서는 '체크 리스트'가 산더미다. 하지만 가장 중요한 것이 무엇일까?

난 주도주라고 생각한다. 주도주만 알아도 어느 정도는 충분하다고 생각한다. 냉정하게 보자면, 순환매이건 박스권이건 급등락 장세이건 가장 수익률 좋은 종목을 저점에 사서 급락 직전에 팔 수 있는 행운은, 아니 그런 능력은 나에게도, 대부분의 투자자들에게도 없기 때문이다. 좀 더 구체적으로는 다음의 두 가지 이유 때문에 주도주에 내가 가진 투자 자금과 시간을 집중해야 한다고 생각한다. 첫 번째는 수익률, 두 번째는 '데드 캣 바운스Dead cat bounce'다.

이유 1:
압도적인 수익률

주도주란 상당 기간 동안 다른 종목 혹은 업종에 비해 압도적인 수익률을 내는, 그야말로 '대장'을 말한다. 주도주를 잘 잡으면 빈번히 매매하지 않아도 높은 수익률을 낼 수 있으니 모두 주도주 찾기에 열을 올릴 수밖에 없다. 수익률이 높은 것도 높은 것이지만, 강세장의 말미까지 강한 상승세를 이어간다는 점에서 주도주는 매력적인 투자 대상일 수밖에 없다.

단적인 예로 널리 알려진 '닷컴 붐' 시기를 들 수 있다. 당시 글로벌 주식시장에서 대장 역할을 했던 것은 기술 기업이 상당수 상장되어 있는 나스닥이었다. 다양한 업종이 섞여 있는 S&P500과 나스닥100 지수는 대체로 비슷하게 움직였는데, 1998년부터 닷컴 붐이 그야말로 '붐'이었던 2000년 연초까지의 수익률은 크게 벌어진다.

아래의 그래프에서 볼 수 있듯이, 만약 1998년 1월에 S&P500에 투자했다면 2000년 3월에는 수익률이 150%였겠지만 나스닥

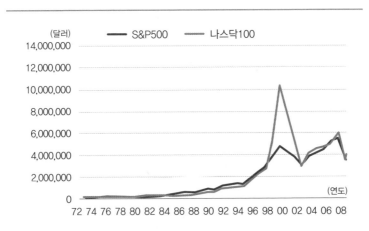

S&P500과 나스닥100의 수익률 격차

에 투자했다면 수익률은 무려 410%였을 것이다. 가장 극단적인 사례를 예로 든 것이지만, 지금도 상황은 다르지 않다. 2015년 연초 S&P500에 100만 원을 투자했다면 2020년 9월까지 170만 원이 되었겠지만, 나스닥100에 투자했다면 280만 원이 되었을 것이다. 차이는 그야말로 '매우' 크다.

기간을 길게 잡지 않아도 주도주의 위력을 느낄 수 있는 예는 많다. 현재 시가총액이 가장 큰 애플은 기업 최초로 시가총액이 1조 달러를 상회했는데, 그 두 배인 2조 달러가 되는 데 불과 2년 여밖에 걸리지 않았다. 세계에서 시가총액이 가장 큰 종목이 불과 2년 만에 100% 수익을 냈다니 그야말로 놀라운 상승세다. 시가총액이 작은 종목들도 100% 상승이 쉽지 않은 것과 비교하면 주도주가 가진 힘을 새삼 느낄 수 있다. 최근 주도주 반열에 올라선 테슬라도 마찬가지다. 한때는 상장이 폐지될 수 있다는 우려도 있었지만, 최근 테슬라가 보여준 주가 상승은 가히 폭발적이었다.

강세장이 최고조에 이르면 주도주가 아닌 다른 업종과 종목들의 상승 탄력은 떨어지거나 오히려 하락하지만, 주도주는 기존의 상승세를 이어간다는 점에서도 매력적인 투자 대상이다. 닷컴 버블 당시나 2000년대 후반에도 강세장 말미에 다른 주식들이 힘을 잃어갈 때 주도주는 상승세를 이어갔다.

강세장의 아주 말미까지 주도주가 상승하는 이유는 어찌 보면 당연하다. 바로 '쏠림' 때문이다. 강세장이 시작되며 주식시장에 돈이 들어오기 시작한다. 사람들은 저축도 헐고, 때로는 부동산도 팔아서 주식을 한다. 더욱 적극적으로 레버리지를 일으켜 투자하기도 한다. 주가 측면에서는 선순환이 일어난다. 하지만 안타깝게도 주식시장에 유입될 수 있는 돈은 무한하지 않다. 아무리 '영끌'로 돈을 모아도 투자자들의 돈이 하루아침에 두 배, 세 배가 되지는 않기 때문이다.

주식시장으로 돈이 들어올 때는 주도주도 오르고, 주도주가 아닌 것들도 오른다. 지갑이 두툼하면 사람은 덜 깐깐해지기 마련이다. 하지만 강세장의 말미에 다다르고, 투자자들이 주식시장으로 가져올 수 있는 돈이 줄어들기 시작할 때 하는 선택은 '주도주로의 집중'이다. 새로 투자할 돈이 많을 때는 여러 종목을 '깔아놓을' 수 있지만, 새로 투자할 돈이 줄어들면 더 좋아 보이는, 더 많은 수익을 안겨줄 수 있는 주도주에 자금을 집중할 수밖에 없기 때문이다.

그래서 주식시장에 돈이 덜 들어오기 시작해도 주도주는 더욱 강한 상승을 보이고, 나머지 종목은 횡보 혹은 하락하며 수익률 차이가 크게 나타난다. 그래서 '쏠림'이라는 단어는 수익을 추구하는 투자자들의 일견 합리적인 선택이지만, 경계해야 할 현상이기도 하다. 이야기가 샜는데, 주도주는 마지막까지 플러스 수익률을 안겨준다는 점에서 든든하고 안정적으로 느껴지는 보루다.

이유 2:
데드 캣 바운스

수익을 높이는 방법이라는 점과 동시에 '수익을 지킬 수 있다'는 측면에서도 주도주는 집중해야 하는 대상이다. '데드 캣 바운스'라는 용어가 있다. 말 그대로 높은 곳에서 떨어뜨리면 죽은 고양이도 튀어 오른다는 뜻이다(주가가 큰 폭으로 떨어지다가 잠깐 반등하는 상황을 비유할 때 쓰이는 말이다). 좀 섬뜩한 표현이기는 하지만, 투자를 하고 있다면 잊지 말아야 할 표현이기도 하다. 데드 캣 바운스는 바로 빠져나올 수 있는, 수익을 크게 해치지 않는 선에서 그 동안의 수익을 현금화할 수 있는 마지막 기회이기 때문이다.

저점에서 매수해서 고점에서 매도하면 정말 좋겠지만, 대부분의 투자자에게 그런 행운은 나타나지 않는다. 특히 최근같이 알고리즘 트레이딩 등이 확대된 환경에서는 고점 매도가 더더욱 어렵다. 상승과 하락이 '밀당'을 하며 팽팽하게 맞서기보다는 하락이 바로 급락으로 이어지는 경우가 점점 빈번해지고 있기 때문이다.

강세장이 약세장으로 전환될 때, 중간에 한 번 팔 기회를 주는데 이것이 바로 데드 캣 바운스다. 데드 캣 바운스가 나타난 이후에는 더욱 본격적인 약세장이 펼쳐진다. 마지막 팔 기회라는 말이 과언이 아니다. 한 가지 마음에 두어야 하는 것은 모든 종목과 업종에서 데드 캣 바운스가 나타나지는 않는다는 점이다. 주도주에서는 상당 부분 데드 캣 바운스가 나타나지만, 다른 업종에서는 반등이 나오지 않는다. 급격한 하락을 겪은 터라 투자자들은 더더욱 확실해 보이는 투자 대상으로 몰려간다. 강세장의 말미에서 쏠림이 나타나는 것과 같은 이치다.

얘기가 길었지만, 결과적으로 주도주는 놀라운 상승세를 보이는 데다 끝까지 상승한다는 점에서, 그리고 데드 캣 바운스가 있다는 점에서 매력적인 투자 대상이다.

널리 알려진 닷컴 붐 말고 다른 예를 함께 보자. 미국은 금융시장도 발달되어 있고, 1990년대 말에도 지금도 주도주로서의 자리를 꿰차고 있지만, 우리는 대한민국에서 살고 있기 때문이다. 물론 해외투자가 확대되었다고는 하지만, 국내투자가 훨씬 크다는 것을 생각하면 주도주니 데드캣 바운스니 하는 것들이 혹시 미국에서만 통하는 방법은 아닐까 하는 생각이 들 수도 있다.

1998년 일본의 경우로 되짚어본 주도주의 위력

그렇다면 미국이 닷컴 붐에 휩싸였던 1990년대에 일본은 어땠을까? 주가 고점은 1989년 3만 8000포인트 선에서 1998년 1만

3000포인트 선으로 70% 가까이 하락했지만, 그 이후 10년 동안은 경제가 그럭저럭 돌아가는 것처럼 보였다. 주가와 부동산 가격이 급락해도 일본 경제는 잠시 어려움을 겪는 것일 뿐 불황이 장기화될 거라고 생각하는 사람은 그리 많지 않았기 때문이다. 부자는 망해도 삼 년은 간다고 하지 않았던가. 하지만 1998년에 들어서면서 일본의 명목 GDP는 감소하기 시작했다.

보통 경제성장률이라고 하면 실질 경제성장률을 말한다. 실질은 양적인 성장만을 추려낸 수치이며, 물가 상승으로 인한 규모의 성장은 포함하지 않는다. 명목 GDP가 감소하기 시작했다는 것은 양적으로 성장하지 못했음은 물론이고, 물가도 오르지 않거나 하락하기 시작했다는 것을 의미한다. 경제가 성장하고 있는 한국에 사는 우리에게 물가란 그저 오르기만 하는 게 당연한 것처럼 느껴지지만, 1990년대 이후 일본 사람들에게 물가란 제자리에 있거나 오히려 하락하는 것을 의미했다.

세계 경제 규모 2위로 놀라운 성장을 기록했던 일본 경제는 자산가격 급락, 소비세 인상, 일본을 둘러싼 아시아 국가들의 1997년 외환 위기가 엎친 데 덮친 격으로 연이어 나타나면서 본격적인 불황을 겪게 된다. 일본은 구제금융 대상과는 거리가 멀었지만, 일본의 은행권 및 기업들이 동아시아 투자에 적극적이었던 만큼 동아시아 외환 위기의 간접적인 피해를 입었다. 일본 경제의 불황이 본격화되면서 부도 건수도 급증했다. 일반 기업은 물론 금융권의 도산은 그야말로 악순환으로 이어졌다. 1995년 8월 효고은행은 일본 은행들 중 제2차 세계대전 이후 처음으로 문을 닫았다. 몇 년 후 동아시아 외환 위기를 전후해서는 홋카이도다쿠쇼쿠은행, 니혼쵸오키신요은행 등 대형 금융기관의 줄도산이 이어졌다.*

경기 부양을 위한 재원 확보를 위해 1997년 3%에서 5%로 소비세를 인상했지만, 오히려 역효과였다. 둔화되긴 했어도 늘고 있던 소비는 위축으로 전환되었고, 이와 연관된 내수 기업들의 경영 성과도 추가 악화로 이어졌다. 수출은 불황으로 진입한 이후에도 성장을 지속했지만 전체 경제의 위축을 되돌리지는 못했다. 한국과 달리 일본 전체 경제에서 수출이 차지하는 비중이 낮기 때문이었다. 1998년 기준 일본의 GDP에서 수출이 차지하는 비중은 10% 내외였다.

1998년은 '일본에서 나타나고 있는 경기 침체는 불황과는 거리가 멀다'고 생각했던 사람들조차 장기 불황의 시작을 인정할 수밖에 없게 된 시점이었다. 주식시장의 관점에서 보면 1998년은 아시아 외환 위기의 여파가 경제를 여전히 힘들게 하는 시기였지만, 미국에서는 닷컴 붐이 본격화되던 시기이기도 했다. 아시아 외환 위기를 겪었음에도 불구하고 코스닥은 1998년부터

---

* 제임스 아베글렌, 『일본 경영의 힘』, 청림출판, 2007.

2000년 초까지 무려 4배 이상 상승하는 기염을 토했다. 닷컴 버블로 명명된 나스닥뿐 아니라 독일, 프랑스 증시 등도 큰 폭의 지수 상승을 기록했다.

경제가 본격 축소되기 시작했던 일본의 주가는 어땠을까? 안타깝게도 주요 국가들 중에서 거의 최하위의 주가 상승률을 기록했다. 1998년 주요 국가의 증시 중 최하위권을 기록한, 다른 국가와 '디커플링Decoupling(같은 흐름을 보이지 않고 탈동조화되는 현상)'된 증시가 바로 일본 증시였다. 1999년 토픽스Topix(도쿄증권거래소 1부에 상장된 모든 종목의 주가 지표) 기준으로 50% 이상 상승했지만, 1997년 고점에서 크게 벗어나지 못했다. 나스닥이 4배 가까이, 독일과 프랑스 지수가 3배 가까이 상승한 것과는 수익률 차이가 확연하다.

장기 불황에 빠지면 주가가 별로 못 오른다는 이야기를 하려는 것이 아니다. 앞에서 '쏠림'은 투자자들의 합리적 판단이지만, 시장 전체로 놓고 보면 시장의 에너지가 떨어지기 시작했다는 것을 뜻한다고 설명한 바 있다. 이러한 쏠림 효과는 1990년대 말 일본에서도 극명히 드러난다. 당시 주요 국가 중 주가수익률(PER)이 최하위에 머물렀던 일본의 경우, 업종별로 보면 '주도주만' 큰 폭으로 상승했고, 대부분의 업종은 오히려 하락세를 이어갔다. 상대적으로 수익률이 적거나 주도주와 격차가 많이 벌어진 정도가 아니라 하락, 즉 마이너스를 이어갔다는 점은 그야말로 극명한 쏠림이 나타났음을 의미한다.

당시 일본에서도 주도주는 기술주였다. 닷컴 열풍에서 일본도 예외는 아니었던 셈이다. 섹터별로 보면, 전체 지수가 56% 상승한 가운데 정보통신, 데이터 관련 서비스, 가전 등의 섹터가 크게 '아웃퍼폼Outperform(시장 수익률 상회)'하는 모습을 보였다. 정보통신은 1998년 두 자릿수의 주가 하락을 기록했으나 1999년에는 무려 250%에 가까운 주가 상승을 기록했다(NTT도코모 322.6%, KDD 254%). 데이터 관련 서비스 기업들이 포함된 서비스 업종의 지수 역시 200% 상승으로 급반전되었다(트랜스코스모스 1271%, CSK 538%, 히차티 인포메이션 436%). 소프트뱅크 및 반도체 기업들의 주가 상승을 바탕으로 도매업종 지수도 169% 상승(소프트뱅크 1338%, 가가전자 268%), 토픽스지수 급등과 거래량 증가를 바탕으로 증권 지수도 148% 상승했다. 정보통신 제품 제조기업이 포함된 가전도 125%에 달하는 수익률 상승을 기록했다(무라타제작소 443%, 파나소닉 모바일 406%, 태양유전 352%, 소니 268%).

종목만 보자면 닷컴 열풍이 일본에도 그대로 반영된 것으로 보인다. 다만 업종별·기업별 수익률 격차를 보면 1999년 일본 증시의 화두는 '선택과 집중'이었을 것이다. 전체 지수가 56.5% 상승했다면 대부분 업종·기업이 상승했다고 생각하기 쉽다. 그러나 일본의 업종별·기업별 수익률을 보면 예상과는 다른 결과가 발견된다. 통신, 데이터 관련 서비스, 상사, 증권, 가전 등 일부 섹터 및 기업을 제외하면 마이너스 수익률을 기록한 섹터와 기업도 상당하기 때문이다. 전체 33개 업종 중 1999년에 플러스 수익을 낸 업종은 17개, 마이너스 수익을 낸 업종은 16개로 거의 동률이다.

지수 대비 아웃퍼폼과 언더퍼폼Underperform(시장 수익률 하회)을 비교하면 더욱 대비되는데, 1999년 전체 지수는 56%나 상승했

닷컴 붐 당시 일본의 업종별 수익률

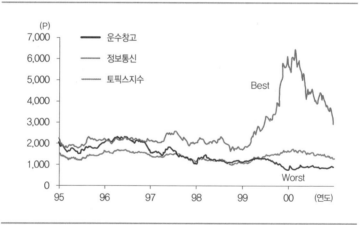

구분	1998년	1999년
증시 수익률 (%)	−6.6	56.5
플러스 수익률 (개수)	13	17
마이너스 수익률 (개수)	19	16
아웃퍼폼 (개수)	17	7
언더퍼폼 (개수)	16	26
Best−Worst 수익률 격차 (%p)	50.8	280.1

지만 지수를 상회한 수익률을 올린 업종은 7개에 불과하다. 전체 지수가 50% 상승했으니 '물 반 고기 반'이라고 생각하기 쉽지만, 실제 성적표의 결과는 손실을 안겨준 업종이 전체의 반이나 된다는 뜻이다. 몇 개 업종에 집중하는 전략을 취하지 않았다면 전체 지수의 급등에도 절대 수익률이 마이너스를 기록할 수도 있는 상황이 1999년의 일본이었다. 단적으로 가장 수익률이 좋았던 정보통신 지수와 운수창고 지수 간의 수익률 격차는 280%에 달한다. 전체 시장이 안 좋으면 안 좋을수록 주도주로의 쏠림이 더욱 심하다는 것이 일본의 사례에서 극명히 드러난다.

일본의 경우는 워낙 극단적이기는 하지만, 전체 경제나 증시가 안 좋을수록 '되는 주식들만 된다'는 점은 주도주에 집중해야 되는 또 다른 이유다. 주도주의 위력이 이제 좀 와닿는지 모르겠다. 이번 달에 좋을 종목, 그동안 상대적으로 못 오른 종목, 이런 것들을 찾으면서 '알파'를 내는 것도 물론 중요하다. 하지만 전업투자자가 아니고서야 모든 종목을 '스크리닝Screening'하며 시장을 따라가기는 쉽지 않다. 그렇다면 어떤 종목이 주도주인지, 앞으로 주도주가 교체될 것인지 지속될 것인지에 한정된 시간을 할애하는 것이 더욱 나은 수익률을 올릴 수 있는 선택이 될 것이다.

무엇이 주도주가 될지
알 수 있을까?

　2020년에는 동학개미운동, 주린이 등 여러 가지 신조어가 등장했다. 오랫동안 주식을 멀리했지만 다시 돌아온 사람들, 처음 주식에 투자하기 시작한 사람들이 늘어났다. 2013년에 5조 원 가까이로 낮아졌던 일평균 거래대금이 최근에는 21조 원을 상회하는 수준으로 4배가량 늘어났다. 단적으로 코로나19로 급락과 급등이 압축적으로 나타났던 2020년 상반기 거래대금은 2019년의 연간 거래대금을 뛰어넘었다.

　투자에 관한 여러 명저들이 있는데 대부분은 경제 관련 지식을 쌓고, 거시경제에 관한 안목을 키우라는 메시지가 담겨 있다.

많은 사람들이 처음에는 경제 책도 사서 보고, 신문에 나는 경제 뉴스에도 귀를 기울이지만, 차츰 '거시경제는 어렵고 투자에 별 도움이 안 된다'고 느끼는 경우가 많다. 안타깝지만 사실이다. 경제와 투자가 별로 연관이 없어 보이기 때문이다. 앞에서 주도주에 집중해야 하는 이유를 길게 설명했는데, 경제 지표로 주도주를 알 수 있다면 열심히 살펴보겠지만 경제와 투자를 연관시키기는 게 사실 만만치 않다.

경제의 온도를 계속 체크해야 하는 이유

매일같이 전일 시황을 통해 미국 고용, 소비 심리, 기계 주문 등등 여러 경제 지표의 결과가 뉴스로 전해진다. 하지만 결과 하나하나를 투자 판단으로 연결하기는 쉽지 않다. 경제 지표의 결과에 따른 시장의 영향, 섹터의 영향, 종목의 영향을 구분해줄 수 있는 공식이 있다면 좋겠지만, 대부분의 경우는 그때마다 적용이 달라지기 때문이다.

경기 국면을 회복·확장·둔화·위축으로 나누어서, 회복할 때는 주식 비중을 늘리고, 확장 국면에서는 원자재 투자를 늘리고, 둔화할 때는 채권을 늘리기 시작한다는 전통적인 구분법이 공식처럼 활용되던 시기도 있었다. 하지만 애석하게도 최근에는 이런 공식이 그리 썩 들어맞지 않는다. 실제로 주식과 채권만 보더라도 그렇다. 경제가 좋아질 때 주식의 수익이 더 좋고, 경제가 안 좋아지기 시작하면 채권 가격이 오르는 것이 일반적이지만, 최근에는 경제와 관계없이 주식과 채권의 가격이 동시에 상승하는 흐름이 이어지고 있기 때문이다. 유동성이 많이 풀린 것에 대한 현상일 테지만 그만큼 써먹을 수 있는 공식은 더욱 적어지게 되었다.

직업상 경제를 보는 나에게는 '경제를 열심히 봐야 하는 시기'가 다소 허무하지만 사실 그리 잦지는 않다. 경제가 침체를 겪을 정도로 큰 어려움을 겪을 때와 경기가 침체를 마무리하고 어둠의 터널을 빠져나오려고 할 때가 그 시기다. 개별 기업이 아무리 좋은 경영 성과를 내고 있다고 하더라도, 경기 침체 앞에서 굳건히 주가 상승세를 이어가는 경우는 거의 없기 때문이다.

2000년 닷컴 버블 당시 시가총액 1위였던 종목은 마이크로소프트였다. 지금도 마이크로소프트는 시가총액 상위에 랭크되며 최고 기업의 위치를 지키고 있다. 기술의 빠른 발전과 산업 환경의 변화로 많은 기대를 받던 기업들이 파산하기도, 피인수되기도 하는 것을 감안하면 마이크로소프트는 그야말로 수십 년에 걸쳐 최고 기업의 지위를 이어온 셈이다.

그렇다면 2000년대 초반의 경기 침체와 2008년의 경기 침체 당시 마이크로소프트의 주가는 어땠을까? 각각 고점 대비 57%, 52% 하락했다. 2000년경이 닷컴 붐의 붕괴로 주가 하락 폭이 더 컸지만, 기술 기업들과는 다소 거리가 멀어 보였던 경제 위기인 2008년에도 닷컴 버블 붕괴 직후와 비슷한 폭으로 하락한 것이다.

보텀업Bottom up 투자나 거시적인 상황보다는 개별 기업에 집중하는 방식을 선호하는 투자자라 하더라도 '경제의 온도'를 계속 체크해야 하는 이유는 마이크로소프트 하나를 봐도 알 수 있다. 경기 침체가 눈앞에 왔는지, 아니면 이제 경기의 바닥이 눈앞에 다가왔는지 살펴야 하는데, 이때는 개별 기업과 함께 경제에 열심히 귀를 기울여야 하는 시기다. 경제가 증시의 온도를 재는 온도계라면, 이때는 임계점을 넘어서서 온도가 확확 변하기 때문이다.

굉장히 두꺼운 경제학 혹은 금융 관련 보고서에는 '비대칭적'이라는 단어가 종종 등장한다. 대칭은 왼쪽과 오른쪽이 같은 것을 뜻하고, 비대칭은 한쪽이 다른 한쪽보다 더 큰 것을 뜻한다. 우아하게도 '비대칭'이라는 단어를 썼지만, 쉽게 풀이하자면 경제가 1만큼 좋아질 때 개별 기업의 주가는 1 이상 오를 수도 있고 별 상관이 없을 수도 있다. 하지만 경제가 마이너스 10 정도로 큰 타격을 받을 때는 아무리 우량 기업일지라도 개별 기업의 주가가 마이너스 10 이상 하락할 수 있다.

한 달에 한 번, 수출입 동향
보도자료는 꼭 체크하자

산업별 업황을 파악하는 데는 한국 수출 지표가 좋은 온도계 역할을 해준다. 수출 관련 데이터는 한 달에 한 번 발표되는데, 놀랍게도 이번 달의 결과가 바로 다음 달 1일에 발표된다. 실물경제 지표 중에서 성적표를 가장 먼저 알 수 있는 지표인 셈이다. 그래서 경기가 곤두박질치거나 반등의 기미를 보일 때는 월가에서도 주목하는 경제 지표가 바로 한국의 수출이다. 다양한 국가에, 다양한 제품을 수출하는 동시에 가장 먼저 발표되는 경제 지표가 한국 수출 지표이기 때문이다.

일반 투자자라면 경제 지표의 정식 보도자료까지 찾아서 보기는 쉽지 않다. 그럼에도 불구하고 한 달에 몇십 분의 시간을 내서 수출입 동향의 정식 보도자료는 꼭 보기를 권하고 싶다. 주요 업황이 어떤지, 최근에 어떤 주요 이벤트가 있었는지, 어느 국가로 수출이 잘되고 있는지를 자세히, 그리고 한 번에 알 수 있기 때문이다. 코로나로 수출이 큰 폭으로 감소했던 2020년 4월 수출입 동향 보도자료 중 일부를 인용하면 다음과 같다.

• 컴퓨터는 코로나19 확산에 따른 재택근무 활성화, 학교 내 광범위한 온라인 교육으로의 대체, 데이터 센터 시장에서의 전자상거래 관련

SSD 수요 증가 등의 영향으로 7개월 연속 증가(전년 동월 대비 99.3%

수출 급증).

- 중국 텐센트, 2020년 서버 수요는 20% 증가한 33만 대 전망.

- 구글 클라우드 데이터 센터 전 세계 26개소로 확장 발표.

- SSD 수출액 추이(백만 달러): (2019년 4월) 233 → (2019년 8월) 380

  → (2019년 12월) 649 → (2020년 2월) 828 → (2020년 4월) 825

한국 수출입 동향 보도자료

4 품목별 상세 수출 동향

□ **(컴퓨터 : 99.3%)** [1]코로나19 확산에 따른 **재택근무 활성화**, [2]학교내 광범위한 **온라인 교육**으로의 대체, [3]데이터센터 시장에서 전자상거래 관련 **SSD 수요 증가** 등 영향 ⇒ **컴퓨터 수출 7개월 연속 증가**

* 中 텐센트 '20년 서버 수요는 20% 증가한 33만대 전망(디램익스체인지, '20.3)
* 구글 클라우드 데이터센터 全 세계 26개소로 확장 발표(디지털투데이, '20.3)
* SSD 수출 추이(백만 달러) : ('19.4)233 → (8)380 → (12)649 → ('20.2)828 → (4)825
* 컴퓨터 수출액/증감률(억 달러, %) : ('19.4) 5.3(△36.6) → ('20.4) 10.5(99.3)

□ **(반도체 : △14.9%)** [1]D램 고정가격 상승에도 불구, [2]역기저효과('19.4월 수출 84억 달러로 '19년 월별 3위), [3]**스마트폰向 수요 감소**, [4]글로벌 경기 둔화에 따른 先구매 축소 등 영향으로 반도체 수출 감소

* D램 고정價($) : ('19.2)5.13 → (7~9)2.94 → (10~12)2.81 → ('20.1)2.84 → (3)2.94 → (4)3.29
* 낸드 고정價($) : (18.6)5.60 → ('19.1)4.52 → (5~6)3.93 → ('20.1~2)4.56 → (3~4)4.68
* '20.3월 글로벌 스마트폰 출하량(Counterpoint Research) : 전년동월비 △23%
* 반도체 시장 성장률 수정전망('20.3) : (IHS) 5.5%→2.5% / (Gartner) 12.5%→0.9%
* 반도체 수출액/증감률(억 달러, %) : ('19.4) 84.3(△13.8) → ('20.4) 71.8(△14.9)

□ **(일반기계 : △20.0%)** [1]대형 스포츠 행사 연기에 따른 TV용 광학기기 수요 감소, [2]자동차·가전 등 전방산업 공장 휴무, [3]국제 유가 하락에 따른 **Oil&Gas 관련 기계 수요 감소**, [4]**국제 전시회 연기** 및 딜러 **이동제한** 등에 따른 계약 취소 등으로 일반기계 수출 감소

* 유로 2020 연기결정(3.17일), 도쿄올림픽 연기결정(4.8일)
* 중국 제조업 PMI : ('19.12)50.2 → ('20.1)50.0 → (2)35.7 → (3)52.0 → (4)50.8
* 4.1~25일 수출액/증감률(억 달러, %) : (미국) 5.7(△14.5), (중국) 7.5(△18.3), (EU)4.1(△17.6), (아세안) 4.3(△24.0)
* 기계분야 세계 최대 규모 전시회 중 하나인 하노버메세 연기(獨, 4월→7월)
* 일반기계 수출액/증감률(억 달러, %) : ('19.4) 46.1(0.5) → ('20.4) 36.9(△20.0)

□ **(자동차 : △36.3%)** [1]SUV·친환경차 수출 비중 증가로 **단가**는 지속 **상승 추세**이나, [2]코로나19 확산에 따른 **미국·유럽** 등 **주요 시장 타다운**, **해외 딜러들의 영업 중단**에 따른 수요 급감으로 수출 감소

* 세계 자동차 공장(年 정상 가동) 300곳 중 213곳(71%) 셧다운(자동차산업협회, '20.4)
* 4.1~25일 수출액/증감률(억 달러, %) : (미국) 8.6(△16.7), (EU) 4.6(△21.4)
* 자동차 수출액(억 달러, %) : ('19.4) 37.5(5.7) → ('20.4) 23.9(△36.3)

이처럼 보도자료에는 전체 수출 추이와 주요 산업 업황이 간략하고도 압축적으로 정리되어 있다. 반도체, 자동차, 석유화학, 조선 등 15여 개의 주요 수출 산업과 더불어 바이오, 화장품, 2차전지 등 최근 수출이 급증하는 산업에 대해서도 업황 파악이 가능하다.

뉴스, 증권사 보고서, 각종 연구기관 보고서 등 정보를 습득할 수 있는 자료는 너무나도 다양해졌다. 하지만 아이러니하게도 오히려 정보가 너무 많아서 어떤 투자 판단을 내려야 하는지 더 헷갈리기도 한다. 그래서 정확한 수치가 나와 있고 객관적인 정보를 담아야 하는 보도자료가 도움이 될 수 있다. 수출입 동향 보도자료는 한마디로 '강추'다.

어떤 경제 지표가 주도주를 알려줄까?

수출은 산업별 흐름이 어떤지를 알려주는 너무나도 좋은 지표인데, 엄밀히 말하면 업황을 따라가는 동행 지표다. 수출은 기업의 입장에서는 매출이다. 물건이 다 만들어져서 출하, 수출된 것이니 말이다. 하지만 투자 측면에서 동행 지표는 가치가 높지 않다. 좋은 기업을 혹은 업종을 먼저 사고, 먼저 팔아야 수익을 낼 수 있기 때문이다. 그렇다면 주목해야 할 선행 지표는 무엇일까? 많은 경제 지표 중 투자 지표, 즉 설비투자를 눈여겨 봐야 한다.

수출이 매출이라면, 설비투자는 R&D에 비유할 수 있다. 설비 투자는 어디에 돈이 몰리는지, 어떤 수요가 제일 많은지, 무엇이 가장 유망할지를 알려주는 경제 지표라고 생각한다. 새로운 사 업에 투자를 하든, 기존 설비를 새로운 설비로 바꾸든, 공장 라 인을 증설하든, 이와 같은 경영 판단을 하는 데 필수적인 바탕은 바로 수요, 즉 주문의 증가다. 주문이 아직 늘어나지 않았다고 하더라도 주문이 늘어날 것으로 예상될 때 기업들은 설비투자를 늘린다.

물론 기업들도 수요 예측에 실패하기도 하고, 재고로 골치를 앓기도 한다. 한두 기업은 경영 판단에서 실수할 수도 있지만, 경제 지표는 전체 기업의 설비투자를 합해서 발표한다. '애니멀 스피릿Animal spirits(동물적 감각 혹은 야성적 충동)'을 가진 몇 개의 선두 기업이 치고 나가는 것은 설비투자 경제 지표로 놓칠 수 있지만, 한 산업의 설비투자가 늘어나기 시작하는 것은 경제 지표로 놓 치지 않을 수 있다.

하나 덧붙이자면, 설비투자 지표는 다른 경제 지표에 비해 변 동이 심한 지표이기도 하다. 기업들은 전망이 좋아 보일 때는 과감한 설비투자 확충에 나서지만, 경기가 안 좋아지면 진행하던 설비투자를 멈출 수도 있기 때문이다. 또한 투자가 좋아지기 시작했다는 것은 고용이 다시 늘어날 채비를 하고 있다는 것과 같은 말이기도 하다. 그럼 기업들이 애니멀 스피릿을 다시 살리기 시작하는지는 어떻게 알 수 있을까?

경제 지표 중 일본 기계 주문, 독일 공장 주문, 미국 핵심 자본재 주문 등은 눈여겨볼 만한 지표다. 설비투자를 확충하려면 기계가 있어야 하는데 일본, 독일, 미국 등은 기계 분야에서 강국이기 때문이다. 일본, 독일, 미국의 기계 주문이 늘어나고 있다는 것은 단순히 그 나라들의 설비투자가 늘어나기 시작했다는 의미를 넘어서 중국, 인도 등 다른 국가들의 설비투자도 재개될 움직임이 나타나고 있다는 것이다.

다시 투자 지표 얘기로 돌아와보자. 미국의 설비투자 지표는 50여 개의 분류로 나눠서 발표된다. 철강, 기계류, 컴퓨터, 운송, 자동차, 음식료, 석유화학, 반도체, 통신, 의류 등이 주요 세부 항목이다. 주식투자를 해본 투자자라면 이 용어들이 익숙하게 느껴질 것이다. 앞에서 말했던 수출 지표도 마찬가지지만, 이 분류가 주가지수의 산업 분류와 비슷하다. 산업 분류가 비슷하다는 것은 투자 판단 측면에서의 활용도가 높다는 뜻이다. 그렇다면 정말 설비투자 지표를 통해 주도주를 짚어낼 수 있는지 과거 데이터로 확인해보자.

어디에서 설비투자가
늘어나고 있는가?

1990년대 닷컴 붐

1990년대 가장 많은 설비투자가 집중된 산업은 무엇이었을까? 아마 대부분 답할 수 있을 것이다. 바로 하이테크 기업이다. 정보통신 부문에 큰 변화가 나타나며 관련 기업들이 큰 폭의 주가 상승을 나타냈다.

당시는 닷컴 기업이라면 이익은커녕 매출이 빈약한 회사들도 덩달아 주가가 큰 폭으로 상승하기도 했다. 단적인 예로, 당시 주가 상승을 이끌었던 미국 나스닥100의 PER은 2000년 1월 기준 90배였다. 미국 주가가 역사상 최고치인 2020년 9월 나스닥100의 PER이 40배 내외에서 머물고 있는 것과 비교하면 닷컴 붐의 열기가 좀 가늠이 될 것이다. 주가 상승이 무서우리만큼 가파르게 나타난 만큼 주가 급락도 깊었다. 그래서 바로 이 닷컴 붐은 결국 튤립 버블처럼 닷컴 '버블'로 명명되었다.

최근 기술 기업들의 견조한 주가 상승을 두고도 이야기가 많은데, 1990년대 후반 닷컴 기업들은 실체가 없었지만 FAANG 기업들은 상당 부분의 수익을 창출하고 있다는 점에서 큰 차이로 보는 시각이 많다.

닷컴 기업들은 정말로 꿈과 희망만으로 주가가 상승했던 것일까? 사실은 그렇지 않다. 체력 대비 주가가 많이 상승했던 것은 사실이다. 하지만 다음 페이지의 그래프에서 볼 수 있듯이, 미국의 설비투자 중 통신과 반도체 부문의 투자 지수가 1995년부터 2000년까지 5배 이상 상승한 것을 보면 정보통신 분야에 대한 실제 설비투자가 얼마나 급격하게 확대되었는지를 가늠할 수 있다. 특히, 정보통신 분야로의 설비투자는 1995년부터 2000년까지 8배나 확대되었다. 마치 닷컴 붐 당시의 주가지수 차트를 보는 것 같지 않은가?

설비투자가 이렇게 급증했다는 것은 상용화를 위한 충분한 기술의 발전과 제도적인 뒷받침이 있었기에 가능했을 것이다. 2000년 밀레니엄 시대로의 진입을 앞두고 Y2K*를 방지하기 위해 과도한 혹은 중복 투자가 나타났다는 사후적인 지적도 있었지만, 실제 인터넷과 정보통신, 모바일의 등장은 많은 변화로 연결되었다. 설비투자가 이 정도로 폭발적으로 성장했으니, 관련 기업들의 매출과 이익도 급성장했을 것이다. 무엇보다 기대가 녹아 있는 PER은 더 빠르게 상승했다. 결과적으로 2000년 초

---

* 1999년 12월 31일에서 2000년 1월 1일로 넘어갈 때 날짜나 시각을 다루는 과정에서 오류가 일어나는 문제로, 대표적인 컴퓨터 설계의 오류다. 흔히 Y2K, 밀레니엄 버그 (millennium bug)라고 불린다. Y2K는 2000년 1월 1일 자정 이후에 산업이나 경제, 전기 등의 중단이 치명적인 곳에 문제를 일으킬 것이라는 우려를 낳았고, 신문 및 방송 매체의 영향으로 상당한 과장을 낳았다. 2000년 이전에 전 세계 대부분의 회사들과 단체들이 컴퓨터 시스템을 점검하고 교체했으며, 이는 컴퓨터 산업계에 적지 않은 영향을 미쳤다. 그러나 2000년 1월 1일이 되었을 때 예상과 같이 심각한 수준의 문제는 생기지 않았다.

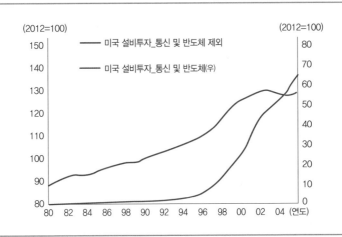

다른 산업 대비 압도적이었던 통신과 반도체 투자 붐

(2012=100)

- 미국 설비투자_통신 및 반도체 제외
- 미국 설비투자_통신 및 반도체(우)

(2012=100)

나스닥은 전체 지수만 해도 1997년 연초 대비 4배 가까이 상승했다.

2000년대 원자재 랠리

그렇다면 2000년대는 어디에서 가장 많은 투자가 이루어졌을까? 2008년의 경기 침체는 서브프라임Subprime(비우량 금리)이라는 수식어가 붙었을 만큼 미국의 주택 붐과 이를 부추긴 상업은행들의 과도한 레버리지투자가 불러일으킨 글로벌 위기였다. 미국 주택 업체들의 주가도 큰 폭으로 상승했지만, 2000년대는 주택 가격의 붐이 일었던 시기이자 원자재 가격이 큰 폭으로 상승했던 시기이기도 하다. '원자재 랠리'로 불릴 만큼 주요 원자재 가격이 큰 폭으로 상승했다.

2020년 4월, 그전까지는 상상도 하지 못했던 마이너스 유가를 경험했는데, 2008년에 국제유가는 무려 배럴당 150달러 선까지 상승했다. 더 놀라운 것은 당시 국제유가가 배럴당 200달러를 넘어 300달러에도 충분히 이를 수 있다는 전망이 심심치 않게 등장했다는 점이다. 지나고 보니 허무맹랑한 전망이었다고 비난하는 것이 아니다. 이미 유가가 10년 동안 10배 가까이 상승했지만, 그 이상으로도 상승할 수 있다는 전망이 등장했다는 점은 관련 산업에 대한 설비투자에 정당성을 부여해주는 근거였다. 두려움은 있었겠지만, 유가가 추가로 더 상승한다는 전망이 힘을 얻으며 수지 타산이 맞지 않던 사업에 대한 검토도 더욱 긍정적이 되었을 것이다.

다음 그래프에서 알 수 있듯이, 실제로 원유 및 가스 업스트림 Up-stream(원유의 생산 부분) 관련 설비투자는 2000년 대비 2008년에 5배 가까이 늘어났으며, 글로벌 경기 침체로 수요의 급감을 겪었음에도 불구하고 2014년 유가가 70% 폭락하기 직전까지 계속 늘어났다.

국가로 봐도 마찬가지다. 2000년대 가장 많은 설비투자가 이루어진 국가는 단연 중국이다. 원자재 랠리라 가능했던 것도 사실 중국을 필두로 한 신흥국에 대규모 설비투자가 이루어졌기

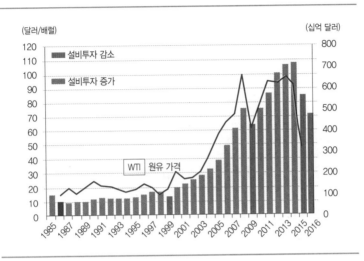

WTI(서부텍사스유) 유가와 원유 및 가스 업스트림 설비투자

(달러/배럴)   (십억 달러)

■ 설비투자 감소

■ 설비투자 증가

WTI 원유 가격

자료: EIA, IEA WEO 2003, 2010, 2015

때문이었다. 신흥국이 그야말로 부상하며Emerging 세계의 공장이
자 수요처로 떠올랐다. BRICS(브라질·러시아·인도·중국·남아프리카공화
국의 신흥경제 5국)라는 단어도 이때 등장했다.

단적으로 세계에서 중국 경제가 차지하는 비중은 2000년
10% 내외였지만 최근에는 20% 내외로 20여 년 만에 비중이 두
배로 성장했다. 2000년부터 2007년까지 중국의 경제성장률은
평균 10%를 상회한다. 원자재 입장에서는 이렇게 큰 새로운 수
요처가 생긴 것이고, 공급은 비탄력적이니 원자재 가격은 그야
말로 탄력적으로 상승하게 된 것이다.

공급이 비탄력적이라는 얘기는 늘어나는 수요에 공급이 빠르게 대응하지 못하는 것을 뜻한다. 주택이 떠올리기 쉬운 예다. 사람들은 비싼 값을 치르고서라도 주택을 원하지만, 오늘부터 아무리 빠르게 공사를 이어간다고 하더라도 새로운 주택에 입주하기까지는 2년 여의 시간이 걸린다. 주택은 대표적으로 공급이 비탄력적인 재화다. 에너지도 마찬가지다. 중동 지역에서는 원유 생산이 비교적 탄력적으로 이뤄진다고는 하지만, 광구를 개발하고 채굴에 성공하기까지는 적지 않은 시간이 걸린다. 아울러 이 당시에는 셰일 오일이나 셰일 가스가 본격적으로 개발되기 이전이기도 했다. 공급이 수요를 따라가지 못하면, 해당 제품 가격은 급등이 가능하다. 부르는 게 값이기 때문이다. 어느 정도였냐면, 당시 철광석 수요도 엄청났는데 철광석 수출을 많이 하는 호주에서는 근로자들이 비행기로 출퇴근을 할 정도였다.

다시 설비투자 얘기로 돌아오자면, 중국의 설비투자(고정자산투자) 증가율은 2000년부터 2007년까지 평균 23%였다. 8년 동안 무려 4배로 성장한 것이다. 2004년 중국 정부는 투자 과열을 우려하며 투자의 급격한 성장을 억제하려는 태도를 취하기도 했다. 중국의 투자 열기가 일시적으로 냉각되면서 한국 주가가 급락하는 충격을 받기도 했는데, 이를 차이나쇼크라 부른다. 재미있는 것은 중국 정부가 한껏 억눌러서 위축된 중국의 설비투자 증가율도 25%로 매우 높았다는 점이다.

과장을 조금 보태서 전 세계의 설비투자가 중국에 집중되었지만 중국 주가는 좋지 못했다. 국유기업이 성장을 주도하는 특이한 구조였고, 기업의 주식 역시 자유롭게 유통되는 구조가 아니었기 때문이다. 중국 금융시장의 문이 열려 있지 않았던 점도 뜨거운 중국 경제의 열기가 중국 주식시장으로 이어지지 않은 배경으로 작용했다. 뜨뜻미지근한 중국 주식과는 달리 오히려 한국 주식은 중국 붐의 수혜를 받아 뜨거웠다. 한국 조선주는 원자재 랠리와 글로벌 교역량 급증을 반영하며 큰 폭으로 상승했다. 2003년 연초 주당 5000원 이하였던 현대미포조선 주가는 2007년 말 20만 원을 상회하는 수준으로 40배 이상 상승을 기록했다.

40배 넘게 상승한 현대미포조선 주가

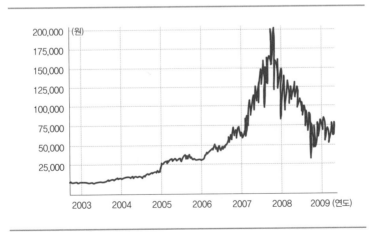

환율에 대한 감을 잡는 데도
도움되는 지표, 설비투자

하나 더 덧붙이자면, 투자 지표는 환율의 방향성을 예상하는 데도 꽤나 유용한 지표다. 해외투자가 크게 활성화되었지만, 환율은 정말 친해지기 어려운 분야다. 특히 환율은 국가 간 비교를 통해 가치가 결정되는 만큼 동시에 모두 강하거나 약할 수 없다는 점에서 더욱 어렵게 느껴진다. 어려운 것도 어려운 것이지만 표기가 헷갈리게 되어 있어서 더욱 친숙하지 않다. 용어에서부터 강세와 하락이 뒤섞여 있고, 미국식과 유럽식 환율 표기법이 반대로 되어 있어서 전망은커녕 '그래서 지금 원화가 강세라는 것인지 약세라는 것인지' 헷갈릴 때가 많기 때문이다.

하나만 헷갈리지 않으면 된다. 돈을 달러로 바꿔서 투자했는데 원화가 강세(달러/원 하락)면 손해다. 예를 들어 1000원으로 1달러를 바꾸어서 미국에 투자했는데 다시 원화로 바꾸려고 보니 1달러를 바꾸면 900원밖에 주지 않는 경우다.

늘어난 해외투자, 이제는 환율 전망도 필수

해외투자를 하지 않는다면 굳이 환율에 주의를 기울이지 않아도 괜찮겠지만, 2020년은 동학개미운동에 이어 서학개미운동이라는 신조어가 있을 정도로 해외투자에 대한 열기는 뜨거웠다.

'삼성전자를 사세요'가 아닌 '아마존 사세요'로 광고 문구를 뽑는 증권회사들도 있을 정도였다. 숫자로 보면 더욱 놀라운 수준인데, 한국의 해외투자는 2000년에 GDP 대비 5% 남짓에 불과했으나 2019년에는 무려 130%로 급격히 확대되었다. 물론 미국 주가지수가 사상 최고치이고, 글로벌 금리가 크게 하락하며(채권 가격 상승) 평가 금액이 증가한 측면도 있을 것이다. 하지만 폭발적으로 해외투자가 늘어난 것은 기관, 연기금, 개인의 주식, 대체, 채권 등의 해외투자 붐이 낳은 결과로 볼 수 있다.

단적으로 2020년 상반기에는 수출로 벌어들인 돈보다 해외로 주식투자한 돈이 더 많았다. 코로나19로 인해 수출 금액이 급격히 위축된 것은 감안해야겠지만, 수출은 줄고 해외투자는 늘어난 것이 더해진 결과였다. 돈이 해외로 유출되었다기보다는 그만큼 해외투자가 활성화되었음을 재확인시켜주는 부분임과 동시에 향후 환율 전망에 자금의 유출입이 미치는 영향이 더 커질 것을 예고하는 부분이기도 하다. 통상 달러/원 등 환율을 전망할 때 수출이 좋을지, 무역수지는 줄어들지 늘어날지와 같은 교역 부분이 가장 많은 영향을 미쳤던 것을 감안하면 큰 변화인 셈이다.

해외투자가 늘어나며 한국의 배당 수지도 2019년 처음으로 흑자를 기록했다. 외국인에게 지급하는 배당보다 해외에서 받는 배당금이 더 많아졌다는 얘기다. 1980년 통계 집계 이후 한국은 외국인에게 지급하는 배당이 국내 투자자가 받는 배당보다 항상 많았지만, 그간 많아진 해외투자로 인해 2019년에는 준 배당보다 받은 배당이 많아졌다.

해외여행을 갈 때가 아니면 크게 관심이 없었던 것이 환율이지만, 이제는 해외투자를 하는 투자자들이 많아지면서 환율에 대해서도 관심을 기울여야만 하게 되었다. 앞으로 해외투자는 계속 늘어날 것이 점쳐지고 있다. 한국의 GDP 대비 순대외 자산, 즉 대외 자산에서 외국인들이 가지고 있는 국내 자산 규모를 뺀 규모도 30% 수준으로 높아졌다. 국내 성장률이 낮아지고, 고령화로 저축이 늘어나면 해외투자가 확대되는 패턴을 보인다. 더 높은 수익을 찾아서 자금이 밖으로 나가는 것이다.

일본의 GDP 대비 순대외 자산은 70% 내외다. IMF는 한국의 순대외 자산이 향후 GDP 대비 50% 수준으로 높아질 것을 전망한 바 있다. 그만큼 해외투자도 지속적으로 증가할 가능성이 높아진 것이다. 하지만 꼭 국내에서 기대 가능한 수익이 낮아져서 돈이 밖으로 나간다고 씁쓸해할 일만은 아니다. 해외 자산이 많아지면 예기치 못한 금융 불안 시기에 외부로부터 자금이 돌아오며 완충 역할을 해줄 수 있기 때문이다. 일본이 장기 불황에도 준기축통화 지위를 유지할 수 있는 것을 떠올려보면 수긍이 갈 것이다. IMF 역시 한국의 대외 자산이 주식과 채권 등 다양하게 분산되어 있는 점이 긍정적이라고 평가했다.

다시 설비투자와 환율 이야기로 돌아오자면, 환율 자체에 투자하지 않더라도 해외투자를 위해서는 환율에 대한 전망이 필수가 되었다. 일부 투자는 환율의 움직임으로 인해 위험을 헤지hedge하지만, 상당 부분 투자는 환율 변동에 따라 수익률이 변하게 되기 때문이다. 그만큼 환율 예측이 중요해진 셈이다.

앞에서 해외투자를 했는데 달러/원이 1000원에서 900원으로 하락하는 것을 예로 들었다. 한 발자국 더 생각해보면, 환율도 환율이지만 원화 자산이 강해졌다는 얘기는 국내 주식의 성과도 꽤나 좋았을 거라는 얘기가 된다. 환율로 손실을 본 것도 아쉽지만, 국내 주식으로 기대할 수 있는 이익 역시 얻지 못했을 것이기 때문에 기회비용으로 따진 손해는 아마 더욱 클 것이다. 이렇듯 달러/원이 1000원인지, 1100원인지에 대한 구체적인 수치도 중요하지만 위로 움직이냐 아래로 움직이냐의 단순한 판단 또한 꽤나 중요하다.

환율을 움직이는 메인 엔진을 파악하자

환율에는 성장률 격차, 금리 차이, 경상 수지 등 다양한 매크로 요인이 영향을 미친다. 아쉬운 점은 상황에 따라 환율에 가장 크게 영향을 미치는 요인이 달라진다는 점이다. 환율단절 현상(환율과 거시경제 간의 변수가 약화되는 것을 의미)이라는 경제학 용어가 있을 정도다. 그래서 '메인 엔진'을 가려내는 일이 더욱 중요하다. 외환시장의 메인 엔진(큰 줄기)을 알고 있어야 위아래로 어지러이 움직일 때 중심을 잡을 수 있기 때문이다.

달러/원이 1년 동안 몇 원 정도 움직일 것 같은가? 2000년 이후 평균 한 해 동안 달러/원의 고점과 저점의 차이는 150원이었다. 평균 환율을 1200원으로 잡아도 차이가 12.5%에 달한다. 환율의 움직임에 따라 해외투자한 평가액이 10% 넘게 차이가날 수 있다는 얘기다. 특별히 위기가 있지 않은 평소와 다름없는 해에도 그렇다.

글로벌 외환시장에서 달러는 다른 통화들의 가치를 좌우하는가장 중요한 변수다 보니 '달러가 강할지, 약할지'에 대한 판단은 매우 중요하다. 굳이 말하자면 뼈대를 세우는 일이라고도 볼수 있다. 달러는 다른 환율뿐 아니라 주식, 채권에도 모두 영향을 미치는 중요한 변수다. 매일 전해지는 전일 시황에서 달러가 필수 체크 포인트로 등장하는 것도 이와 같은 중요성 때문이다.

그렇다면 달러가 강할지, 약할지 어떻게 판단할 수 있을까? 투자 지표를 통해 대략적인 감을 잡을 수 있다. 한 국가가 투자를 많이 하고 있다면 그 자체로 GDP 성장률이 높아지고, 생산과 수출을 많이 할 것이며, 이를 반영한 금리가 높아지고, 한 발자국더 나아가 생산성이 높아질 것이다. 투자를 많이 하면 해당 국가의 통화 가치는 올라가기 마련이다. 투자만이 성장과 생산성을 결정하는 중요한 요인은 아니지만, 전체 성장률에서부터 다른 나라와의 생산성 격차까지 영향을 준다는 측면에서 파급력이 높은 경제 지표로 볼 수 있다.

다시 환율 얘기로 돌아와서 성장률이 높고, 그래서 금리가 높고, 생산성까지 높은 국가의 환율은 강세로 간다. 다른 나라에 비해 성장 매력이 높기 때문에 금융 투자가 많이 유입되고, 해당 통화의 가치도 높게 매겨지기 때문이다. 주식으로 따지면 우량주인 셈이다.

실제 달러 지수와 미국의 GDP에서 투자가 차지하는 비중을 같이 그려놓고 보면 경상 수지, 금리 차이 등 다른 지표보다 투자 비중이 달러 지수의 중장기, 즉 긴 추세를 더 잘 설명한다. 미

미국 GDP 대비 설비투자와 달러 추이

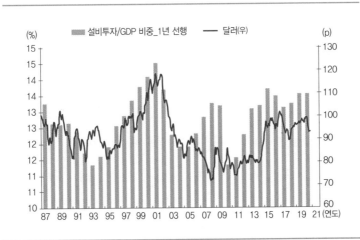

국 GDP에서 투자가 차지하는 비중은 대략 12%인데, 이 비중이 높아질 때는 달러 강세, 낮아질 때는 달러 약세가 이어졌다. GDP에서 투자 비중이 커졌다는 얘기는 다른 부분의 성장보다 투자 부문의 성장이 두드러지게 나타났다는 것을 의미한다. 투자가 소비, 수출보다 더 치고 나갔다는 뜻이다.

앞에서 투자는 선행 지표, 즉 먼저 움직이기 때문에 투자가 늘어나면 고용이 늘고, 또다시 소비와 생산이 늘어날 준비를 하는 셈이라고 얘기한 바 있다. 이와 같은 선순환은 환율에도 그대로 적용된다. 재고의 경우 업황에 따라 많이 쌓아놓을 때도 있고, 적게 가져갈 때도 있지만, 설비투자는 아무리 짧아도 수년, 길게는 수십 년을 바라보고 결정하기 때문에 오래 유지된다는 점도 있다.

경상 수지, 금리 차이는 달러를 잘 설명해줄 때도 있고, 아닐 때도 있지만 GDP에서 설비투자가 나타내는 추이는 크게 어긋나는 시기 없이 달러가 강할지 약할지 잘 설명해준다. 아울러 설비투자 비중이 높아지고 1~2년 뒤부터 달러 강세가 나타나기 때문에, 즉 투자 비중이 달러보다 먼저 움직이기 때문에 투자 판단을 위한 지표로 활용이 가능하다. 가격 변수가 움직인 뒤에 경제 지표가 발표되면 투자 판단에 활용도가 낮지만, 경제 지표가 자산 가격의 추세보다 먼저 움직인다면 투자에 충분히 도움이 되기 때문이다.

여기서 설비투자 추이가 달러를 잘 설명해준다는 것은 한 달, 한 분기 이렇게 짧은 기간 동안 달러가 오를지 내릴지를 얘기하는 것이 아니라 짧게는 1~2년, 길게는 4~5년간 달러가 추세적으로 강할지 약할지를 예상하는 데 도움을 준다는 얘기다. 추세는 한 방향으로 상당 기간 움직인다는 것을 말하는 용어라는 측면에서 단기 변동, 즉 잠시 동안의 움직임과는 구분된다. 실제 금리 차이나 성장률은 해마다 높을 때도 낮을 때도 있지만, 투자는 한번 확대되기 시작하면 수년간 이어지며 해당 통화의 강세를 이끌어낸다. 설비투자는 여러모로 유용한 투자 지표임을 다시 한번 강조하고 싶다.

지금의 주도주는
무엇인가?

　2008년 이후 글로벌 경제는 상당 기간 어려움을 겪었다. 미국 전체 설비투자도 2008년 경제 위기 이후에는 상당 기간 부진했다. 자연스레 장기 불황에 대한 우려가 컸고, '전 세계가 일본식 장기 불황에 이미 진입한 것'이라는 의견들도 힘을 얻었다. 당시 경기 침체의 골이 워낙 깊기도 했지만, 글로벌 경기 침체가 수습도 되기 이전인 2011년부터 전 세계 수요의 약 4분의 1을 담당하는 유럽에서 재정 위기가 나타나면서 엎친 데 덮친 상황이 지속되었다. 수요 증가를 섣불리 예측하기 어려워지면서 투자도 상당 기간 위축될 수밖에 없는 환경이었다.

산업별로 나누어봐도 당시 미국 설비투자를 보면 딱히 늘어나는 게 없었다. 그나마 중국이 글로벌 경기 침체 이후 대규모 인프라투자를 시행하며 글로벌 경기의 버팀목 역할을 해주었다. 하지만 이후 대규모 인프라투자에 대한 후유증, 부동산 버블 등으로 중국 국내적인 어려움을 겪었고, 이후 정부는 무분별한 투자에 제동을 걸기 시작했다.

유럽은 상황이 제일 안 좋았다. 재정 위기로 경제가 어려웠음에도 불구하고 정부는 오히려 긴축을 해야 하는 상황이었다. 계획대로 긴축을 혹독하게 하지는 못했지만, 투자는 크게 위축될 수밖에 없는 상황이 이어졌다. 사실상 2010년대 중반까지는 글로벌 증시에 뚜렷한 주도주는 없는 것처럼 보이는 시간이 이어졌다. 주도주가 없다는 말은 단순히 투자할 대상이 마땅하지 않다는 것만을 뜻하지는 않는다. 경기 회복에 구심점이 되는 산업이 부재했다는 말과도 같기 때문이다. 경기 회복도 자연스레 매우 더뎠다.

그런데 2015년부터 온도가 달라지는 것이 감지되었다. 2014년 말 유가가 급락하면서 글로벌 경제는 한 번 더 휘청였지만 경제는 서서히 회복 탄력을 보이기 시작했다. 특히 먼저 치고 나갔던 것은 무형투자를 주로 하는 글로벌 기술 기업이었다. 컴퓨터, 반도체, 통신장비 등에 대한 투자가 빠르게 늘기 시작했다. 그 뒤로는 우리가 잘 알고 있는 FAANG, MAGA^{Microsoft, Amazon, Google, Apple}

등의 신조어 탄생과 기술 기업들의 주가 상승이 이어졌다. 이 글을 쓰는 지금 시점에도 이들 선두 기술 기업의 주가는 상승을 계속하고 있다. 과연 우리는 이것을 미리, 아니 미리는 아니더라도 초기에 알 수는 없었던 걸까? 배 아프게도, 알 수 있었다.

2008년 GDP 집계 방식의 변화가 준 힌트

2008년 UN은 R&D의 증가, 다국적 기업 확대 등 경제 여건의 변화를 보다 정확하게 측정할 수 있도록 국민계정체계의 새로운 버전인 '2008년 SNA^{System of National Accounts}'를 발표했다. GDP나 소비자물가 같은 경제 지표들이 현실을 더욱 잘 반영하도록 하기 위해, 더 정확히는 현실과 경제 지표의 괴리된 부분을 좁히기 위해 항목이나 집계 방식에 변화를 준 것이다.

집계 방식이나 항목이 변하는 것은 매우 큰 변화다. '2008년 SNA' 이전 버전은 '1993년 SNA'이다. 무려 15년 만에 기준을 바꾼 것이다. UN이 2008년에 가이드라인을 발표한 이후 각 국가는 UN의 권고를 따르기 위해 자국 GDP를 수정하는 작업을 시작했다. 호주(2009년 12월), 캐나다(2012년 10월)에 이어 미국은 2013년에 '2008년 SNA'로 이행을 마쳤다. 한국도 2013년 말 새로운 기

한국 GDP 변경 내역

개편 전	개편 후
최종 소비지출	최종 소비지출
총 자본 형성	총 자본 형성
총 고정자본 형성	총 고정자본 형성
건설투자	건설투자
설비투자	설비투자
무형 고정자산투자	**지식재산생산물투자**
	연구개발(R&D)
	기타 지식재산생산물*
재고 증감 및 귀중품 순취득	재고 증감 및 귀중품 순취득
재화와 서비스의 수출	재화와 서비스의 수출

* 컴퓨터 소프트웨어 및 데이터베이스, 오락, 문학작품 및 예술품 원본, 광물탐사 및 평가

GDP 중 투자의 분류 체계

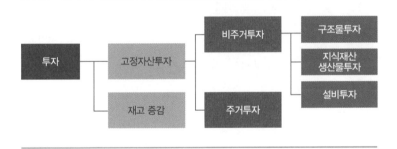

준의 GDP를 발표하기 시작했다.

여기까지는 그냥 통계상의 이야기이다. 환경이 변하니 항목이 바뀌는 것은 그냥 당연해 보이는 일이다. 하지만 좀 더 곰곰이 생각해보면, 지식재산생산물Intellectual property products투자라는 하

나의 새로운 항목이 생길 정도로 무형투자가 커졌음을 의미하고, 이는 앞으로도 계속 중요하게 커질 가능성이 높다는 것이 공식적으로 인정된 것이기도 하다. 아울러 종전에는 비용으로 처리되었던 R&D, 오락·문학작품 및 예술품 원본 등 지식재산생산물이 당당히 자산으로 처리되기 시작했다. 이전에는 한 기업이 R&D에 과감하게 투자했다 하더라도, 이는 비용이었다. 하지만 2008년 SNA로 넘어오면서 자산으로 인정받기 시작한 것이다. 자산이란 떨구면 그만인 비용이 아니라 지속적으로 생산과 이익에 영향을 줄 수 있는 것이 아닌가?

지식재산생산물투자는 크게 소프트웨어, R&D, 엔터테인먼트·문학·예술의 3가지가 포함되어 있다. 이제 좀 와닿을지 모르겠다. 반도체, 클라우드, OTT 혹은 마이크로소프트, 구글, 아마존, 넷플릭스 등을 딱 연상시킬 수 있는 분류인 셈이다. UN이 2008년 GDP 집계 방식을 변경했던 것, 미국이 2013년에 실제 GDP 집계를 달리 하기 시작했던 것, 이 모든 것이 최근 기술 기업들의 주가 상승과 아주 무관한 것일까?

좀 과장해서 얘기하면 나는 통계 분류의 변화가 향후 어디에서 투자가 많이 늘어나게 될지, 즉 주도주가 될 만한 산업이 무엇인지에 대한 힌트를 주었다는 생각마저 든다. 미국이 지식재산생산물투자를 정식 항목으로 편입한 2013년은 기술 기업들에 대한 투자를 고민해도 충분히 빠른 시기였다. '4차 산업혁명'이라는 용어가 2016년 다보스 포럼에서 처음 언급되었던 것을 감안하면 3년이나 빠른 변화였기 때문이다.

건설투자 규모를 추월한 지식재산생산물투자

R&D, 미디어·콘텐츠, 소프트웨어 등 지식재산생산물은 얼마나 클까? 혹시 GDP에서 차지하는 비중이 아주 작은데 과장해서 해석하는 것은 아닐까? 미국 GDP에서 지식재산생산물투자가 차지하는 비중은 꾸준히 확대되어 4.7%까지 높아졌으며, 비주거투자(설비투자)에서의 비중은 27%로 높아졌다. 특히 미국의 설비투자 중 하나의 항목인 지식재산생산물투자와 전체 건설투자의 금액 추이를 비교해보면, 놀라울 정도다.

미국의 건설투자는 지식재산생산물투자 규모보다 늘 컸지만, 2008년을 기점으로 지식재산생산물투자가 미국의 전체 건설투자 규모를 추월했다. 당시 글로벌 경기 침체에는 서브프라임이 수식어로 붙었을 정도이니, 미국의 주택시장 위축도 컸을 것이다. 하지만 2010년대 중반 무렵에 접어들면서는 미국의 주택 가격이 이전 고점에 도달하고, 여전히 주택 수가 부족하다는 시각이 등장하기 시작했다. 그때쯤은 건설투자가 정상화되며 지식재산생산물투자 금액을 다시 재역전했어야 정상이 아닐까?

하지만 미국의 전체 건설투자와 지식재산생산물투자의 금액 격차는 줄어드는 듯하다가 최근 오히려 다시 벌어지고 있다. 건설투자가 부진해서가 아니라 지식재산생산물투자가 너무 빠르게 늘어서 둘 간의 격차가 다시 확대되고 있는 것이다. 미국 전체 건설투자보다 지식재산생산물투자가 크다고 하니 이제 좀 중요성이 더 와닿지 않는가? 앞으로도 지식재산생산물투자는 빠른 성장세를 바탕으로 전체 투자에서의 비중은 물론 GDP에서 차지하는 비중도 계속 늘어날 것이다.

경제와 금융시장은 정말 디커플링된 것일까?

최근 금융시장과 경제가 디커플링되었다는 시각이 많다. 글로벌 경제는 저성장 시대로 완연히 접어들었는데도 주가는 연일 사상 최고치를 경신하고 있기 때문이다. 심지어 코로나19로 급격한 위축을 경험했음에도 불구하고 주가는 보란 듯이 이전 최고치로 빠르게 회복했다. 30% 이상 하락했던 미국 주가가 이전 최고치로 회복하는 데 걸린 기간은 5개월이다. 물론 저성장에 따른 저금리와 풍부한 유동성으로 인해 금융자산에 투자가 집중된 것도 중요한 배경이겠지만, 엄밀히 말하면 완전한 디커플링은 아니라는 걸 집어서 얘기하고 싶다. 전체 경제성장이나 소비 등은 분명 부진했지만 지식재산생산물투자는 빠른 속도의 투자를 지속했기 때문이다.

코로나19로 전 세계 경제가 그야말로 올 스톱되었을 당시에도 기술 관련 부문에 대한 투자는 줄지 않았다. 오히려 재택근무로 인해 PC 수요가 늘어나고, 기업들마다 클라우드 시설 확충에 나섰다. 넷플릭스와 같이 스트리밍 서비스 가입자가 크게 늘어난 것은 올해 언론 보도를 통해 익히 알고 있는 부분이다. 전체 경제성장률과 주가지수를 단순 비교하면 디커플링된 것처럼, 즉 따로 노는 것처럼 보일 수도 있다. 하지만 지금 투자를 이끌고 있는 지식재산생산물투자가 현재는 전체 GDP의 5% 남짓이지만 꾸준히 늘고 있는 것을 보면 경제와 주식시장은 완전히 디커플링되지는 않았다는 생각이다.

앞으로는 '누가, 어디에' 가장 많이 투자할 것인가?

코로나19 팬데믹에도 주요 국가들의 주가지수는 코로나19 이전을 넘어서는 수준으로 상승했다. 주가만 그런 것이 아니다. 부동산 가격 역시 상승을 이어가고 있다. 동학개미운동이 한국만의 현상은 아니었다. 미국에서도 '로빈 후드Robinhood(미국의 개인투자자가 가장 선호하는 무료 주식 거래 앱)'로 젊은 투자자들이 몰려갔다.

경험이 적은 투자자들이 고위험 거래를 하는 비중이 늘어났다는 우려의 시각도 있다. 하지만 불투명한 미래와 낮아지는 근로소득을 금융투자로 만회하려는 사람들이 늘어난 결과일 것이다. 코로나19 이전에도 글로벌 저금리는 화두였지만, 코로나19 이후 글로벌 금리의 수준은 한 번 더 내려갔다. 금리가 낮아지면서 현금을 가지고 있는 데 대한 기회비용도 같이 더욱더 낮아졌다. 현금 대신 투자 자산으로 자금이 이동하는 흐름은 2021년에도 계속될 것이다. 이자로 얻을 것이 거의 없는 상황에서 현금을 들고 있는 것은 돈을 잃는 것과 같기 때문이다.

단순히 금리가 낮아서 주식 등 위험 자산으로 자금이 이동하는 것이라면 그리 건강한 주가 상승이라고 보기는 어렵다. 하지만 경제가 아주 더딘 속도일지라도 차츰 회복해가고 있다는 것이 주가 상승을 뒷받침할 것이다. 경제가 코로나19 이전에 비해 얼마나 어려워졌는지는 여전히 중요한 문제지만, 방향 자체가 좋아지는지 나빠지는지는 투자에서 중요한 차이다. 주가는 절대적인 경제 수준보다는 경제가 좋아지는지, 나빠지는지에 대한 방향에 더욱 민감하게 반응하기 때문이다.

백신이나 집단 면역에 대해 긍정적인 시나리오를 세우지 않더라도 사람들은 코로나에 적응해서 살아가는 방법을 찾아가고 있다. 구글 모빌리티 인덱스Google mobility index(구글에서 집계하는 활동성 지수로 인구 밀도와 이동을 감지하는 빅데이터)에 따르면, 코로나19 감염자 수가 계속 늘어나는 상황에서도 외부 경제활동이 느리지만 개선되고 있다. 백신 개발이 지체되고 있고 자유로운 외부 활동도 언제쯤 가능할지 알 수는 없지만, 사람들은 소비와 생산을 이어나갈 방법을 찾아나가고 있다.

또 하나 경제가 회복할 수 있다고 생각하는, 주식시장이 호조를 이어갈 수 있을 거라고 생각하는 이유는 바로 이제부터 얘기할 '정부가 끌어갈 투자'에 있다.

2021년에도 계속될
기술 기업의 선전

처음부터 주도주로 이야기를 시작해서 아마 눈치챈 사람들이 이미 있을 것이다. 주도주는 쉽사리 왕좌를 내주지 않아서 주도주다. 나는 마이크로소프트, 아마존, 애플, 구글, 테슬라 등 지금 시장을 주도하고 있는 기업들의 주가가 계속 주도주의 지위를 차지할 것이라고 본다. 뭔가 새로운 게 짠하고 나타나지 않아서 실망할 수도 있겠지만, 주도주는 쉽사리 바뀌지 않는다. 그 수식어는 아무에게나 붙지 않는다.

주도주가 계속 주도주의 지위를 차지할 것으로 보는 이유는 첫째로 투자할 돈을 충분히 가지고 있으며, 둘째로 미국의 기술 기업들은 광고에서부터 우주까지 다양한 산업에 진출해 있기 때문이다.

닷컴 붐 당시 기술 기업 중 상당수는 적자이거나 수익이 미미했다. 하지만 최근의 기술 기업들은 엄청난 수익을 벌어들였다.

배당과 자사주 매입도 했지만, 현금도 상당히 비축해 놓았다. 현금을 많이 가지고 있다는 것은 투자 동력을 가지고 있다는 얘기다. 자금만 확보한 것이 아니다. 이미 다양한 산업에 투자를 하고 있다는 점 역시 지금 기술 기업들이 가진 무서운 강점이다.

구글만 해도 검색과 광고부터 자율주행, 보안, 풍력 및 지열을 이용한 에너지 공급, 질병 치료, 유전자 연구, 인공지능, 빅데이터, 우주 등 거의 모든 산업 분야에 걸친 투자를 지속하고 있다. 소수의 내용만 알려져 있지만, 질병이 발생하기 전에 치료하는 것, 인간 수명을 500세까지 연장시키는 것, 대기권에 거대한 풍선을 띄워 전 세계를 인터넷망으로 연결하는 '프로젝트 룬loon' 등의 다양한 사업들이 '문샷 프로젝트Moonshot projects'라는 이름 아래 추진 중이다.

이들 사업은 아직 주력 산업도 아니고, 수익으로도 전혀 연결되지 못하고 있다. 그럼에도 불구하고 향후 산업화될 수 있는 다양한 분야에 구글이 이미 선제적으로 투자하고 있다는 것은 두말할 필요가 없다. 구글을 예로 들었지만, 테슬라도 우주 탐사기업 '스페이스XSpaceX'를 가지고 있으며, 아마존도 '블루 오리진Blue Origin'을 통해 우주 사업을 준비 중이다. 우주라고 하니 너무 먼 일처럼 느껴지는가? 당장 우주가 투자의 테마로 등장할 것이라고 말하는 것이 아니다. 그만큼 다양한 산업에 이미 투자를 하고 있다는 얘기다.

먼 미래를 얘기하지 않아도 대형 기술 기업들은 이미 다양한 산업에서 수익을 올리고 있다. 아마존이 온라인 상거래만 하는 기업이었다면 아마존의 경쟁 기업은 월마트였을 것이다. 하지만 아마존은 온라인 상거래뿐 아니라 클라우드 사업에서 글로벌 점유율 1위의 기업이다. 기업 분석 애널리스트의 책상에는 대부분 『기업가치평가』라는 책이 꽂혀 있다. 산업마다 다른 방식의 가치평가가 있는데, 아마존은 어느 방식으로 그 가치가 평가될까? 테슬라, 구글, 애플 모두 마찬가지다. 현재 주도주로 분류된 기술 기업들은 우주에 이를 만큼 다양하고 고난도의 기술이 필요한 사업에 이미 투자하고 있다.

기술에 '녹색'이 덧칠해진다

한 가지 반가운 것은 기존 주도주에 색깔이 더해진다는 것이다. 성장주에서 가치주로 색깔이 바뀐다는 뜻이 아니라 녹색, 즉 '기후변화 대응'이라는 이슈가 더해질 것이라는 뜻이다. 이는 두 가지 면에서 아주 좋은 일이라고 생각한다. 첫째, 기술주 일변도의 상승이 다변화되며 주식시장 전체가 추가 동력을 얻을 것이라는 점이다. 둘째, 기후변화 대응과 관련한 투자가 집행되며 세계 경제는 진짜 회복이 시작될 것이라는 점이다. 엔진이 하나면 멀리 그리고 높게 가기 힘들다. 기존 주도주와 더불어 기후변화 대응이 더해진다는 것은 엔진이 두 개 혹은 보조 엔진이 달리게 된다는 뜻이다. 주식을 필두로 위험 자산 역시 추가 상승을 전망하는 이유이기도 하다.

용어조차 생소한 '기후변화 대응'이 정말 새로운 투자 동력이 될 수 있을까? 나는 기후변화 대응이 단순한 유행이 아니라 '메가 트렌드'가 될 수 있을 것이라고 생각한다. 그동안의 기후변화 대응은 돈이 많이 들고, 당장의 피해가 크지 않으며, 어느 한 나라가 아닌 전 세계적인 협력이 필요하다는 점에서 적극적인 대응이 이루어지지 않았다. 하지만 코로나19로 인해 적극적으로 인식이 바뀌기 시작했다. 감염병, 기후변화 등은 매년 전문가들이 막대한 위험성을 경고한 부분이었지만 그로 인한 피해는 막연하게 느껴졌다. 잠재된 위험성은 분명하지만 당장 팔을 걷어붙이고 행동에 나서기에는 계기가 없었다.

넷플릭스에서 2020년 가장 화제가 되었던 다큐는 빌게이츠가 감염병의 위험을 경고한 프로그램이 아니었을까 싶다. 코로나19 이후에 나온 다큐멘터리가 아니다. 지난해부터 이미 방영은 되고 있었다. 계기가 없었다면 좋았겠지만, 코로나19로 잠재 위험에 대한 인식이 드라마틱하게 변한 것이다. 2020년 1월만 해도 집 밖에서 나오지 못하게 되는 일이 생길 거라고는, 일 년 가까이 마스크를 쓰고 다니게 될 것이라고는 생각하지 않았으니 말이다.

급락과 급등을 경험한 금융시장에서 나타난 인식의 변화는 더욱 컸다. 감염병은 의학이나 바이오주의 문제가 아닌 주식, 채권, 환율 모두의 문제가 될 수 있다는 것을 확실히 알게 되었기 때문이다. 아직 마이너스의 금리도 명확하게 이해하지 못한 상황에서, 일시적이었지만 마이너스 유가를 경험했다. 잠재된 위험이 숫자로 나타났을 때의 파괴력을 확인한 것이다.

물론 인식의 변화만 갖고는 오랜 기간 투자의 트렌드가 되기 어렵다. 하지만 기후변화 대응은 오랜 기간 전 세계적인 노력이 필요하다는 점에서 역설적으로 어려움을 겪는 글로벌 경제에 꼭 필요한 부분이 되었다. 주가는 다시 최고치에 이르렀지만, 글로벌 경제는 여전히 상당한 어려움을 겪고 있다. 저 멀리 미국의 실업률을 뒤져보지 않아도, 국내 최대 규모라는 구로 인력시장에는 새벽 네다섯 시부터 1000여 명의 사람들이 몰려 있는 풍경이 언론에 보도된다. 가슴 아픈 현실이다.

이미 문제에 답이 있다

기술 기업들은 건재하지만 상당수 기업들은 어려움에 처해 있다. 활력이 떨어진 기업을 대신해 정부는 투자에 앞장서야 하는 숙제를 맡게 되었다. 민간이 다시 홀로 설 수 있을 때까지 보조하고 끌어줘야 하는 것이다. 경제가 큰 위기에 빠질 때마다 정부는 민간을 지원하는 역할을 해왔다. 정부도 자신들이 투자의 주체가 되어 일자리를 만들어야 한다는 사실을 잘 알고 있다.

정부가 나서야 일이 해결될 거라는 뻔한 말을 하려는 것이 아니다. 투자자 입장에서는 '그렇다면 정부가 어디에 투자의 초점을 맞추고 있는지'를 파악하는 일이 가장 중요하다는 말을 하려는 것이다. 문제를 잘 읽어야 시험을 잘 본다는 말을 흔히 하지 않는가? 문제에 답이 있기 때문이다. 시험 공부를 해야만 하는 학생일 때는 그 말이 너무 싫었다. 그런데 지나고 보니 정말 맞는 말이다. 문제에 답이 있다.

기업보다는 정부가 투자의 주인공 역할을 해야 하는 시점이다. 정부가 투자하고자 하는 쪽에 신경을 쏟아야 한다. 유럽이 가장 먼저 '그린 딜'을 들고 나왔고, 미국 바이든 후보는 '그린뉴딜'을, 한국 정부도 '그린뉴딜'을 발표했다. 이미 답은 어느 정도 나왔다고 생각한다.

'뉴딜'이라는 단어가 처음 등장했던 1930년대에도 마찬가지였다. 뉴딜은 1930년 대공황을 극복하기 위해 미국에서 나왔던 정책을 말한다. 2008년 경기 침체, 유럽 재정 위기 등 통상의 경기 위축에는 침체나 위기라는 단어가 붙지만, 대공황이라는 수식어가 붙었던 것은 1930년대가 유일하다. 실상 경기 침체와 공황은 경기가 쪼그라든 폭에서도 큰 차이를 보이는데, 경기 침체는 2분기 이상 마이너스 성장이 이어질 경우를 뜻한다면, 공황Depression은 GDP가 10% 이상 위축되거나 혹은 경기 침체가 2년 이상 지속되는 것을 말한다. 무게가 다르다.

코로나19로 인한 여파는 단순한 경기 침체를 넘어 공황으로 번질 만한 수준이다. 그렇다면 코로나19로 인한 경기 침체가 공황으로 번지지 않게 하려면 어떤 정책이 나와야 하겠는가? 첫 번째는 재정 정책이 대규모로 이뤄져야 한다. 두 번째는 일자리가 창출될 수 있는 인프라가 정책의 초점이 되어야 한다.

첫 번째, 재정 정책 확대의 숙제는 각국 정부가 적극적으로 대응하고 있다. 이미 천문학적인 자금을 직접 가계와 기업에 지불하거나 시중에 공급했다. 독일의 경우 GDP의 총 30%에 육박하는 자금을 지급하거나 대출해주었다. 독일은 헌법에 '신규 채무가 GDP 대비 0.35% 이내여야 한다'고 못 박고 있는데, 이 재정 준칙을 바꾸려면 개헌을 거쳐야 할 만큼 엄격하다. 영국 역시 법률에 'GDP 대비 공공 부문 채무 비율을 전년보다 감축해야 한다'고 명시하고 있다. 하지만 전대미문의 팬데믹 앞에서 각국은 이미 대규모의 돈을 풀었다.

한쪽에서는 재정 부채의 급격한 증가와 이로 인한 부채 부담 확대에 대한 우려의 목소리도 높다. 하지만 일본이 1990년대 경기 침체 당시 균형 재정을 고집하다 불황으로 번졌던 것을 떠올려보면, 적극적인 대응이 소극적인 대응보다는 백번 나은 선택이 아닌가 싶다.

장기 불황을 지속 중인 일본의 사례는 빠른 시기에 재정 확대가 결정돼야 한다는 것을 말해주는 사례다. 재정 확대를 망설이다가 경기 회복이 가능했던 시기를 놓친 것은 일본이 장기 불황에 진입한 중요한 이유 중 하나로 지목된다. 1980년대 말 일본의 주가와 부동산 가격은 그야말로 급락했지만, 일본 정부는 당시의 경기 침체를 잠시 지나가는 몸살감기 정도로 생각했다. 대응도 소극적일 수밖에 없었다. 감기에 걸렸다고 응급실에 가지는 않기 때문이다.

1989년 일본의 주가는 큰 폭으로 하락했지만, 이후 1990년대 중반까지 일본은 흑자 재정을 이어갔다. '쓴 돈'보다 '걷은 돈'이 더 많다는 얘기다. 경기가 힘을 잃으면 정부가 적자를 감수하며 경기 부양에 나서는 것과는 반대의 결정을 내린 것이다. 물론 나중에 가서 재정 지출을 확대하기 시작했지만, 경기 회복의 골든 타임을 놓치고 난 이후의 재정 확대는 경기를 되살리지 못했다.

연준의 전 의장이자 일본 장기 불황 전문가로 꼽히는 벤 버냉키는 '일본 정부가 빠르게 금리를 인하하고 재정을 확대하지 않은 것이 일본을 장기 불황에 이르게 했다'고 분석했다. 일본의 장기 불황은 일본에게 뼈아픈 실패였지만, 다른 나라에게는 큰 반면교사가 되었다. 벤 버냉키는 2008년 금융 위기 이후 적극적인 양적완화를 빠르게 시행하면서 경기 위축의 폭을 그나마 줄이는 데 성공했다. 재정 문제에서만큼은 스크루지처럼 깐깐하게 구는 독일이 적극적인 재정 확대에 나선 이유 역시 일본 같은 실수를 반복하지 않기 위함이었을 것이다.

그렇다면 재정 지출을 어떻게 써야 경기 회복에 성공할 수 있을까? 이른바 '찐' 경기 회복을 위해서는 첫째도 일자리, 둘째도 일자리가 필요하다.

대량 실업을 낳은 대공황 당시의 풍경

옆 페이지의 이미지는 대공황 당시의 우울한 풍경을 보여주는 인상적인 사진 중 하나로, 구직 플래카드를 목에 걸고 있는 한 남자의 모습이다. 플래카드에는 다음과 같이 쓰여 있다. "3가지 사업을 해보았고, 3개 국어를 할 수 있고, 아이가 3명 있지만, 3개월째 직업이 없다. 나에게 필요한 것은 오직 하나의 일자리다."

대공황 초기 미국 정부는 당시로는 과감한 재정 지출을 통해 구제에 나섰다. 당시 시대상의 변화를 담은 어느 글에서 인상 깊었던 부분도 '미국에서는 동냥을 하는 것을 매우 부끄럽게 여기고 적선도 잘 해주지 않는 문화인데 대공황 이후 어려움을 겪으며 구제에 대한 인식이 바뀌었다'는 내용이었다. 미국 정부는 식료품과 생필품을 직접 나눠주며 구제에 나섰다. 하지만 그것만으로 일자리는 생겨나지 않았다. 앞의 사진에서 목에 플래카드를 건 남자처럼 많은 사람이 거리로 나섰지만, 일자리는 턱없이 부족했다. 결과적으로 경기 회복도 매우 더뎠다. 도와준다는 곳이 많아도 일자리를 잃는 사람들이 더 많아진다면, 밑 빠진 독에 물 붓기처럼 너무나 많은 돈이 필요하다. 물이 채워지지도 않는다는 점이 가장 큰 문제다.

미국 정부는 '구제만으로는 경기 회복을 이끌어낼 수 없다'는 판단 아래 구제에서 더 나아가 회복을 위한 대규모 인프라 프로젝트를 시행하기 시작했다. 그 대표적인 것이 WPA^{Works Progress}

Administration(공공사업진흥국)다. 'Work'라는 단어에서도 알 수 있듯
이 일자리 창출이 회복 단계에서의 핵심 사업이었다.

WPA는 1935년에 설립되어 테네시 유역 개발공사, 국립 청
소년 관리, 문화사업 지원 등을 추진했다. 2500개의 병원과
5900개의 학교 건물, 1만 3000개의 운동장을 건설하거나 보수
했고, 예술 및 작가 프로젝트도 진행했다. 200만 명 이상의 고교
생, 대학생과 260만 명의 비취학 청년들에게 공공근로 일자리가
생겨났다.

WPA는 1935년부터 1943년까지 8년의 운영 기간 동안 총
850만 명을 고용한 것으로 알려지고 있다. 1930년 당시 미국의
인구는 1.23억 명으로, 850만 명은 전체 인구의 7%에 해당하는
수치다. 그 정도로 WPA가 일자리 만들기에 크게 기여한 셈이다.
많은 고용을 창출하기 위해 집행된 돈도 많았다. 뉴딜 정책에서
추진된 여러 정책 중 가장 큰 금액이 집행된 곳이 WPA다. 1933년
부터 1940년까지 WPA에 지출된 금액은 총 82억 달러로, 전체
재정 지출액인 570억 달러의 14.3%에 해당한다. 이는 전체 재
정 지출에서 8.2%를 차지했던 직접 구호에 비해 75%나 큰 금
액이다.

그중 가장 큰 단일 프로젝트는 테네시 강 유역 개발 공사Tennessee
Valley Authority, TVA를 설립해 농업이 주요 산업인 테네시 강에 다목
적댐과 발전소 건설 사업을 일으킨 것이었다. 1차 세계대전 이

136

후 농산물 가격 급락으로 미국의 농가는 상당한 어려움을 겪었는데, 이 지역에 댐을 건설하고 발전소를 건립하며 일자리를 만들어냈다. 당시 동남부는 전기가 들어오지 않은 지역이 수두룩했다. 그런 지역에 댐을 설립하고 발전소를 만들겠다는 계획은 당시로서는 대담한 것이었다. 터무니없는 계획이며 효율성이 낮아 효과가 없을 거라는 반대도 많았을 것이다. 하지만 결국 인위적으로라도 수요를 늘리는 정책을 계속한 결과 일자리는 생겨났고, 경제는 차츰 회복되기 시작했다.

지금 필요한 것도 1930년대 했던 것과 같은 대규모 인프라투자 정책이다. 레스토랑, 호텔, 헬스클럽 등 서비스업에 적을 두고 있는 많은 사람이 아직도 일자리로 돌아가지 못했다. 미국 정부 입장에서는 2020년판 테네시강 유역 개발 공사가 필요한데, 기후변화 대응 관련 프로젝트가 그 역할을 해줄 것이다. 지구의 온도 상승과 이로 인한 가뭄, 홍수, 산불 등의 피해를 막기 위해서도 적극적인 대응이 필요한 것이 사실이다. 굳이 인류애를 강조하지 않더라도 경제를 살리기 위한 더없이 좋은 것이 기후변화 대응 프로젝트다.

유럽과 미국, 한국 등 주요 국가가 동시다발적으로 그린을 외치는 데는 경제적인 이유도 한몫한다고 생각한다. 이는 정부에서 일자리를 창출과 같은 사업에 앞으로 재정을 집중할 것이라는 얘기와 같다.

무형과 유형이, 디지털과 인프라가
섞여 있는 2020년 뉴딜

　기후변화 대응이 더욱 반갑게 느껴지는 이유는 무형투자와 실물투자가, 디지털과 인프라가 모두 섞여 있기 때문이다. 단순히 섞였다기보다는 '다양하다'는 점이 포인트가 아닐까 싶다. 2010년대로 접어들며 기술 기업들이 끌어온 무형투자의 확대는 우리 생활을 편하게 해주었지만, 일자리를 만들고 성장률을 높이는 데는 아쉬움이 있었다. 무형투자를 위주로 한 기술의 진보는 때로는 전체 일자리를 줄이는 쪽으로 진행되기 때문이다. 아마존 고Amazon Go는 구매할 상품을 계산하기 위해 따로 줄을 설 필요 없이 물건을 들고나오면 자동으로 결제가 되는 매장이다. 줄을 설 필요가 없다니 너무나 편리할뿐더러 시간도 절약될 것이다. 하지만 계산원들 입장에서는 실직이 현실이 된다는 얘기이기도 하다.

　그러나 기후변화에 대응하기 위해서는 탄소배출을 줄일 수 있는 기술뿐 아니라 실제 물리적인 투자도 필요하다. 태양광 에너지 발전 비중을 높이기 위해 패널을 생산하고 설치하는 작업, 풍력 발전소의 추가 건설, 건물의 에너지 효율을 높이기 위한 설비 및 보수 등이 필요하기 때문이다. 실물을 동반한 투자가 무형투자보다 좋다는 것은 아니다. 국가별로 일자리가 절실히 필요한 상황에서는 사람의 손을 많이 필요로 하는 분야에 정책과 자금이 집중될 수 있다는 얘기다.

'노동유발계수'라는 것이 있다. 1만큼을 생산하기 위해 사람을 몇 명이나 고용해야 하는지를 계산한 것이다. 반도체 같은 분야의 경우 생산량은 엄청난 데 반해 고용하는 사람은 상대적으로 적다. 반면에 건설 분야는 생산 금액에 비해 사람을 많이 써야 한다. 즉, 노동유발계수가 높은 산업이다. 기후변화 대응이라고 하면 떠오르는 것은 에너지 산업이다. 실제 탄소배출이 가장 많이 이루어지는 산업이 에너지 산업이다. 그런데 이해관계가 복잡하게 얽혀 있는 에너지 산업 이외에 탄소배출이 많이 이뤄지는 것은 바로 건물이다. 한국 정부가 발표한 그린뉴딜에서 비중 있게 다뤄진 부분이 건물의 에너지 효율 향상이었던 것과 같은 맥락이다. 실제 탄소배출을 줄일 수 있으면서도, 사람을 많이 고용할 수 있는 정책 중 하나가 건물의 에너지 효율 제고인 셈이다.

건설을 대표적으로 얘기했지만, 기후변화 대응은 에너지부터 건설, 운송 등 거의 모든 산업 분야에 영향을 미친다. 파급력이 크고 모든 분야에 걸쳐 있다는 것은 그만큼 많은 투자가 들어가야 한다는 얘기다. 또한 거의 전 산업에 영향을 미친다는 얘기는 기후변화 대응 관련 투자가 일시적인 것이 아니고 구조적인 변화가 될 것을 의미하는 부분이기도 하다.

일시적인지, 구조적인지는 매우 중요한 변화다. 예를 들어 올해 겨울이 추워서 의류 매출이 늘었다면 그것은 일시적인 호조다. 내년 겨울도 추워서 옷을 계속 많이 살지, 아니면 올해 겨울에 옷을 많이 사서 내년에는 사지 않을지는 모르기 때문이다. 하지만 겨울 온도가 지속적으로 하락한다면 이는 구조적인 변화다. 단순히 겨울옷을 사는 것이 문제가 아니라 난방, 단열재, 보온 등과 관련된 산업적 변화가 나타날 수도 있는 문제이기 때문이다. 이런 것이 구조적인 변화다.

닷컴 붐의 예에서도 보았듯이 기술 관련 투자가 늘어난 것이 대표적인 구조적 변화였다. 실제 미국의 의류 산업과 데이터 처리 산업의 부가가치 생산 규모는 데이터가 처음 집계된 1997년에는 비슷했다. 하지만 2019년에는 그 격차가 무려 38배로 확대되었다. 산업의 성장률이 38% 차이가 나게 된 것이 아니라 규모 자체가 20여 년 만에 38배로 벌어졌다. 이런 것이 구조적인 변화와 성장이다. 앞으로는 녹색이 덧칠해진 기후변화 대응 관련 분야가 구조적으로 성장할 환경이 갖춰지고 있다. 이는 분명히 중요하게 봐야 하는 일이다.

물론, 기후변화 대응 관련 종목이 주도주가 되기는 어려울 것이라는 시각은 여전히 많다. 지금이야 코로나19 때문에 기후변화가 관심을 받지만, 이내 곧 우선순위에서 밀려날 것이라는 의견도 있다. 또한 기후변화 대응이 중요한 문제인 것은 알겠지만 투자할 만한 대상이 별로 없다는 반응도 자주 듣는다. 투자할 만한 대상이 별로 없다는 것은 좀 허무해 보일 수도 있는 부분이다. 하지만 달리 생각해보면, 이는 아직 기회가 남아 있다는 말로도 해석할 수 있다. 마윈이 한 말 중 자주 인용되곤 하는 "모두가 너에게 동의한다면 왜 너에게 기회가 있겠냐"는 질문과 같은 맥락이다.

앞서 지식재산생산물투자 얘기를 했는데, 기술 기업이 주도주로 자리잡기까지도 마찬가지의 과정이 있었다. 지식재산생산물투자가 늘어나는 것은 이미 중요한 변화였고 구조적인 성장이 점쳐졌다. 하지만 미국이 25년여 만에 GDP에 새로운 항목을 추가했던 2013년으로 돌아가서, 지식재산생산물투자 관련 기업에 집중해야 하고 거기서 투자의 기회가 나올 것이라 생각했다 하더라도 FAANG 기업을 제대로 집어서 투자할 수 있었을까? 쉽지는 않았을 것이다.

소프트뱅크의 손정의처럼 짧게는 십 년, 길게는 수십 년을 내다보는 투자를 할 수 있는 사람은 그리 많지 않다. 아니, 전 세계에서도 손에 꼽힌다. 하지만 지금 당장 기후변화 대응 관련 대표 종목을 가려낼 수 없다 하더라도 너무 실망할 필요는 없다고 생각한다. 관련 산업이 커지고, 기업들이 성장하며 자연스레 주도하는 종목들이 떠오를 것이기 때문이다. 떠오른 투자 대상들을 놓치지 않는 것 역시 중요한 일이 아니겠는가.

2021년 3가지
체크 포인트

앞에서 2021년 자산시장 측면에서는 저금리와 경기 회복, 정부 주도의 투자를 디딤돌 삼아 위험 자산의 상승이 이어질 것을 예상했다. 주식시장 쪽에서는 기존 기술주와 더불어 기후변화 대응 관련 산업에 관심을 기울여야 한다고 본다. 그렇다면 계속 체크해나가야 할 것 역시 3가지다. 첫째 저금리가 지속되는지, 둘째 경기 회복이 이어지는지, 셋째 정부의 투자가 차질 없이 진행되는지의 여부다.

엄밀히 말하면 첫 번째와 두 번째는 연결되어 있다. 경기가 회복하며 금리가 상승하는 것은 일견 당연한 부분이나 경기 회복보다 금리 상승이 빠르다면 위험 자산에는 경고음으로 작용하기 때문이다. 여기에 더해 그동안 유동성 공급의 선봉에 서왔던 미 연준의 태도에 변화가 있다면, 그것은 경고음을 넘어서서 조정으로 이어질 가능성을 높일 것이다. 특히 연준의 정책 기조와 관련하여 향후 주목해야 할 데이터는 '경제활동참가율(15세 이상 인구 중에서 취업자와 실업자를 합한 경제활동 인구의 비율)'이다.

코로나19 이후 이어진 주가 상승에 대해 '유동성의 힘'이라고 보는 시각이 많다. 유동성 하나만 가지고 주가가 상승할 리는 만무하지만, 각국 중앙은행의 공격적인 유동성 공급은 실제 어마

어마한 수준이었다. 그렇다면 향후 걱정되는 포인트 역시 중앙은행이 언제쯤 정책 기조를 바꿀까다.

연준은 향후 정책 프레임을 평균목표물가제^AIT로 한다는 내용을 발표했다. 근원소비지출물가(물건뿐 아니라 서비스 물가도 포함한 물가 지표)가 전년 동월 대비 2% 이상 올라간다면 금리를 인상하겠다는 암묵적인 가이드라인을 가져왔으나 '평균적인 물가'가 2%에 안착할 때까지 제로 금리를 유지하겠다는 것을 공식화한 것이다.

말이 어려운데, 코로나19 이후 미국의 물가는 수요 위축과 유가 급락으로 크게 낮아졌다. 내년에는 반대로 기저 효과의 영향을 받으며 물가 상승률이 크게 높아질 것이 예상된다. 가만히 있어도 올해 기준이 너무 낮다면 내년 상승률은 높아질 것이기 때문이다. 물가 상승 압력은 미약한데 숫자만 들쭉날쭉한 것에 따라 금리를 올리고 내릴 수 없기 때문에 연준이 생각해낸 방법이 '평균'이다. 단기적으로는 물가 상승률이 2%를 상회할 수도 있지만, 평균적으로 물가가 2%에는 안착해야 금리를 올리겠다고 하면 금융시장은 한 달 한 달 지표 결과에 크게 놀라지 않을 것이다. 금융시장을 놀라지 않게 하는 것도 중요하지만, 연준 입장에서도 '코로나19로 인한 경기 위축이 상당 부분 해소되었고, 이제 정말 물가가 상승하기 시작한다'는 확신을 얻기 위해 평균 개념을 도입한 것이다.

결과적으로 금융시장 입장에서는 상당 부분 시간을 번 셈이다. 연준이 2023년까지 제로 금리를 유지할 것이라는 관측이 대부분인 이유도 같은 맥락이다. 다만 저금리에 대한 기대가 강한 만큼 연준이 미묘하게라도 태도를 바꾼다면 금융시장에는 충격이 될 수 있다. 과연 어떤 데이터가 바뀌면 연준의 태도도 바뀔까? 바로 경제활동참가율에 답이 있다.

지금의 상황부터 되짚어보자. 이코노미스트가 가장 무서워하는 단어 중 하나는 영구적, 구조적 변화다. 경기가 어렵다면 금리를 내리거나 재정 지출을 확대함으로써 경기를 되살릴 수 있겠지만 구조적, 영구적 변화는 통화 정책으로 되돌리기 어렵기 때문이다. 키오스크가 보급되며 캐셔cashier 등의 직업이 사라지는 구조적인 변화를 금리 인하로 되돌려놓을 수 없음을 떠올려보면 와닿을 것이다.

두 자릿수로 치솟았던 미국 실업률은 다시 한 자릿수로 낮아졌지만 코로나19로 인해 고용에 영구적인 손상이 크지 않을까 하는 우려가 여전히 높다. 코로나19가 사라진다 하더라도 온라인 및 비대면 경제가 지속되면서 일자리가 예전만큼 회복되지 않을 가능성도 충분히 있기 때문이다. 통화 정책에 대입해서 말하자면 고용이 완전히 회복되었다고 안심할 수 있는 수준이 되지 않는다면, 금리 인상이나 유동성 공급 정책에도 큰 변화가 없을 것이라는 얘기다.

내가 연준이라면 월별로 변동이 있는 지표보다는 웬만하면 변하지 않는, 진짜 고용시장 회복을 알려줄 수 있는 지표를 기준으로 삼고 싶을 것이다. 어떤 지표들은 월별로 확확 바뀌지만, 어떤 지표들은 짧아도 3~4년, 길면 10년에 한 번씩밖에 방향을 바꾸지 않는다. 연준에게 필요한 건 엉덩이가 무거운, 즉 방향을 잘 바꾸지 않는 지표다. 그런 성격을 가지고 있는 지표가 바로 경제활동참가율이다.

경제활동참가율에는 취업자 이외에도 실업자(구직 활동을 하는 사람이 실업자로 분류되며, 구직 활동을 포기하면 비경제활동 인구로 분류된다)

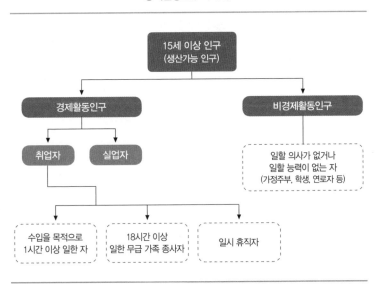

경제활동인구의 구성

가 포함되어 있다. 실업자는 적은 게 좋다. 일하고 싶은 사람들이 대부분 일자리를 잡고 있다면 경제가 좋다는 뜻이 되기 때문이다. 하지만 경제는 안 좋은데 실업자가 적으면 그것은 더 안 좋은 신호다. 취직이 잘 안 되니 구직 활동 자체를 하지 않음으로써 경제활동에서 비경제활동으로 넘어가고 있는 사람이 많아진다는 얘기가 되기 때문이다. 최근같이 고용에 영구적 손상 가능성이 있는 상황에서는 일자리를 잡지 못하고 있는 사람이 많더라도(실업자 수가 많아서 경제활동참가율이 높아도), 경제활동참가율이 낮아지는 것보다는 덜 비관적인 상황인 셈이다. 만약 경제활동참가율이 하락을 멈추거나 높아지기 시작하면, 사람들이 다시 구직 활동을 시작한다는 뜻이다.

월별 고용은 좋기도, 나쁘기도 하지만 경제활동참가율 같은 지표는 웬만하면 추세를 잘 바꾸지 않는다. 굳이 말하자면 매우 무거운 지표에 속한다. 한 달 한 달 지표의 변화로 전체 통화 정책을 바꿀 수 없는 것이 연준의 입장임을 감안할 때, 경제활동참가율이 하락하지 않거나 상승하는 것은 고용시장이 정말 좋아지기 시작했다는, 구조적인 변화는 이제 마무리되고 있다는 뜻으로 해석할 수 있다.

실제 2004년과 2015년에도 이런 패턴이 반복되었다. 기준금리는 당시로서는 최저 수준이었는데, 금리를 올릴 때마다 경제가 금리 인상을 감내할 만큼 정말 좋아졌는지의 여부에 대해서는 항상 갑론을박이 있었다. 갑론을박이 있었다는 것은 충분히 고용이 좋아지기 시작했다는 확실한 근거가 필요했다는 얘기다. 고용 동향에는 실업률, 고용 증감, 임금 이외에도 다양한 지표가 있지만, 연준은 경제활동참가율이 더 이상 하락하지 않는 것이 확인될 때 통화 정책에 변화를 주기 시작했다. 금리 인상을 예고 했던(실제 인상을 한 2015년으로부터 2년 반 전인) 2013년 중반도 경제 활동참가율의 하락이 멈추기 시작한 시점이었다.

최근 미국의 경제활동참가율은 코로나19로 그야말로 급락했 다. 경제활동이 재개되며 상승할 테지만, 연준은 예전 수준과의 괴리를 상당 부분 좁히고 난 이후에야 통화 정책의 기조를 바꾸 기 시작할 것이다. 연준의 태도 변화까지는 아직 상당한 시간이

미국의 경제활동참가율과 기준금리

남아 있는 것으로 보인다.

기후변화 대응에서도 이야기했지만, 정부 정책이 기존 계획대로 가는지, 지연되는지의 여부도 앞으로는 특히 중요하다. 통화 정책은 연준의 자산 규모와 금리 등으로 일별 혹은 주별로 온도를 체크할 수 있지만, 정책이 제대로 풀리고 있는지는 뉴스를 열심히 따라가는 수밖에 없다. 재정 적자 등의 지표만으로 진행 여부를 따라가기는 부족하다. 생각해보면 양적완화, 제로금리, 평균물가목표제 등 통화 정책 역시 처음에는 어려웠다. 재정 정책도 향후 몇 년간 중요한 축으로 자리 잡을 텐데, 더 많은 뉴스와 지표 활용 방법이 생겨나게 될 것이다. 기껏 뉴스를 열심히 보는 수밖에 없다니 허무할 수 있지만, 지금으로선 뉴스가 최선이다.

"내년에 증시는 4000포인트까지 상승합니다. 봄에 삼성전자를 사서 가을이 되면 12만 원에 팔면 됩니다."

이렇게 시기와 가격을 모두 찍어주는 전망을 누군가가 해줬으면 좋겠다. 내 능력 부족이기도 하지만, 15여 년간 증권회사에서 직간접적으로 증시를 보다 보니 모든 건 '조합'이다. 그래서 듣기에는 "내년에는 이렇습니다!"라고 하는 게 귀에 콕 박히지만, 경제 환경이나 정책 상황, 주가 반영 여부의 조합에 따라 가격 변수의 결과는 매우 달라진다. 좀 오글거리는 표현이지만, 경제와 금융시장은 살아 있는 생명체처럼 서로 기대와 실망을 반복하며 영향을 주고받는다. 그래서 다양한 조합에 따라 달라질 결과에 대해 다소 장황하게 느껴지는 설명에도 귀를 기울여야 하는 것이다.

2021년, 많은 사람들이 현명한 투자로 수익을 올리기를, 몸과 마음이 건강한 한 해를 보내기를 빌어본다.

MR.MARKET

3장

투자도 계절의 변화를
준비해야 할 때

메리츠증권 차장

이다솔

주식시장의
사계절

다사다난한 2020년이 어느덧 가을을 맞았다. 누군가는 가을을 수확의 계절이라고 하고, 다른 누군가는 가을을 외로운 계절 혹은 쓸쓸함이 밀려오는 계절이라고도 한다. 이해인 시인의 시 「익어가는 가을」을 보면 가을은 열매가 익어가는 행복한 계절 그리고 사랑이 되는 따뜻한 계절이다. 이 글을 읽는 투자자들의 가을역시 열매가 익어가는 풍성한 계절이기를 기원하며, 2020년의지난 계절을 돌아보고자 한다.

봄은 본래 꽃이 피고 만물이 소생하는 계절이다. 하지만 2020년의 봄은 코로나로 인해 주식시장은 물론 우리의 일상에도 폭풍우가 몰아쳤다. 특히 3월 초부터 19일까지 진행되던 주식시장의 폭락은 지금도 생생하게 기억난다. 자고 일어나면 폭락해 있는 미국 시장을 확인한 후 무거운 발걸음으로 출근하면 어김없이 한국 시장도 폭락했다. 떨어지는 미국 시장을 바라보느라 잠들지 못하고 뜬눈으로 출근하는 날도 자주 있었다.

아침마다 동료들과 머리를 맞대고 회의를 해봐도 뚜렷한 해결책은 보이지 않았다. 불안감에 빠진 고객들과 통화하는 시간이 많아졌고, 장이 끝나면 각종 데이터와 자료들을 뒤적이며 대응 방안을 마련하기 위해 애를 썼다. 전 세계 확진자 수와 완치자수를 집계하며 변곡점을 찾기 위해 노력하는 건 필수였다. 다행히도 각국 중앙은행들의 적극적인 유동성 공급 조치가 이뤄졌고, 실질환자 수(확진자 - 완치자)에도 변곡점이 발생했다. 시장은 3월 19일 코스피지수 1439.43포인트를 바닥으로 반등하기 시작했다.

여름에는 주식시장의 강한 회복과 함께 우리의 일상에도 새로운 질서와 삶의 패턴이 자리 잡기 시작했다. 5월 26일 2000포인트를 회복한 코스피지수는 6월에 장중 2200포인트를 회복했고, 7월에 장중 2280포인트를 거쳐 8월에는 장중 2458.17포인트를 찍었다. 같은 기간 코스닥지수는 419.55포인트를 바닥으로 8월에 장중 863.80포인트를 거쳐, 드디어 9월에 900포인트대를 회복했다.

우리의 일상생활에서는 마스크 착용이 필수가 됐다. 또한 '언택트Untact'가 삶의 트렌드로 자리 잡으면서 문 앞에는 택배 상자가 쌓여갔고, 각종 음식이 배달되었으며, 학생들은 온라인 수업에 익숙해졌다. 여전히 불안하고 불편한 것들이 많지만 그래도 일상은 이어졌고, 새로운 삶의 패턴에도 제법 적응하게 되었다. 무엇보다 자산시장 관점에서는 대규모의 개인투자 자금이 주식시장으로 이동하기 시작했고, 주식 공부에 대한 투자자의 열기도 뜨거웠다.

그렇게 시간이 지나 어느덧 가을이 되었다. 대주주 양도세 과세 이슈와 미국 대선 불확실성 등을 이유로 시장은 조정을 받았지만 공모주 청약의 열기는 식을 줄 모르고, 증시 주변 자금의 규모도 줄지 않고 있다. 여전히 2021년에 대한 기대감은 살아 있는 듯 보인다.

계절은 시간의 흐름을 따라 규칙적으로 바뀐다. 코로나19라는 치명적인 바이러스도, 그로 인한 글로벌 경기 침체도 계절의 변화를 바꿀 수는 없다. 2021년의 투자 아이디어를 고민하는 이 글에서 계절의 변화를 언급하는 이유는 주식시장에도 계절이 존재하기 때문이다. 그래서 한번 주식시장에 존재하는 계절에 대해 짚어보고, 우리의 계절은 지금 어디에 있는지 살펴보도록 하겠다.

경기 순환에 연동되는
주식 장세의 4가지 국면

우라가미 구니오는 『주식시장 흐름 읽는 법』에서 언뜻 제멋대로 움직이는 것처럼 보이는 주식시장의 움직임도 장기적으로 보면 일정한 특징을 가진 4가지의 국면(금융 장세, 실적 장세, 역금융 장세, 역실적 장세)을 반복하고 있다고 언급하고 있다. 각 국면마다 마치 사계절의 변화와 같은 보편적인 움직임이 있다는 것이다.

4가지의 국면을 살펴보기에 앞서 우라가미 구니오에 대해 좀 더 알아보자. 우라가미 구니오는 일본의 저명한 애널리스트이자 투자자다. 그는 증권사의 시장부 직원으로 출발하여 증권영업, 증권조사부(현재의 리서치센터) 직원, 투자자문사의 펀드매니저 그리고 투자신탁 회사의 어드바이저 등 투자 업무에서 40년간 종사했다. 일본금융신문에서 선정한 애널리스트 인기 투표에서 오랜 기간 '베스트 5'에 랭크되었으며, 일본 테크니컬 애널리스트 협회 회장을 역임하기도 했다. 이런 경력의 그가 주식시장에 대한 이론적 배경과 40년간 몸으로 익힌 시장의 경험을 바탕으로 집대성한 책이 바로 『주식시장 흐름 읽는 법』이다.

주식 장세는 경기 순환과 맞물리면서 상승과 하락이라는 반복적인 변동을 보인다. 슘페터와 같은 경제학자들의 경기순환론에 따르면 경기는 회복기에서 활황기라는 호황 국면이 있고, 그것이 한계에 도달하면 후퇴기에 들어가서 침체기로 이어지는 불황 국면이 존재한다.

이렇게 경기 순환이 4가지의 국면으로 나뉘는 것처럼 주식 장세도 4가지의 국면으로 나눌 수가 있다. 통상적으로 주식 장세는 경기 변동에 선행하는 성격을 가지고 있다. 앞서 언급한 것처럼 우라가미 구니오는 주식 장세를 '금융 장세, 실적 장세, 역금융 장세, 역실적 장세'로 구분한다. 각각에 대해 살펴보자.

금융 장세: 주식시장의 봄

금융 장세는 '불경기의 주가 상승'이라는 말로 요약할 수 있다. 실물 경기 측면에서는 경기가 하락하면서 기업의 실적이 악화되는 시기다. 기업의 실적이 나빠지면 국가의 경기가 나빠지기 때문에 이를 방지하기 위해 중앙은행은 금리를 인하하여 경기 부양에 나서게 된다. 그리고 중앙은행의 통화 정책 외에도 정부가 예산을 증액하여 재정 부양에 나서게 된다. 이를 통해 정부는 공공투자를 확대하고 동시에 민간투자의 활성화를 위해 기업을 독려한다. 그럼에도 불구하고 기업의 실적은 여전히 나쁜 시기다.

경기 상황과는 다르게 주가는 경기 대책과 함께 단숨에 반등한다. 통화의 유동성이 확대되면서 민간의 투자 가능 자금이 늘어나고, 투자 심리가 회복되면서 주가는 경기 상황을 선행하여 상승한다. 일부 투자자는 주가가 오르면 일회성 회복으로 받아들이고 주식을 매도한다. 하지만 주가가 계속해서 상승하면 매도했던 이들마저 당황하여 주식을 다시 매입하게 되고, 이는 주가를 더욱 상승시킨다.

실적 장세: 주식시장의 여름

실적 장세는 경기 부양의 효과가 나타나면서 기업의 실적이 개선되기 시작하는 시기다. 정부가 공공 부문의 투자 확대를 통해 수요를 창출하던 금융 장세와는 달리 민간 부문의 투자가 활성화되기 시작한다. 실적 장세 중에 금리는 상승세로 전환되면서 기업에 부담을 줄 수 있지만, 기업의 실적 개선이 이를 상쇄하고 남기 때문에 주가 상승은 지속된다.

일반적으로 실적 장세의 진행 기간은 금융 장세보다 길다. 경기가 회복되면서 물가 역시 안정적으로 상승한다. 기업들은 개선된 실적을 바탕으로 적극적인 설비투자에 나서게 되고, 소비도 증가 흐름으로 돌아선다.

역금융 장세: 주식시장의 가을

역금융 장세는 경기가 최고조에 달하면서 과열 국면으로 진입하게 되는 시기다. 과하게 풀린 유동성으로 인해 물가상승 속도가 빨라진다. 따라서 중앙은행은 인플레이션 억제를 위해 금융 긴축 정책을 펼친다. 이 시기에 자산가격 버블로 인한 외부 경제 충격의 가능성도 증가한다.

증시의 특징으로는 신고가 종목의 숫자가 급감하고, 역사적 고점을 기록한 이후 횡보하던 종목들의 하락이 본격화된다. 기업 실적은 여전히 좋지만 정부의 긴축으로 통화량이 감소하면서 주가는 하락하기 시작한다. 따라서 밸류에이션 측면에서 저평가된 주식들이 다수 발생하게 되고, 이를 매수하려는 자금으로 인해 주가는 다시 회복을 시도한다. 그러나 회복하던 주가가 기존 고점을 회복하지 못한 채 두 번째 천장을 만들게 되고, 이후에 주식시장은 강세 장세의 종말을 확인하게 된다.

역실적 장세: 주식시장의 겨울

역실적 장세는 경기 순환으로 말하면 경기의 후퇴기, 불황기다. 금리 상승 중에도 기업의 실적이 여전히 좋았던 역금융 장세와 달리 본격적인 기업의 실적 하락이 나타난다. 자금 수요가 감소하고 시장금리가 하락 기미를 보임에도 불구하고 경기는 더욱 나빠진다.

증시의 특징으로는 신저가 종목의 숫자가 지속적으로 증가하게 되는데, 주식시장의 투자자들이 공포에 휩싸여 있기 때문에 악재가 주가에 쉽게 반영된다. 최종적으로는 투자자들의 무차별적인 투매가 발생하곤 한다.

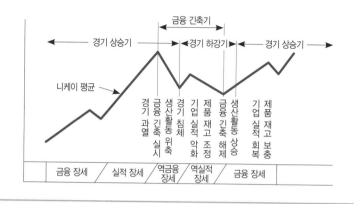

자료: 『주식시장 흐름 읽는 법』

2020년의 주식시장은 전형적인 '금융 장세'

2020년 3월 이후 주식시장이 회복되는 과정에서 고객들이 가장 많이 물어본 질문은 "실물 경기가 안 좋은데, 왜 주가는 자꾸 오르죠?"였다. 이는 '중앙은행의 유동성 공급', '정부의 재정 정책' 그리고 그로 인해 '단숨에 반등하는 주가'로 대표되는 전형적인 금융 장세의 모습이다. 코로나 극복 과정에서 연준의 정책적 대응은 긴박하면서도 적극적이었다. 여기에 다른 국가의 중앙은행들이 연준의 움직임에 동참하면서 글로벌 금융시장에는 그야말로 '역대급' 유동성이 공급되었다.

연준의 코로나 대응 일지

2020년 2월 초까지만 해도 코로나19 사태는 중국만의 지역적 이슈라는 해석이 주류였다. 한국과 일본에서 최초 확진자가 나올 때만 해도 역시나 중국과 인접한 동아시아 국가들의 지역적 이슈로 인식했다. 그러나 이탈리아에서 확진자가 급증하면서 글로벌 금융시장이 요동치기 시작했다. 이후 금융시장을 안정시키기 위한 미국 연준의 노력은 가히 전격적이고 전방위적이었다.

2020년 2월 28일, 미국 주식시장은 장중 한때 4% 넘게 하락하며 패닉 장이 지속됐다. 이탈리아에서 확진자 수가 증가하며 코로나19 사태의 확산이 우려됐기 때문이다. 이에 연준의 제롬 파월 의장은 긴급 성명 발표를 통해 글로벌 금융시장의 안정을 위한 '적절한 조치'를 언급하며 시장을 안정시키고자 했다.

2020년 3월 3일, 연준은 긴급 FOMC^{Federal Open Market Committee}(연준 산하의 연방공개시장위원회)를 개최하고 만장일치로 기준금리를 0.5%포인트 인하했다.

2020년 3월 15일, 연준은 또 한 번 긴급 FOMC를 열어 1%포인트 금리 인하를 포함해 '종합 부양 패키지'를 전격 발표했다. 연방기금금리를 0~0.25%로 인하하여, 2015년 12월 이후 다시 제로금리(실효 하한 금리, Effective Lower Bound)로 복귀시켰다. 또한 향후 수개월 내에 최소 미국 국채 5000억 달러와 주택저당증권 2000억 달러를 매입할 것이라고 발표했다. 시장에서는 이 정책을 통해 연준이 사실상 양적완화를 다시 시작했다고 평가했다. 마지막으로 연준은 유로존, 일본, 영국, 캐나다, 스위스 중앙은행과 맺고 있는 통화스와프 계약 금리를 25bp 인하했다. 이를 통해 글로벌 금융시장에서 달러 유동성이 위축되는 우려를 완화하고자 했다.

2020년 3월 17일, 연준은 CP(기업어음) 매입 프로그램 재가동을 발표했다. CP매입 프로그램은 2008년 10월부터 2010년 2월까지 한시적으로 가동했던 것이다. 매입 대상은 3개월짜리 달러 표시 CP로, 자산유동화기업어음(ABCP)도 포함했다. 이를 통해 가계와 기업으로의 원활한 신용 공급을 독려하고자 했다.

2020년 3월 19일, 연준은 한국은행과 양자 간 600억 달러 규모의 통화스와프 계약을 체결했다. 계약기간은 3월 19일부터 최소 6개월이었다. 연준은 기존 5개국(EU, 영국, 캐나다, 일본, 스위스) 중앙은행과 통화스와프 계약을 맺었는데, 3월 19일에 한국 외에도 덴마크, 노르웨이, 뉴질랜드의 중앙은행과 각 300억 달러 규모의 통화스와프 계약을 체결했다. 이는 급격히 악화된 글로벌 달러 자금시장의 경색을 해소하기 위해서였다.

2020년 3월 31일, 연준은 외국통화당국에 대해 RP(환매조건부채권) 거래를 허용하는 대출기구를 설치한다고 발표했다. 각국 중앙은행이 보유한 미국 국채를 담보로 달러화를 공급하겠다는 것이다.

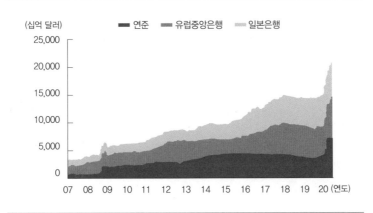

글로벌 주요 중앙은행의 자산 추이

(십억 달러)　　■ 연준　■ 유럽중앙은행　일본은행

자료: Bloomberg, IBK투자증권

　이 밖에도 크고 작은 정책들이 이어졌다. 이렇게 연준이 적극적으로 시장에 대응하면서 연준의 자산 규모는 급격하게 증가했다.

각국 중앙은행들의 유동성 공급

　연준 이외의 각국 중앙은행들 역시 유동성 공급을 통해 금융시장을 안정시키기 위해 노력했다.

　3월 10일, 잉글랜드은행BOE이 기준금리를 기존 0.75%에서 0.25%로 인하했다. 정례회의를 2주 앞두고 있었지만 긴급회의를 통해 전격적으로 이루어진 결정이었다.

　3월 12일, 유럽중앙은행ECB은 기준금리를 동결했지만 양적완

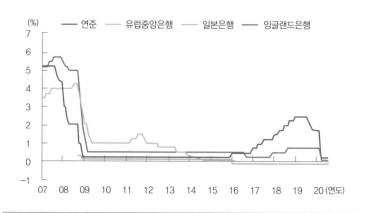

글로벌 주요 중앙은행의 기준금리 추이

(%) — 연준 — 유럽중앙은행 — 일본은행 — 잉글랜드은행

자료: Bloomberg, IBK투자증권

화를 추가 확대하기로 결정했다.

3월 16일, 한국은행이 긴급 금통위를 개최하고 기준금리를 1.25%에서 0.75%로 인하했다. 이를 통해 한국은 사상 최초 1% 이하의 기준금리 시대를 맞이하게 되었다.

같은 날, 뉴질랜드준비은행RBNZ은 기준금리를 1%에서 0.25% 로 인하를 결정했고, 일본은행BOJ은 매입 대상 자산 규모 확대 및 신규 대출제도의 도입을 발표했다.

정부의 재정 정책과 반등하는 주가

중앙은행의 통화 정책 외에 각국 정부의 재정 정책도 적극적 이었다. 3월에 미국 트럼프 정부가 발표한 경기 부양책의 규모는 약 2조 달러로 GDP 대비 10% 규모다. 이는 2009년 오바마 정부 당시 투입한 7870억 달러(GDP의 5.5%)의 거의 2배 수준이다. 한국 정부 역시 네 차례의 추경을 통해 대규모 재정 정책을 펼치고 있다. 2020년 한국 정부의 총지출 규모는 521조 원으로 예상되며, 이는 명목 GDP 대비 27.4% 수준이다.

중앙정부의 유동성 공급과 정부의 재정 정책에 의해 주식시장은 반등하기 시작했다. 그중에서도 미국의 나스닥시장과 한국의 코스닥시장은 코로나19 발생 이후의 낙폭을 모두 회복하고 연간 신고가를 갱신하는 등 글로벌 시장에서 가장 두드러진 성과를 보여주었다.

한국 주식시장의 추이

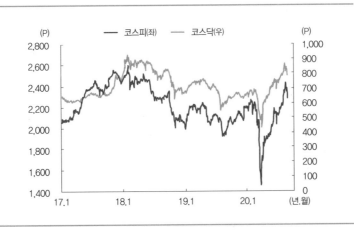

자료: Bloomberg, IBK투자증권

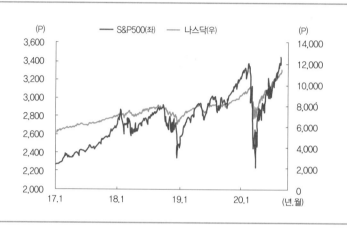

미국 주식시장의 추이

자료: Bloomberg, IBK투자증권

2021년, '실적 장세'로의
변화 가능성은?

2021년에는 실적 장세로 변화가 가능할까? 국내 주요 증권사들의 2021년 실적 추정치를 살펴보면, 코스피 영업이익은 2020년 대비 개선될 것으로 추정된다.

먼저, 하나금융투자에 따르면 2021년 코스피 영업이익은 178조 원으로 전망되며, 2020년 대비 38% 증가할 것으로 추정하고 있다. 하나금융투자의 이재만 애널리스트는 2020년 9월 28일 보고서 「내년을 준비하는 마음으로」에서 "금융시장의 위기 이후에 실적 장세로 전환되느냐의 여부가 코스피의 신고가 경신 여부를 결정한다"고 언급하고 있다. 이에 따르면 1998~2000년, 2008~2010년, 2016년~2018년에 코스피는 모두 영업이익이 전년 대비 증가하면서 신고가를 기록한 바 있으며, 2021년에도 영업이익 개선이 기대된다고 분석했다.

대신증권 역시 2021년 코스피 영업이익이 증가할 것으로 분석하고 있다. 이경민 애널리스트의 분석에 따르면, 한국은 OECD 회원국들 가운데 경제성장률 차원에서 상위권에 속한다. 상대적으로 코로나19의 충격이 덜한 것은 물론 글로벌 경기 회복 국면에서도 수혜를 기대할 수 있기 때문이다. 기업 실적 측면

코스피 영업이익 전망

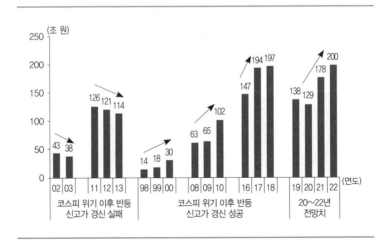

자료: 하나금융투자

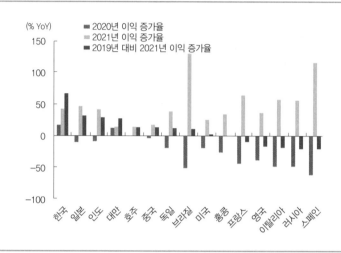

OECD 국가별 영업이익 전망

(% YoY)
- 2020년 이익 증가율
- 2021년 이익 증가율
- 2019년 대비 2021년 이익 증가율

한국 일본 인도 대만 호주 중국 독일 브라질 미국 홍콩 프랑스 영국 이탈리아 러시아 스페인

자료: 대신증권

에서도 2019년 대비 2021년 이익 증가율은 한국이 65.8%로 압도적인 1위를 차지할 것으로 분석하고 있다.

IMF 역시 2021년 한국 경제의 성장을 예상하고 있다. 2020년 10월 13일(현지 시간 기준) 발표한 「10월 세계 경제전망World Economic Outlook」 보고서를 보면, 최근 각국의 빠른 경제활동 정상화를 반영해 2020년 세계 경제성장률 전망치를 −4.4%로 조정하면서 (지난 6월보다 0.8%포인트 상향 조정) 한국의 경제성장률 전망치도 0.2%포인트 올렸다. 2020년 한국의 경제성장률 전망치를 -2.1%에서 -1.9%로 소폭 상향 조정한 것이다. 코로나19에도 수출 수요가 살아나고 있다는 점과 4차 추가경정예산 등 정부의 적극적 정책 대응을 반영했다는 게 IMF의 설명이다. 이 보고서에서 IMF 는 한국의 2021년 성장률을 2.9%로 전망하고 있다.

실적 장세로 전환될 때, 어떤 변화가 올까?

　금융 장세가 실적 장세로 전환되면서 주식시장이 지속 상승했던 대표적인 사례는 2008년 가을부터 2011년 여름까지다. 이때 코스피지수는 892.16포인트부터 2231.47포인트까지 상승했다. 같은 기간 코스닥지수는 245.06포인트부터 565.96포인트까지 상승했다. 특징적인 것은 코스닥지수의 최고점은 2009년 5월 21일이며, 이후 2011년 여름까지 전고점을 회복하지 못한 채 박스권 장세가 이어졌다는 점이다.

　2008년 리먼브라더스의 파산으로 대표되는 글로벌 금융 위기 역시 중앙은행의 유동성 공급과 정부의 재정 정책으로 마무리되

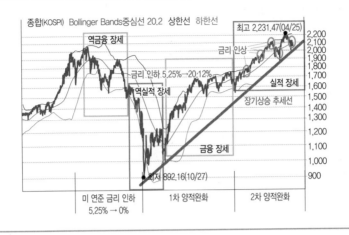

주식시장의 사계절: 2006년~2011년 코스피지수의 추이

종합(KOSPI) Bollinger Bands중심선 20.2 상한선 하한선

최고 2,231.47(04/25)

역금융 장세

금리 인상

금리 인하 5.25% →0.12%

역실적 장세

실적 장세

장기상승 추세선

금융 장세

저점 892.16(10/27)

미 연준 금리 인하
5.25% → 0%

1차 양적완화

2차 양적완화

자료: 한화투자증권

었다. 당시 연준은 기준금리를 5.25%에서 순차적으로 0%까지 인하했고, 양적완화를 시작하면서 유동성을 공급했다. 또한 미국 정부를 포함한 각국의 정부들은 대규모 부양책을 통해 재정을 투입하기 시작했다.

위의 그림을 보면, 연준이 1차 양적완화를 진행했던 2008년 가을부터 2010년 상반기까지 코스피지수는 금융 장세의 성격을 보이면서 상승했다. 이후 2차 양적완화가 진행됐던 2010년 하반기부터 2011년 여름까지는 실적 장세의 성격을 보이면서 상승했다. 그렇다면 당시 시장의 성격은 어떠했으며, 주도주는 무엇이었을까?

랩어카운트 열풍과 '자문사 7공주'

2008년 가을부터 진행된 금융 장세에서 가장 특징적인 부분은 공모 펀드로 대표되는 전통의 자산운용사보다 투자자문사, 그것도 새롭게 창업한 투자자문사 중심으로 자금이 쏠렸다는 점이다. 브레인, 케이원 등으로 대표되는 투자자문사들은 '랩어카운트Wrap account'라는 상품을 통해 소수의 핵심 종목에 집중 투자할 수 있었고, 금융 장세에서 높은 수익률을 기록하며 자산운용 시장을 주도했다.

랩어카운트는 증권사가 고객의 자산을 대신 운용하는 계좌인데, 다수의 가입자 자금을 한곳에 모아놓고 운용하는 공모 펀드와 달리 개인별로 차별화된 자금 운용이 가능하다는 장점이 있다. 또한 공모 펀드는 평균 50~100개 이상의 종목을 편입하는 것에 비해 랩어카운트는 종목 수를 10~20개 내외로 압축해서 집중 투자할 수 있다. 이런 랩어카운트 상품들이 금융 장세에서 최적화된 성과를 내면서 2007년 9월 10조 원의 규모였던 랩어카운트 시장은 2010년 6월 30조 원에 육박하는 수준까지 성장했다.

당시 투자자문사들이 선호했던 7종목을 통칭해 이른바 '자문사 7공주'라고 불렸는데 LG화학, 기아차, SK하이닉스, 제일모직,

'자문사 7공주'의 수익률 변화(2010년 6월 24일 기준)

(단위: 원)

	1년전 최저가	24일 종가	수익률
LG화학	11만 8000	31만 1500	163.98%
기아차	1만 2250	3만 1950	160.82%
삼성전기	5만 6400	14만 8000	162.41%
제일모직	4만 1200	9만 3800	127.67%
SK하이닉스	1만 3550	2만 7150	100.37%
삼성SDI	9만 6800	17만 7500	83.37%
삼성테크윈	6만 4500	10만 8000	67.44%

삼성전기, 삼성테크윈, 삼성SDI가 이에 해당한다. 이 종목들의 수익률은 2010년 6월 24일 기준으로 1년 전 최저가 대비 적게는 67.4%에서 많게는 163.9%에 달한다.

자문사 7공주가 코스피시장에서 차지하는 시가총액 비중도 2009년 초 4% 수준에서 2010년에는 10% 수준까지 증가했다. 그렇다면 당시 자문사 7공주의 주가 호재는 무엇이었을까? 그 당시 각 종목들과 관련해 애널리스트들이 쓴 보고서를 통해 살펴보도록 하자.

LG화학

LG화학은 GM이 2009년 출시한 세계 최초 양산형 전기차인 쉐보레 볼트의 배터리 공급 업체로 선정되며 글로벌 전기차 기업으로 주목받았다. 당시 나온 기업 분석 보고서 「GM: LG 화학,

추가 계약 기대할 수 있을 것」*을 보면 "2010년 3월 12일, LG화학과 컴팩트파워Compact Power Inc(LG화학의 미국 자회사)는 제너럴모터스GM의 쉐보레 볼트에 납품될 리튬 배터리를 생산하기 위한 기공식을 가졌다"라고 했으며, "LG화학은 향후 추가 계약을 성사시킬 가능성이 높다"며 GM에 대한 LG화학의 추가 수주 가능성을 언급했다.

당시 시장에서 바라보던 LG화학의 투자 포인트가 '전기차 배터리의 성장'이라는 점을 짐작할 수 있다. LG화학은 GM 외에도 포드(미국), 르노(프랑스), 현대기아차(한국) 등과 계약을 맺었으며, 미국 현지에서 GM과 합작 공장을 건설하면서 전기차 산업의 대표 종목으로 자리매김했다.

전통적인 석유화학 기업이었던 LG화학의 주가 키워드는 바로 '새로운 산업' 그리고 '성장 기대감'이었다.

삼성SDI

삼성SDI 역시 전기차 배터리 성장의 기대감으로 주목받았다. 소형배터리 시장에서 삼성SDI는 글로벌 최강자로 자리 잡았지만, 전기차 배터리 시장에서는 LG화학 대비 후발주자로 인식되고 있었다. 이를 극복하기 위해 삼성SDI는 2008년 9월에 세계

---

* 이재훈, 동부증권, 2010.3.16.

적인 자동차부품 회사 보쉬^{Bosch}와의 합작사 에스비 리모티브^{SB} ^{LiMotive}를 설립했다. 이후 2009년 6월에 BMW의 전기차 배터리 단독 공급업체로 최종 선정되면서 LG화학과 어깨를 나란히 하게 되었다. 그리고 2009년 9월 울산 전기차 배터리 기공식, 2010년 3월 생산 라인 준공, 2011년 상반기 본격 생산 등의 일정을 발표하면서 LG화학과 함께 전기차 산업의 대표 종목으로 자리 잡았다.

당시의 기업 분석 보고서 「삼성그룹의 차세대 먹거리」*의 제목처럼, 삼성SDI는 '삼성그룹의 차세대 먹거리' 기업으로 꼽혔다. 이 보고서는 "무선 인터넷 대중화로 고용량 2차전지 수요 급증, 슈퍼 아몰레드를 통한 스마트폰용 디스플레이 시장 주도, 3D TV 등장으로 PDP TV에 대한 재조명, 2012년 전기자동차용 2차전지와 스마트그리드 저장용 2차전지 사업 가시화 전망을 고려해 투자 의견 '매수'를 유지한다"고 했으며, "삼성SDI는 향후 삼성그룹의 전기자동차와 그린에너지 사업을 주도할 것으로 예상되는 바, 중장기 관점에서 여전히 매력적이다"라고 분석했다. 삼성SDI의 주가 키워드 역시 '새로운 산업' 그리고 '성장 기대감'이었다.

---

* 소현철, 신한금융투자, 2010.4.28

삼성전기

2007년 1월 9일, 전 세계의 시선이 샌프란시스코 모스콘센터에 집중됐다. 이날은 컴퓨터의 역사에서 영원히 기록될 전설적인 날이다. 이곳에서 스티브 잡스가 "아이팟, 폰 그리고 인터넷 커뮤니케이터An iPod, a phone, and an internet communicator"를 외치며 1세대 아이폰을 세계 최초로 공개했다. 스마트폰 역사의 시작이다.

애플은 2007년 6월 29일에 아이폰의 미국 판매를 시작했다. 같은 해 11월 영국, 프랑스, 독일로 판매 지역을 확대했고, 2008년 7월 11일에는 3G 인터넷 기능이 포함된 아이폰 3G가 22개국에서 출시됐다. 이후 2009년 6월 8일 출시된 아이폰 3GS를 거쳐, 2009년 11월 28일 한국 시장에도 아이폰이 KT를 통해 공식 출시되었다. 대중의 반응은 열광적이었다. 전 세계의 모든 휴대폰 제조 회사가 애플을 뒤따라 스마트폰 개발과 출시에 열을 올렸다.

스마트폰은 기존의 휴대폰보다 더 좋은 성능을 필요로 했다. 따라서 관련 부품 업체들은 이에 따라 호황을 맞이하게 됐다. 삼성전기의 MLCCMulti layer ceramic condenser(적층세라믹콘덴서) 사업부 역시 마찬가지였다. MLCC는 전자기기에서 필요한 만큼의 전류를 흐르게 해주는 부품으로 모든 전자제품에 공통적으로 들어가는 범용 부품이다.

당시 기업 분석 보고서 「사상 최대의 실적, 사상 최고의 주가」*

도 "MLCC 사업부가 삼성전기의 실적 개선을 이끌고 있다"라고 언급하며 "2005년 총 매출액의 9.8%를 차지했던 MLCC는 2009년 18.2%로 증가했고, 2010년에는 21.2%로 첫 20% 비중을 돌파할 전망이다. 수익성 개선은 더욱 놀랍다. 2005년에는 적자였으나, 2009년에는 16% 수준의 영업이익률로 전체 영업이익의 35%를 차지한 것으로 추정된다"고 분석했다.

LED 사업 역시 삼성전기의 또 다른 성장 동력이었다. 앞의 보고서에 따르면 "2009년 최대 고객사의 LED BLU TV 판매 수량 급증은 삼성 LED의 성장으로 이어졌다. 이러한 움직임은 2010년에도 지속될 전망이다. 2009년 260만 대 수준의 LED BLU TV를 판매한 최대 고객사가 2010년에는 최소 285% 이상 판매 수량을 늘릴 계획"이라고 했다. 또한 "LED 조명 준비도 양호하다. 대한민국의 남영전구, 일본의 고이즈미 조명에 이어 미국의 애큐티브랜즈와 전략적 제휴를 맺으면서 조명 사업 활성화에 힘쓰고 있다. 조명 시장은 LED 시장의 핵심으로 IT와는 다른 유통망을 확보해야 한다. 전략적 제휴를 통해 유통망 확보에 성공하고 있다는 점은 긍정적이다"라고 언급했다. LED TV의 판매 확대와 LED 조명 시장의 성장이 기대된다는 분석이었다.

LED TV는 2009년 삼성전자가 처음으로 출시한 이후 2010년

---

* 박원재, 대우증권, 2010.3.31

부터 본격적인 성장세를 보였다. 2009년 320만 대 수준이었던 LED TV 판매량은 2010년에 3000만 대 이상 팔릴 것으로 전망됐다. 당시 40인치 기준으로 LED TV 1대에 들어가는 LED 칩은 200개 내외이니 2010년 판매되는 LED TV를 3000만 대로 잡으면 총 60억 개의 LED 칩이 필요했던 것이다.

LED 조명 시장에 대한 기대감도 커지고 있었다. LED는 전기를 적게 소비할 뿐만 아니라 유해물질이 들어 있지 않고 수명이 길어 환경 친화적인 차세대 조명으로 주목받았다. 가격이 형광등보다 비싸고 일반 조명으로 쓰기에는 광 효율이 다소 떨어진다는 단점이 지적됐지만, 시간은 LED의 편인 것처럼 보였다. 더욱이 EU와 일본은 2012년까지, 호주는 2013년까지 백열등 사용을 전면 금지하기로 하는 등 각국의 정책도 LED 조명의 성장에 긍정적으로 작용하고 있었다. LED 조명 시장에 대한 기대감은 앞서 LG화학, 삼성SDI를 살펴보면서 언급했던 미국의 그린뉴딜 정책과도 연관성이 높았다. 이렇듯 삼성전기의 주가 키워드 역시 '새로운 산업' 그리고 '성장 기대감'이었다.

SK하이닉스

SK하이닉스를 분석한 보고서 「PC+스마트폰=DRAM 수요 대호황」*은 '중국을 중심으로 한 아시아 이머징마켓의 PC 수요 호조', '스마트폰 출하량 증가'를 이유로 D램^{Ram}의 업황 개선을 예상했다. 이 보고서에 따르면 "PC 시장은 2009년 하반기부터 시장의 기대를 넘어서고 있다. 2009년 4분기 8800만 대의 PC 출하를 기록, 시장의 기대치를 본격적으로 상회했다. 특히 중국을 중심으로 한 아시아 이머징마켓의 PC 수요 호조와 더불어 지난해 하반기 출시된 윈도우즈Windows 7이 긍정적 영향을 미치고 있다"고 했으며, "올해 스마트폰 출하량(2.2억 대)은 PC 출하량(3.48억 대)의 63.2% 수준으로 예상되고, 내년에는 PC 출하량과 유사한 수준에 다가설 것으로 예상된다. 따라서 스마트폰의 D램 채택량을 올해 256MB, 내년 512MB로 가정 시 PC향 D램 수요 대비 스마트폰의 D램 수요는 올해 약 4.6%, 내년에는 약 12.5% 수준으로 D램 시장의 새로운 성장 동력으로 작용할 전망이다"라고 했다.

스마트폰의 D램 수요 증가가 D램 시장의 새로운 성장 동력으로 작용할 것이라는 전망이었다. SK하이닉스의 주가 키워드도 삼성전기와 동일했다.

제일모직

당시 제일모직은 고부가 전자재료 업체로 변신하고 있다는 평가를 받고 있었다. 제일모직의 전자재료 부문은 'LCD의 핵심 부품인 편광필름', '반도체·LCD 공정 소재', 삼성그룹이 당시 신수

---

* 송종호, 대우증권, 2010.3.26

종 사업으로 육성할 것이라고 발표한 '태양광 산업의 소재(태양전지용 전극 페이스트)', 마지막으로 'OLED용 유기물질' 등으로 구성되어 있었다.

「경쟁력이 달라졌다」*라는 제목의 보고서는 "제일모직의 고부가 전자재료 업체로의 변신에 가속도가 붙고 있다. 2011년까지 전자재료 영업이익은 연평균 35% 고성장이 예상되고, 이익의 질도 개선될 것"이라고 전망하면서 "2007년 이후 집중적인 연구개발로 기술력이 레벨 업되면서 삼성전자와의 시너지 효과가 본격화되고 있다는 판단이다"라고 분석했다.

「전자재료 부문 성장성 지속 유효」**라는 또 다른 보고서도 제일모직의 전자재료 부문의 성장성에 대해 긍정적으로 평가했다. "전자재료 부문은 2010년에서 2013년까지 영업이익 증가율이 연평균 15.5%에 이를 것으로 전망되며, 이에 높은 프리미엄의 부여가 가능할 것"이라면서 "이는 수직계열화를 통한 편광필름 등의 점유율 확대, 반도체 공정 소재와 LCD 및 태양광 소재 등 신제품 출시 지속, 2015년 1조 원 시장 규모에 이를 OLED용 유기물질 등 신규 성장 동력 확보에 기인한다"고 분석했다.

당시 스마트폰이 글로벌 IT 시장에서의 새로운 성장 동력으로 떠오른 가운데 삼성전자는 반도체, 디스플레이, 핸드폰 등에 모

---

* 박연주, 대우증권, 2010.3.16
** 박재철, 미래에셋증권, 2010.6.24

두 대응할 수 있는 기업이었다. 제일모직의 투자 포인트는 삼성전자의 주요 전자재료들을 양산 혹은 개발 중이라는 점이었다. 또한 그린뉴딜의 핵심 산업인 태양광 산업의 핵심 소재를 개발할 것이라는 기대감 역시 중요했다. 제일모직의 주가 키워드는 '삼성그룹·삼성전자' 그리고 '성장 기대감'이었다.

삼성테크윈

「볼거리가 많아졌다」*라는 보고서는 삼성테크윈의 투자 포인트를 다음과 같이 3가지로 분석했다. "향후 관전 포인트는 CCTV 부문에서 시스템 솔루션 매출 증대를 위한 수주, 파워시스템에서 LNG-FPSO 관련 가스압축기 신규 수주, 반도체 시스템에서 삼성전자향 신규 장비 매출 발생 및 수주 등이다."

또한 삼성테크윈은 당시 분자진단 등 바이오 관련 장비 역시 개발 중이었는데, 주식시장에서는 이 부분 역시 투자 포인트로 주목했다. 결국 삼성테크윈의 투자 포인트를 종합해보면 삼성그룹 내에서 타계열사(삼성전자, 삼성중공업, 삼성바이오사업 등)와의 시너지 창출 가능성이 높다는 점이었다. 삼성테크윈 역시 '새로운 산업' 그리고 '성장 기대감'을 주가 키워드로 삼기는 했지만, 지금와서 돌이켜볼 때 자문사 7공주 중 자체 경쟁력이 가장 떨어졌

---

* 권성률, 하나대투증권, 2010.4.19

던 종목이 아니었나 생각한다.

기아차

기아차는 2006년 피터 슈라이어를 최고디자인책임자(CDO) 겸 부사장으로 영입했다. 당시 피터 슈라이어는 아우디, 폭스바겐 등에서 디자이너로 근무하며 세계적인 명성을 얻고 있었다. 이후 기아차는 모하비, 로체 이노베이션 등을 출시하며 '직선의 단순화'라는 피터 슈라이어의 디자인 철학을 제품에 반영하기 시작했다. 그리고 2009년 11월 준대형 세단 K7, 2010년 4월 중형 세단 K5 등 K시리즈를 출시하면서 본격적인 피터 슈라이어 시대를 맞이했다.

"기아차의 상승 탄력이 예사롭지 않다. 심리적 저항선이었던 2만 원을 돌파한 이후 빠른 상승세를 보이고 있다. 제반 요소들의 변화가 있지만, 가장 큰 것은 기아차에 대한 '믿음'이 확산되고 있는 점이라 생각한다. 피터 슈라이어 부사장 영입으로 기아차의 진부한 모델들이 획기적 개선을 보였다. 기아차의 글로벌 판매 증가와 이미지 개선의 가장 큰 이유로 제시할 수 있는 부분이다."「불안했던 기대감이 점차 믿음으로 변화」*라는 제목의 보고서가 분석한 내용이다. 또한 "K7의 지속적인 판매 호조와 K5

---

* 고태봉, IBK투자증권, 2010.3.29

의 출시는 기아차의 ASP(평균판매단가)를 추가적으로 더 상승시킬 동인이 될 것"이라며, 기아차의 실적 개선 이유를 분석했다.

기아차의 주가 키워드는 다른 7공주 종목처럼 새로운 산업은 아니지만, 기업의 '혁신적인 변화' 그리고 '성장 기대감'이었다.

자문사 7공주와 2020년 BBIG의 공통점

자문사 7공주의 특징을 살펴보면, 새로운 산업의 등장 혹은 해당 기업의 혁신적인 변화가 있었고, 이에 따른 성장에 대한 기대감이 주가에 반영되었다는 점으로 요약할 수 있다.

우선 새로운 산업과 관련해서는 미국 오바마 정부의 그린뉴딜 정책 발표 이후 전 세계적으로 친환경 산업에 대한 기대감이 커졌다. LG화학(전기차), 삼성전기(전기차), 삼성전기(LED 조명)가 여기에 해당한다. 다음으로, 스마트폰이 등장하면서 일하는 방식 그리고 타인과 소통하는 방식이 변화했으며, 이에 따라 관련 산업의 성장 기대감이 커졌다. SK하이닉스, 삼성전기, 제일모직, 삼성테크윈이 여기에 해당한다. 기아차는 핵심 디자이너 영입 및 디자인 철학의 교체라는 혁신적인 변화를 통해 주식시장의 주목을 받았다.

2020년의 주식시장 역시 전형적인 금융 장세의 성격을 보이며 주가가 상승했다. 2020년에도 '7공주'가 등장했다. '코스피 7공주'라고 불렸던 삼성바이오로직스, 네이버, 셀트리온, LG화학, 삼성

SDI, 카카오, 엔씨소프트가 그 주인공들이다. 2020년의 주도주로
는 BBIG, 그린뉴딜 관련주(태양광, 풍력, 수소) 그리고 코로나 키트·
치료제 등이 꼽히는데, 성장에 대한 기대감이 그 어느 때보다 강
하게 주가에 반영됐다.

그렇다면 2020년의 주도주들은 2021년에도 그 지위를 유지할
수 있을까? 금융 장세 이후 자문사 7공주들의 모습을 살펴보면
서 해답을 찾아보자.

실적 장세(2010년 하반기~2011년 여름)
7공주가 가고 새롭게 등장한 '차화정'

2008년 가을부터 2010년 상반기까지 지속됐던 금융 장세가
마무리되고, 실적 장세가 찾아왔다. 2010년 하반기부터 2011년
여름까지의 이 시기를 우리는 '차화정'의 시대로 기억한다. '차화
정'은 자동차, 석유화학, 정유의 약자로 본격적인 경기 상승기에
가장 주목 받았던 3가지 산업이다. 자문사 7공주 중 차화정의 시
대에서도 주도주로 살아남은 기업은 LG화학, 제일모직, 기아차
3종목뿐이다. 나머지 4종목(SK하이닉스, 삼성전기, 삼성SDI, 삼성테크윈)
은 주식시장이 실적 장세로 전환되면서 주도주에서 탈락했다.

자문사 7공주는 어느 한 업종에 편중되지 않았다. 그린뉴딜과

코스피지수와 자문사 7공주 시가총액의 비중 추이

자료: DataGuide, 유진투자증권

코스피지수와 차화정 시가총액의 비중 추이

자료: DataGuide, 유진투자증권

스마트폰, 기업 내부의 혁신이라는 키워드를 바탕으로 자동차, 화학, 반도체, IT 부품 등 비교적 여러 업종에 걸쳐 있었던 것이 특징이다. 반면에 차화정의 시대는 주도주가 더욱 압축된 것이 특징이다.

살아남은 자: 결국은 실적

실적 장세에서 자동차, 화학, 정유 업종이 주식시장의 주도 업종으로 자리 잡을 수 있었던 것은 두말할 것 없이 실적 개선이다.

첫째, 현대차그룹 3사(현대차·기아차·현대모비스)의 매출액은 2008년 58조 원에서 2011년 86조 원으로 3년 연속 증가했다. 영업이익 역시 같은 기간에 3.4조 원에서 8.7조 원으로 개선됐다. 이로 인해 현대차는 코스피 시가총액 2위에 올라서게 되고, 현대차그룹 3사의 시가총액은 120조 원을 넘어서게 되었다.

둘째, 화학 업종 내에서는 LG화학, 호남석유화학(현 롯데케미칼) 그리고 금호석유화학이 실적 개선의 대표 업체로 꼽힌다. 특징적인 것은 순수 석유화학 업체로 분류되는 호남석유화학, 금호석유화학의 실적 개선이 배터리 사업을 함께하는 LG화학의 실적 개선 대비 돋보였다는 점이다.

셋째, 정유 업종은 경기 회복에 따른 수요 개선과 유가 상승이 맞물리면서 시장의 주목을 받았다. 2009년 초 40달러에 불과하던 국제 유가(WTI 기준)는 2011년에 배럴당 100달러를 돌파했다.

현대차그룹 3사의 합산 실적 추이

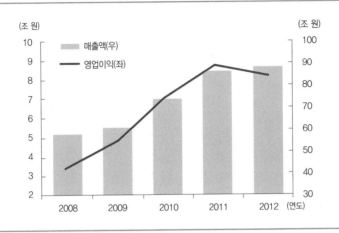

화학 업종의 실적 추이

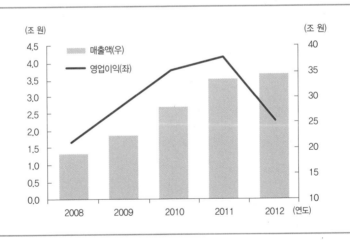

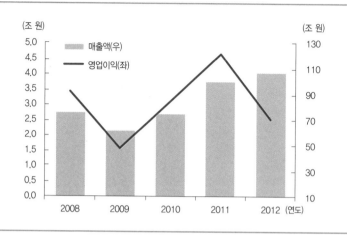

정유 업종의 실적 추이

자료: DataGuide, 유진투자증권

이로 인해 정유 업종은 매출과 영업이익이 같이 증가하는 가운데 대규모의 재고평가이익까지 덤으로 얻게 됐다.

자동차 업종

당시 「아우토반 진입, 최고 속도를 만끽해도 된다」*라는 보고서는 현대차의 실적 개선에 대해 다음과 같이 언급했다. "IFRS로의 회계가 시작되는 첫 실적 발표에서 현대차가 '큰일'을 냈다. 현대차의 1분기 매출액은 전년 동기비 21.4% 증가한 18.23조(자동차 15.54조, 금융 및 기타 2.69조), 경상이익은 무려 54.9%가 증가한

---

* 고태봉, IBK투자증권, 2010.3.29

2.46조, 당기순이익은 46.5% 증가한 1.87조(지배지분 1.75조, 비지배지분 1248억)를 각각 기록했다. 실로 '어닝 서프라이즈Earning Surprise' 수준이다."

또한 이 보고서는 현대차의 미국 판매량을 주목해야 한다고도 분석했다. "1분기 실적에 이어 4월 미국 판매량도 주목해야 한다. 4월엔 비수기인 3월보다 높은 사상 최대 시장점유율M/S 전망이 가능하다. 일본 대지진의 영향으로 경쟁 업체의 공급이 제한되는 5월엔 다시 사상 최대 M/S가 예상된다. 상반기엔 액셀레이터를 끝까지 밟아야 할 것 같다."

당시 글로벌 자동차 시장의 소비자들은 금융 위기 이후 극심한 경제 위기를 겪으며 가격 민감도가 높아진 상태였다. 그로 인해 합리적인 가격과 좋은 품질을 전면에 내세운 현대차에 대한 선호도가 높아졌다. 게다가 2011년 봄에는 일본에서 후쿠시마 원전 사고가 발생하면서 일본 자동차 업체들의 생산이 중단됐다. 이는 특히 세계 최대의 자동차 시장인 미국 시장에서 일본 업체와 경쟁 중이던 현대차에게 큰 호재로 작용했다.

금융 장세의 주인공이었던 기아차 역시 해외 시장에서 중형 세단 K5를 성공적으로 판매하며 실적 성장을 지속할 수 있었다. 보고서 「K5의 힘」*은 "1분기 IFRS 연결기준 실적은 매출액 10.65조

---

* 김연우, 한양증권, 2011.5.2

[YoY^Year on Year^(전년대비 증감율)+36.7%]와 영업이익률 7.9%, 순이익 9532억 원(비지배지분 제외 시 9262억)를 기록하며 어닝 서프라이즈를 달성했다. 국내에 이어 해외 시장에서의 K5의 성공적인 런칭이 강력한 판매 성장을 견인한 가운데 중형차 시장에서 경쟁력을 기반으로 마케팅 비용 감소 및 ASP 상승 등이 긍정적으로 작용한 것으로 분석되고 있다"고 언급했다.

K5는 미국의 전통 있는 디자인상인 '2010 굿디자인 어워드'의 수송 디자인 분야에서 수상작으로 선정되기도 했다. 또한 2011년 3월에 미국 도로교통안전국^NHTSA^이 실시하는 '신규 신차 평가 프로그램^New-NCAP^'의 4개 부문에서 모두 최고 등급(별 다섯 개)을 받았다. 이는 미국 시장에 진출한 한국 차 모델 중 최초의 성과였다. 이와 같은 상품 경쟁력을 바탕으로 K5는 국내 시장의 성장을 해외 시장으로 이어갈 수 있었다.

화학 업종

석유화학 산업은 제품 수급 상황 개선으로 업황이 좋아지고 있었다. 수요는 경기 회복으로 본격적인 상승을 보이는 가운데 공급은 금융 위기에 따른 제한된 설비 증설로 수요를 따라가지 못하는 상황이 지속됐다.

당시 호남석유화학은 적극적인 M&A를 통해 신규 설비투자 없이 빠르게 생산량을 확대할 수 있었다. 말레이시아의 석유화

190

학 회사 타이탄, 한국의 케이피케미칼 등이 당시 M&A를 통해 호남석유화학에 인수된 회사들이다. 이를 통해 호남석유화학은 실적 개선 효과를 극대화할 수 있었다. 이와 관련해 「석유화학 업황 개선의 최대 수혜 종목으로 부각」이라는 제목의 보고서*는 호남석유화학에 대해 "타이탄사 인수 및 BD(부타디엔, 합성고무 원료), EOA(산화에틸렌유도체) 증설 효과 등으로 지분법이익 및 당기 순이익 크게 증가할 전망"이라고 했다. 또한 석유화학 업황에 대해 "미국발 금융 위기에 따른 제한된 설비 증설로 2011~2013년에는 타이트하며, 원재료 가격 강세는 오히려 석유화학 업계에 긍정적이라 할 수 있고, 국내외 경기도 본격적인 상승이 기대된다는 점에서 긍정적"이라고 전망하면서 "석유화학 업황 호조의 최대 수혜 종목인 호남석유화학에 대해 관심을 주목할 때"라고 분석했다.

한편, 금호석유화학은 자동차 수요 회복의 덕을 톡톡히 누렸다. 자동차 판매량 확대로 타이어 판매량이 동반 증가하면서 타이어의 원료인 천연고무·합성고무 역시 유례없는 수요 증가를 맞이했기 때문이다. 「강한 합성고무 업황이 주가 상승 지지할 전망」**이라는 보고서는 "중국, 인도 등을 중심으로 자동차 판매가 증가하면서 고무 수요가 지속적으로 확대되고 있는 가운데

---

* 김영진, LIG투자증권, 2011.1.6
** 이희철, 하이투자증권, 2011.2.22

태국, 말레이시아, 인도네시아 등 ANRPC(고무생산국협회 9개국)의 2010년 생산량은 +5.7%에 그쳐 천연고무 수급은 여전히 타이트할 것"이라고 전망하면서 "천연고무 수요 급등으로 합성고무의 대체 수요가 늘어나고 있다는 점에서 향후 합성고무 수급 상황이 개선될 여지가 많은 것으로 판단된다"고 분석했다.

당시 금호석유화학은 설비 증설에 보수적이었던 경쟁사들과 달리 적극적인 증설을 단행했다. 앞의 보고서는 이렇게 언급하고 있다. "금년 1월 말부터 BR(합성고무) 신증설 공장(+12만 톤)을 상업 가동하고 있으며, 합성고무의 제품 마진(스프레드) 급등과 함께 금년 1분기 전체 영업이익은 전분기 대비 2배 가까이 증가할 것으로 추정된다." 금호석유화학은 증설에 따른 생산량 증가를 통해 실적 개선 효과를 극대화한 것이다.

정유 업종

정유 업종은 2010년~2011년에 아시아의 경기 회복, 제한적인 신증설, 유가 상승이라는 호재를 맞았다. 그로 인해 정제 마진이 확대되었고, 개별 기업들의 실적 개선이 지속됐다.

당시 「정유업의 쿼트러플 강세」*라는 제목의 보고서는 이렇게 분석했다. "정유 업종에 대한 비중 확대 관점을 제시한다. 유가

---

* 박재철, 미래에셋증권, 2011.1.24

상승과 정제 마진 확대로 정유 업체들의 이익이 극대화되는 국면이기 때문이다. 더불어 PX(파라자일렌, 폴리에스터계 섬유 원료)를 중심으로 한 석유화학 사업과 윤활유 사업의 동반 강세로 2011년 정유 업종의 평균 EPS 증가율은 YoY 45.7%에 이를 것으로 추정한다."

정유 기업들의 실적이 개선되는 와중에 2011년 3월 일본 대지진으로 일본 내 주요 정유 설비들의 가동이 중단되는 사건이 발생했다. 다음은 「대규모 지진으로 일본 정유 공장 가동 차질」*이라는 제목의 보고서가 분석한 내용이다.

"3월 11일 센다이 동쪽 130킬로미터 지점을 진앙지로 한 진도 8.9의 대규모 지진이 발생하여 일본 대부분의 지역에 강한 지각 흔들림 현상이 발생했고, 일본 동쪽 해안 지역에 최고 10미터의 쓰나미가 발생했다. 이로 인해 일본 내 일부 원전이 가동을 중단했고, 다수의 정유 공장과 일부 석유화학 시설이 화재, 정전, 기술적 결함 등에 따른 가동 중단 상태에 직면했다. 한국 정유 회사들(SK이노베이션, S-Oil, GS칼텍스 등)은 일본의 원전 가동 중단 및 경쟁 정유공장 가동 차질로 인해 경유, 벙커 C유Bunker fuel oil C량 증가 및 마진 확대의 반사이익을 볼 전망이다."

일본 정유 공장의 가동 중단으로 국내 정유 업체들의 주력 제

---

* 김재중, 우리투자증권, 2011.3.13

품 가격이 급등하기 시작했고, 아시아 시장은 물론 미국·유럽의 주요 정유 기업들의 주가가 강세를 보였다. 한국의 SK에너지(현 SK이노베이션), S-Oil, GS(GS칼텍스 지분 보유)는 주도주의 매력을 더해갔다.

탈락한 자: 주가를 뒷받침하지 못한 실적과 성장 기대감의 소멸

삼성전기는 LED TV 부문의 실적이 둔화되면서 주도주에서 탈락했다. 신규 성장 동력으로 기대했던 LED 조명은 비싼 가격 때문에 대중화에 실패하면서 적자를 지속했다. 「LED TV 수요의 약세를 몸으로 받다」*라는 제목의 보고서는 "지난 추정치 대비 LED TV 수요의 약세를 반영하여 영업이익이 22% 하향됐다"고 언급하면서 "매출의 약 35% 정도를 차지하는 TV 관련 부품 매출의 실적 부진이 하향 조정의 가장 큰 원인이다. 특히, LED의 수익성은 여전히 BEP$^{Break-even\,point}$(손익분기점) 수준을 맴돌고 있어 LED TV BLU의 매출 성장이 제한적인 가운데 뚜렷한 개선점이 없어 보인다"고 분석했다.

삼성테크윈 역시 실적 부진과 기대했던 수주의 실패가 주가의 발목을 잡았다. 또한 삼성그룹과의 다양한 시너지를 기대했던 신규 사업 부문[(LNG-FPSO(LNG를 생산·액화·저장하는 기능을 겸비한

---

* 최성제, KTB투자증권, 2011.6.27

대형 특수선박), 반도체 장비, 분자진단 장비 등] 역시 뚜렷한 성과를 보여주지 못하며 주식시장에 실망감을 안겨주었다. 다음은 삼성테크윈에 대해 분석한 보고서 「당분간 쉬어도 될 것 같다」*의 내용이다.

"2011년 1분기 실적은 매출액 7030억 원, 영업이익 287억 원으로 부진한 실적을 기록할 것으로 전망되고, 적어도 상반기까지 실적 부진이 지속될 것으로 예상된다. 당초 동사의 단기적인 실적 부진이 예상됨에도 불구하고 동사에 대해 긍정적인 시각을 유지했던 것은 상반기 해외 수출과 수주 모멘텀이 기대되었기 때문이다. 그러나 이집트 소요 사태로 K-9 이집트 수출이 무기한 연기되었고, 한국형 기동헬기 사업의 지연으로 엔진 사업부의 올해 매출이 계획 대비 감소하였으며, 알제리의 도로교통관제시스템 2차 수주 규모도 1000억 원(당초 3000억 원 예상) 수준으로 감소한 것으로 추정된다. 이에 따라 올해 상반기 주가에 긍정적인 모멘텀이 부족한 상황이다."

삼성SDI는 전기차 배터리 부문에서 신규 계약에 실패하며 주도주에서 탈락했다. 경쟁사인 LG화학은 르노 등과 신규 계약에 성공한 가운데 화학 부문의 실적까지 좋아지면서 삼성SDI와 차별화되기 시작했다. 이와 관련해 「주식은 바닥일 때 매수해야 된

---

* 삼성테크윈 보고서, 2011.3.22

다」*라는 보고서는 삼성SDI에 대해 다음과 같이 분석했다.

"8월 24일 18만 6500원 신고가를 기록한 후 삼성모바일디스플레이의 지분 희석 우려로 1차 하락했고, 르노와 전기자동차용 2차전지 공급 계약을 체결한 LG화학과 비교해 동사의 더딘 전기자동차용 2차전지 계약에 따른 실망감으로 동사의 주가는 2차 하락했다. 보수적 시각을 감안한 동사 바닥 주가는 15만 9000원으로 산정되었으며, 11월 2일 종가 15만 7500원은 2011년 예상 PER 14.8배, PBR 1.2배에 해당되기 때문에 밸류에이션 매력이 높다고 판단된다."

---

* 삼성SDI 보고서, 2010.11.4

2021년이 실적 장세라면 공부해볼 만한 산업

새롭게 좋아질 산업들
자동차, 화학, 반도체

하나금융투자의 자료에 따르면 2021년 코스피시장에서 업종별 비중 변화를 고려할 때 자동차, 화학, 철강, 소매·유통, 지주 등의 이익 비중이 상승할 것으로 전망하고 있다. 주식시장의 성격이 실적 장세로 전환된다고 가정했을 때, 우선적으로 공부해볼 만한 산업들이다. 이 중 실적 개선과 구조적인 변화가 동시에 예상되는 자동차, 화학, 반도체 업종에 대해 좀 더 알아보도록 하겠다.

2021년 업종별 영업이익 비중 추이

코스피 업종	2019년 영업이익 비중(%)	2020년 영업이익 비중(%, E)		2021년 영업이익 비중(%, E)	
		8월 말	9월 현재	8월 말	9월 현재
반도체	22.3	30.3	30.7	30.7	30.5
은행	14.9	14.9	14.7	11.3	11.2
자동차	7.7	6.6	6.5	7.3	7.4
지주/상사	7.9	5.6	6.1	6.6	7.0
화학	4.6	3.7	3.8	4.1	4.2
건설, 건축	4.9	4.5	4.4	3.6	3.6
소프트웨어	2.6	3.6	3.5	3.5	3.5
유틸리티	0.7	4.6	4.5	3.3	3.2
화장품/의류	3.9	3.3	3.3	3.2	3.1
필수소비재	3.8	3.9	3.9	3.0	3.0
에너지	3.3	적자	적자	2.8	2.7
IT가전	2.2	2.6	2.7	2.5	2.5
증권	3.4	3.3	3.2	2.4	2.4
보험	3.7	3.1	2.9	2.5	2.4
철강	3.5	2.0	2.0	2.4	2.3
통신서비스	2.1	2.7	2.6	2.1	2.1
기계	2.3	1.6	1.6	1.5	1.5
소매/유통	1.6	1.2	1.1	1.4	1.4
건강관리	1.1	1.4	1.4	1.3	1.3
운송	0.8	0.9	0.7	1.3	1.2
IT하드웨어	0.9	1.1	1.3	1.1	1.2
비철/목재	1.4	0.9	1.0	0.7	0.8
조선	0.1	0.3	0.2	0.5	0.5
미디어/교육	0.5	0.2	0.1	0.4	0.4
호텔/레저	0.7	적자	적자	0.3	0.3
디스플레이	적자	적자	적자	0.2	0.2
코스피 (영업이익, 조 원)	138.2	127.6	129.2	176.5	178.1

자료: 하나금융투자

자동차: 현대차그룹에 주목

최근 몇 년간 자동차 산업의 가장 큰 화두는 충전 가능한 친환경차(전기차·수소차) 그리고 자율주행차다. 친환경과 자율주행의 대표주자인 테슬라의 경쟁력과 판매량이 빠르게 증가하면서 기존 내연기관 자동차 업체들의 고민은 점차 커지고 있다. 특히, 유럽 시장을 필두로 글로벌 시장에서 탄소배출·연비 규제가 강화되면서 친환경차는 먼 미래를 보고 개발하는 제품이 아니라 당장 판매하지 않으면 안 되는 제품이 되었다.

과거 스마트폰의 성장 역사를 살펴보면, 산업의 시작은 애플이었지만 산업의 성장은 안드로이드라는 경쟁자가 나타나면서 본격화되었다. 어떤 혁신적인 제품도 특정 업체가 독점하는 구조에서는 성장에 한계를 보일 수밖에 없다. 시장에 참여하는 다양한 기업들이 경쟁에 참여해서 제품을 쏟아낼 때, 혁신적인 제품은 비로소 대중화의 길을 걷게 된다. 이런 관점에서 투자자들은 친환경차가 내연기관을 넘어서는 판매량을 확보하게 될 때, 스마트폰의 안드로이드 같은 업체가 누가 될지에 대해 관심을 가질 만하다.

현대차그룹은 2020년 신년회에서 "2025년까지 기존 자동차의 전동화에 주력하겠다"고 밝힌 바 있다. 구체적으로는 2025년까지 11개 전기차 전용 모델을 포함해 전동화 차량을 총 44종 선보일 예정이다. 전기차 전용 브랜드인 '아이오닉'을 출범하고 이를 기반으로 2025년 전기차 판매 100만 대, 전 세계 시장점유율 10%를 달성하겠다고 선언했다. 이런 현대차그룹의 변화는 정의선 회장의 지휘 아래 빠른 속도로 진행되고 있다. 과거 정몽구 회장이 내연기관의 성능 강화에 집중했던 반면 정의선 회장은 친환경, 자율주행을 기반으로 미래 모빌리티의 주도권을 잡겠다는 계획이다. 2020년 현재 현대차그룹은 글로벌 전기차 시장에서 테슬라에 이어 판매량 2위를 기록하고 있다. 여기에 내년 출시되는 전기차 전용 브랜드의 경쟁력과 그룹 오너의 의지가 더해진다면 친환경차 시장에서 유력한 안드로이드 후보가 될 것이다.

현존하는 한국 자동차업체 중에서 현대차그룹을 제외하면 친환경·자율주행에 역량을 쏟을 수 있는 업체는 제한적이라고 판단한다. 따라서 2021년 자동차 산업에 대한 관심과 공부는 한국 자동차 산업에 속한 모든 업체(GM, 르노삼성, 쌍용차 등)에 대한 것이 아니라 현대차그룹과 현대차그룹의 친환경차 밸류체인에 집중하는 것이 합리적이라고 생각한다.

석유화학: 경기 회복과 NCC 업체의 경쟁력에 주목

석유화학 업종은 경기가 회복될 때 가장 먼저 업황이 개선되는 대표적인 사이클 산업이다. 통상적으로 석유화학 업종의 업황이 개선되는 흐름을 살펴보면, 먼저 불경기에 신규 증설 프로

젝트가 중단되면서 수년간 공급 증가가 제한적인 모습을 나타낸
다. 그러던 중에 경기가 회복되기 시작하면 석유화학 제품의 수
요가 증가하면서 제품 수급 균형이 '수요 우위' 상태가 된다. 이
때 제품의 스프레드가 확대되면서 석유화학 기업들은 드라마틱
한 이익의 개선을 맞이한다. 앞서 '차화정 시대'의 석유화학 업
종의 보고서들을 언급한 바 있는데, 그 당시에도 '투자 중단 →
제한적 공급 증가 → 경기 회복 → 수요 확대 → 스프레드 개선'
의 흐름으로 실적이 개선되는 모습을 확인할 수 있었다.

2021년 석유화학 산업은 과거에 비해 차별화되는 특징을 보
일 것으로 판단하는데, 납사를 원재료로 한 NCC^Naphtha cracking
center(납사를 분해하여 석유화학의 기초원료인 에틸렌, 프로필렌 등 기초 유분을
생산하는 설비) 업체들의 경쟁력 강화가 예상된다.

2020년 6월 28일에 미국 셰일 업계 대표 기업 체사피크 에너
지Chesapeake Energy가 텍사스 지방법원에 파산 신청을 했다. 미국
언론들은 체사피크의 파산 신청을 셰일 산업 쇠락의 상징으로
받아들이고 있다. "셰일 업계의 선구자가 쓰러졌다《월스트리트저
널》"부터 "미국의 에너지업계 판도를 바꾼 회사의 종말《뉴욕타임
스》", "셰일의 파멸이 주요 분기점을 지났다《블룸버그》"라는 분석
이 나왔다. 비단 체사피크만의 일이 아니다. 저유가 국면이 장기
화되면서 더 많은 셰일 업체들이 한계에 봉착하고 있다. 이런 와
중에 친환경차 시장의 성장은 석유 수요 전망을 더욱 어둡게 하

고 있다. 그렇다면 과연 셰일 기업의 도산이 석유화학 산업에 미치는 영향은 무엇일까?

석유화학 생산 설비는 크게 납사 크래커NCC와 에탄 크래커ECC로 구분된다. NCC와 ECC는 모두 화학제품의 기초 소재를 만드는 설비다. 두 설비의 차이는 원료인데, NCC는 석유에서 뽑아낸 납사를, ECC는 셰일가스에서 뽑아낸 에탄을 사용한다. 한국의 석유화학 기업은 대부분 NCC 업체들이다. 2000년대 중반 이후에 미국 셰일가스 생산이 증가하면서 에탄 가격은 하락하고, 석유 공급이 부족해지면서 납사 가격은 오르는 추세가 이어졌다. 이에 따라 원가경쟁력에서 ECC가 우위에 있었다. 그러나 코로나19 이후 미국의 셰일 업체들이 파산하면서 셰일 오일의 생산량이 감소하고 있고, 이에 따라 동반 생산되는 에탄가스의 생산량도 감소하고 있는 추세다. 셰일 업체 파산으로 인한 에탄가스 생산량 감소가 장기화된다면 에탄 가격 상승으로 ECC 업체들의 원가경쟁력이 나빠지게 된다. 이는 한국의 NCC 업체들에게는 긍정적인 요소다.

반도체: 수요 증가 기대

2020년 1~2월 주식시장의 주도 업종은 반도체였다. 삼성전자와 SK하이닉스의 실적은 2019년 미중 무역분쟁으로 부진했던 반도체 수요가 2020년으로 이연되면서 개선될 것으로 전망됐다. 4차 산업혁명으로 증가한 데이터 수요가 데이터 센터 서버 증설로 이어지면서 결국에는 반도체 수요 증가까지 이어지는 흐름이 예상됐다. 그러나 코로나19 발생으로 거시경제 전망이 흔들리면서 기대했던 기저 효과는 발생하지 않았다. 이에 더해 반도체의 주요 수요처인 휴대폰 판매량이 저조하면서 삼성전자와 하이닉스는 코로나 이후의 반등장에서 소외되었다.

2021년의 상황은 2020년 대비 개선될 것으로 기대된다. 먼저, 애플의 아이폰 5G 출시를 시작으로 글로벌 5G 스마트폰 출하량이 본격적으로 증가할 것으로 전망된다. 신한금융투자 최도연 애널리스트의 추정에 따르면, 5G 스마트폰 출하량은 2020년 2.34억 대에서 2021년 6.46억 대로 175%yoy 증가할 전망이다. 대다수 5G 스마트폰의 메모리 탑재 용량이 4G 대비 증가한다는 점을 고려하면, D램의 수요 증가 폭은 더욱 클 것으로 기대된다. 5G 스마트폰 출하량 증가 외에도 데이터 센터 증설을 위한 클라우드 기업들의 발주가 증가할 것으로 기대되고, 대형 콘솔 게임기(플레이스테이션5, 엑스박스 시리즈 X 등)의 출시가 대기하고 있다는 점도 2021년 반도체 수요 증가를 기대하게 하는 요인이다.

2021년 공급 증가율은 역사상 최저치를 예상한다. 2021년 생산을 위한 2020년 메모리 투자가 코로나19 사태로 거의 없었기 때문이다. 장비 발주 후 생산까지 보통 9개월 정도의 시간이 소요된다는 점을 고려하면, 2021년 메모리 생산은 공정기술 개선에만 의존해야 한다.

신재생에너지와 언택트

신재생에너지: 과점화 가능한 기업에 집중

신재생에너지는 2007년 동양제철화학(현 OCI)이 태양광용 폴리실리콘 시장에 진출하면서 주식시장에서 주목받기 시작했다. 금융 위기 이후에는 미국의 오바마 정부가 그린뉴딜 정책을 발표하면서 전 세계적으로 신재생에너지 투자 붐이 일어났다. 신재생에너지 기업의 주가는 당장 돈을 벌지 않아도 상승했고, 증설은 최고의 호재로 인식되었으며, 사업 목적에 신재생에너지를 추가했다는 이유만으로 상한가가 속출했다. 그렇게 태양과 풍력은 당장이라도 기존 에너지를 대체할 것만 같았다.

당시 글로벌 신재생에너지 수요는 대부분 정부의 보조금에 의존했다. 모든 기업이 그리드 패리티Grid parity(신재생에너지의 발전 원가가 화석연료 발전 원가와 같아지는 지점)를 목표로 연구개발에 힘썼지만, 정부 보조금 없이 자립할 수 있는 기업은 찾기 어려웠다. 신재생에너지에 대한 재정 부담이 커지면서 각국의 정부들은 조금씩 보조금을 줄이기 시작했고, 신재생에너지의 수요 성장은 빠른 속도로 둔화되기 시작했다.

한편, 중국 업체를 중심으로 대규모의 설비투자가 진행되면서 폴리실리콘, 태양광모듈, 풍력타워 등의 공급이 큰 폭으로 증가했다. 결과적으로 수요 성장의 둔화와 대규모의 설비투자가 맞물리면서 신재생에너지 산업의 업황은 장기간의 불황에 진입하게 된다. 기업의 실적이 감소하기 시작했고, 수많은 수주가 취소되었으며, 파산하는 기업이 나날이 늘어갔다. 그렇게 태양과 바람은 한동안 시장에서 모습을 감춘 것처럼 보였다.

신재생에너지 산업에 대한 대중들의 관심은 사라졌지만, 기업들은 치열한 혁신을 지속하고 있었다. 신재생에너지의 제품 가격은 중장기적으로 보면 꾸준히 하락했다. 하지만 1등 기업들은 끊임없는 원가절감을 통해 낮아진 제품가격 환경에서도 이익을 내기 시작했다. 원가절감에 실패한 기업은 자연스럽게 파산의 길로 접어들었고, 그렇게 태양과 바람의 시장은 점차 과점화된 모습을 보이게 되었다.

이러한 신재생에너지 산업의 발전 과정은 IT 버블 때 인터넷 혁신 기업들의 발전 모습과 유사한 점이 많다. 미국 실리콘밸리의 컨설턴트인 제프리 무어는 1991년 미국 벤처 업계의 성장 과정을 설명하는 데 적절한 이론으로 '캐즘이론 Chasm'을 제시했는데, 이는 혁신 산업을 이해하는 중요한 이론으로 자리 잡았다. 캐즘이론에 대해 좀 더 살펴본 후, 2021년 신재생에너지의 투자 포인트에 대해 함께 생각해보기로 하자.

'캐즘'이란 것은 본래 지층의 움직임으로 생겨난 골이 깊고 넓은 대단절을 의미하는 지질학적 용어다. 경영학적 측면에서는 첨단기술 제품의 확산 과정에서 흔히 나타나는 대단절 현상을 의미한다. 기술 수용 주기에서 선각 수용자Early adopters와 전기 다수 수용자Early majority들은 제품을 받아들이는 데에 극심한 차이를 보이는데, 이 거대한 간극이 바로 '캐즘'이라는 것이다. 선각 수용자가 최초라는 이점을 위해 기꺼이 희생을 감수하려고 하는 반면 전기 다수 수용자는 실제로 기술이 생산성의 개선을 이루었는지 확인될 때까지 기다린다. 전기 다수 수용자가 첨단기술

캐즘이론에서 언급하는 혁신 제품의 기술 수용 주기

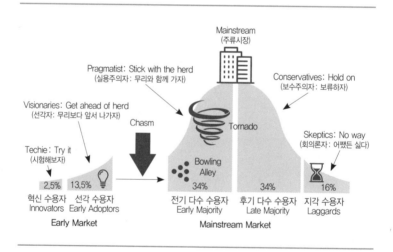

제품을 받아들일 때까지 혁신 산업은 커다란 불황과 대규모의 구조조정 시기를 거치고는 한다.

IT 버블 당시 인터넷기업을 예로 들면, 혁신 수용자와 선각 수용자의 시기에 한국의 인터넷 시장은 라이코스, 야후, 엠파스 같은 업체들이 서로 경쟁을 펼치고 있었다. 인터넷통신 대장주인 새롬기술의 주가는 상장 후 6개월 만에 130배 오르기도 했다. 그러나 거품이 사라지면서 골드뱅크, 장미디어, 드림라인, 하우리, 로커스 등 수많은 기업이 상장폐지 되었고 후유증 또한 컸다. 그러나 이 당시에 유입된 엄청난 자금을 바탕으로 산업의 기반이 확장되었고, 살아남은 기업들은 이후 전기 다수 수용자의 시기를 맞이하면서 독과점 기업으로 성장한다. 미국에서는 구글, 넷플릭스, 아마존 등 IT 버블 시기에 살아남은 기업들이 글로벌 대기업으로 성장했고, 한국에서도 네이버, 카카오(다음을 인수) 등이 대기업 반열에 올랐다.

2021년에 신재생에너지 산업은 전기 다수 수용자들이 제품을 받아들이는 시기에 진입할 것으로 예상한다. 미국과 유럽을 중심으로 많은 국가들이 그리드 패리티에 진입했고, 낮아진 제품 가격 환경에서도 이익을 내는 기업들이 등장했기 때문이다. 따라서 2021년 신재생에너지 시장은 모두에게 공평한 기회를 주는 시장이 아닐 것이다. 이미 경쟁력을 갖춘 업체들은 과점화를 통해 이익을 극대화할 것이고, 원가경쟁력 없는 하위 업체들은 기회를 잡지 못할 것으로 예상된다. 어떤 기업에 투자하느냐에 따라 해당 기업이 구글, 아마존과 같은 투자 기회를 줄 수도 있고, 라이코스나 야후처럼 기억에서 사라질 수도 있다. 철저히 실적에 근거한 투자가 필요한 시점이다.

언택트: 성장의 속도 유지가 관건

네이버와 카카오는 2020년 3월 이후의 반등장에서 가장 돋보인 주식들이다. 언택트라는 새로운 사회적 트렌드 속에서 두 회사가 보유하고 있는 온라인 플랫폼은 어떤 기업도 보유하지 못한 강력한 경쟁 무기였다. 이를 바탕으로 네이버와 카카오는 2020년 1분기와 2분기에 연이어 돋보이는 실적을 보여줬다. 주가 역시 실적에 화답했는데, 네이버의 주가는 최저점 13만 5000원에서 최고점 34만 7000원까지 157% 상승하며 시가총액 2위 자리를 위협했다. 카카오의 주가 역시 최저점 12만 7500원에서 최고점 42만 500원까지 230% 상승하며 시가총액 10위권에 안착했다.

언택트라는 트렌드는 4차 산업혁명이 진행되는 과정에서 자연스럽게 발생한 현상이다. 코로나19로 인해 그 변화의 속도가 빨라진 것은 사실이지만, 코로나 백신이 개발되었다고 해서 일상의 언택트 흐름이 중단되지는 않을 것이다. 다만, 변화의 속도는 2020년에 비해 더뎌질 수 있다. 2021년 네이버와 카카오에 대한 고민은 바로 여기서 시작된다.

현재 두 회사의 밸류에이션은 네이버가 2020년 예상 PER 64.1 배, 2021년 예상 36.7배 수준이고, 카카오는 2020년 예상 PER 80.3배, 2021년 예상 PER 59.8배 수준이다. 높은 밸류에이션이 정당화되기 위해서는 실적의 성장 속도 유지가 필요하다. 만약, 실적의 성장 속도가 둔화된다면 투자자들은 해당 기업의 밸류에이션을 재평가하게 될 것이다.

네이버의 2020년 영업이익 컨센서스(애널리스트 추정치의 평균 값)는 1조 318억 원으로 2019년 7101억 원 대비 45.3% 증가할 것으로 예상된다. 또한 2021년 영업이익 컨센서스는 1조 4394억 원으로 2020년 대비 39.5% 증가할 것으로 예상된다. 카카오의 영업이익은 2019년 2068억 원, 2020년 4407억 원, 2021년 6828억 원으로 전망된다. 증가율은 2020년 113.1%yoy, 2021년 54.9%yoy 수준이다. 순이익 증가율은 네이버가 2020년 31.1%yoy, 2021년 74.4%yoy 수준이고, 카카오는 2020년 흑자전환, 2021년 34.7%yoy 수준으로 전망된다. 아직까지는 높은 밸류에이션이 정당화될 수 있는 성장 속도가 유지되고 있다고 본다. 관심 있는 투자자라면 성장 속도에 대한 지속적인 관찰이 필요할 것이다.

MR.MARKET

4장

주식의 시대, 새로운 밸류에이션으로 승부하라

SK증권 자산전략팀장

이효석

코로나19 위기에서
금융시장을 구한 '연준'

2020년은 많은 투자자의 기억 속에 오랫동안 기억될 한 해가 될 것 같다. 워낙 다이내믹했던 일들이 많았기 때문이다. 연초에는 글로벌 경제가 회복 사이클에 진입했다는 기대가 형성되면서 안정적으로 상승했지만, 코로나19가 빠르게 확산되면서 모든 것이 바뀌었다. 미국 주식이 처음으로 10% 하락하던 날, 새벽 출근길에서 느꼈던 감정은 아직도 생생하다. 자본주의도, 주식시장도 모든 것이 끝날 것만 같은 암울한 감정마저 들 정도였으니 말이다.

그러나 3월 중순 이후 무제한 양적완화, 회사채 매입 계획 발표 등 미 연준의 파격적인 행보가 시작되었고, 시장은 빠르게 안정을 되찾았다. 코로나19로 인한 패닉 장세를 진정시켜준 것은 누가 뭐라고 해도 연준이었다. 그렇다면, 연준이 무엇을 바꿨길래 시장이 안정될 수 있었던 걸까?

투자자들은 연준의 자산이 늘었는지 줄었는지를 통해서 유동성이 얼마나 공급되었는지, 그리고 연준이 주가를 부양할 의지가 얼마나 있는지를 확인한다. 실제로 연준의 자산과 주가지수는 비슷한 움직임을 보이기도 했다. 그런데 이번엔 좀 달랐다. 그 내용을 한번 정리해보려고 한다.

연준의 자산과 주가지수의 움직임

연준의 자산은 3월부터 5월까지 매우 빠른 속도로 증가했다. 얼마나 빠른 속도였냐면, 2008년 금융 위기를 극복하기 위해 버냉키 연준 의장이 약 7년 동안 시장의 반대를 극복하면서 늘린 연준의 자산이 3조 달러 수준이었는데, 이번에는 3달도 안 되는 기간 동안 3조나 증가했다. 속도나 규모 모두 놀라운 수준이었다.

하지만 연준의 자산이 처음으로 7조 달러에 도달한 2020년 5월 이후 지금까지는 더 이상 늘어나지 않고 그 수준이 유지되

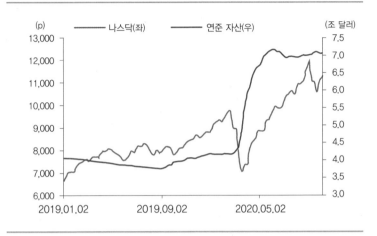

나스닥 지수와 연준 자산 비교

자료: Bloomberg, SK증권

고 있다. 만약 연준의 자산이 늘어야 주가가 상승한다고 생각했
던 사람이 있다면, 아마도 가장 뜨거웠던 올해 여름을 즐길 수
없었을 것이다. 연준의 자산이 멈춘 이후로도 나스닥은 30%나
상승했으니 말이다.

연준의 자산이 증가한다는 것의 의미

연준이 돈을 뿌린다고 하는데, 어떤 방식으로 돈을 뿌리는 걸까? 연
준의 자산이 증가한다는 것은 무엇을 의미할까? 반대로 줄어든다는

것은 무엇을 의미할까? 이에 대해 설명해보려고 한다.

연준의 자산 중 상당 부분은 미 정부가 발행한 국채로 구성되어 있다. 연준은 미국 정부와 직접 거래를 할 수 없기 때문에 미 국채를 보유하고 있는 은행을 포함한 금융기관으로부터 미 채권을 사면서 돈(달러)이 시중으로 들어가는 구조다. 쉽게 설명하면, 연준이 미 국채를 샀다는 것은 미국의 중앙은행이 미국 정부에 돈을 빌려줬다는 것을 의미한다. 당연히 미 정부는 연준에게 꼬박꼬박 이자를 줘야 하고, 만기가 되면 원금을 상환해야 하는 의무도 있다. 우리가 은행에서 대출을 받으면 꼬박꼬박 이자도 내야 하고 만기될 때 기간연장을 해야 할지, 아니면 회수를 해야 할지 결정하는 것처럼 말이다.

연준이 보유하는 미 국채가 만기되어 원금을 상환하면, 연준이 보유하는 자산은 줄어든다. 만일 줄어들지 않는다면 그 이유는 재투자 때문이다. 쉽게 말해 채권 만기가 되어 미 정부가 연준에 돈을 갚으려고 오면, 연준이 "내가 계속 빌려줄 테니 더 쓰세요"라고 이야기한다는 것이다. 그러나 재투자를 해주지 않으면 연준의 자산은 줄어들게 된다. 실제로 연준의 자산은 2015년부터 2019년 9월까지 줄어들었는데, 이는 미 정부가 빌린 돈을 상환받았다는 것을 의미한다.

그렇다면, 반대로 연준의 자산이 늘어난다는 것은 어떤 의미일까? 만기가 되어 상환되는 채권의 규모만큼 재투자하는 것은 물론이고, 그 이상 더 산다는 것을 의미한다. 실제로 올해 미 정부가 새롭게 빌린 돈의 규모는 약 4.5조 달러 수준인데, 연준의 자산은 약 3조 달러 늘었다. 이를 해석하면 미국 정부가 코로나19에 대응하기 위해 4.5조를 빌렸는데, 누가 빌려줬는지 봤더니 결과적으로 3분의 2는 연준이 빌려줬고, 나머지는 해외투자자들을 포함한 미 국채 투자자들이 빌려줬다는 것을 의미한다.

요컨대, 연준의 자산이 늘어나면 연준이 미국 국채를 시장에서 매입하며 시중에 자금이 풀리는 것을 의미하고, 반대로 연준의 자산이 줄어들면 시중의 자금이 줄어든다는 것을 의미한다.

미 국채 잔존액과 연준 자산의 비교

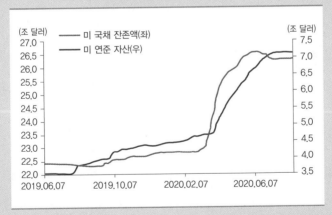

자료: Bloomberg, SK증권

연준의 자산이 늘어나서 주가가 상승한 것이 아니라면, 뭔가 다른 설명이 필요하다. 뉴욕 연준이 지난 3월에 시행했던 회사채 매입 프로그램을 평가하는 내용의 논문(「It's What You Say and What You Buy: A Holistic Evaluation of the Corporate Credit Facilities」, 2020.6)에서 힌트를 찾을 수 있다.

연준이 회사채까지 사겠다고 이야기한 것을 CCF^{Credit corporate bond facility}라고 한다. 지난 3월 연준의 무제한 양적완화 발표에도 불구하고 시장이 안정되지 못하던 때가 있었다. 그래서 급하게 연준이 회사채를 사려면 어떤 절차가 필요한지 따져보기 시작했다. 결론은 '가능은 하지만 시간이 걸릴 것'이었는데, 며칠 후에 바로 연준이 회사채도 사겠다는 것을 발표했다. '미 국채만 사던 연준이 회사채까지 사주다니!' 이는 당시 금융시장에 큰 충격이었고, 극적인 사건이었다.

이 논문에서는 연준의 회사채 매입 발표와 실제 매입에 대한 이벤트를 4가지 경우로 나누고 있는데, 각각의 이벤트가 발표될 때마다 금융시장이 얼마나 큰 영향을 받았는지를 확인시켜준다. 4가지 이벤트는 각각 'CCF 발표(3월 22일)', '주요 거래 조건 발표(4월 9일)', '첫 ETF 매입(5월 12일)', '첫 채권 매입(6월 16일)'이다.

놀랍게도 회사채 시장이 안정된 것의 70% 이상이 구체적인 거래 조건을 발표한 4월 9일 이전에 진행되었다. 쉽게 이야기하면, 말만 했는데 시장이 알아서 안정되었다는 것이다. 이럴 때

쓰는 말이 '손도 안 대고 코를 풀었다', '손만 들었을 뿐인데 알아서 도망갔다'이지 않을까? 그러고 보니 앞서 소개한 논문은 연준의 자기 자랑 성격이 강한 것 같다.

코로나19로 자산 가격이 급락하고, 서로가 서로를 믿지 못해서 의도하지 않은 디레버리징Deleveraging(부채 정리)이 일어날 수도 있는 상황에서 투자자들을 안심시킨 것은 결국 무엇이었을까? '문제가 생기면 연준이 결국 해결해줄 것'이라는 믿음이었다. 결국 코로나19로 인한 충격에서 벗어날 수 있었던 핵심은, 바로 그 믿음이 투자자들의 심리를 변화시킨 것에 있었다.

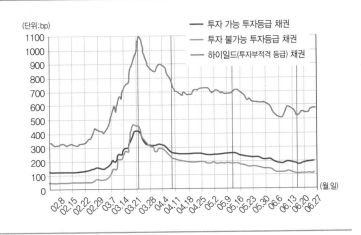

미국 회사채 신용스프레드 추이

자료: FRB, SK증권

주가 상승, 유동성이 아닌
'금리'로 설명해보자

2008년 이후로 주식시장이 상승할 때마다 우리는 '유동성 랠리', '유동성의 힘'과 같은 표현을 정말 자주 들어왔다. 하지만 유동성의 힘은 계량화하기 어렵다는 한계가 있다. 더 정확한 판단을 하기 위해서는 단순히 '유동성의 힘'이라고 표현하고 넘어가기보다는 금리를 통해 계량화하여 설명하는 게 더 효과적일 수 있다.

우선 금리가 그동안 어떻게 움직였는지를 살펴보자. 가장 대표적인 금리인 미국 10년 만기 국채 수익률의 장기적인 흐름을 확인해보면, 1973년부터 반등하기 시작한 미국 10년 만기 금리는 1980년 16%를 고점으로 40년 동안 꾸준히 하락했다. 무려 40년 동안이나 말이다.

금리 하락은 채권 가격 상승을 의미하기 때문에 채권투자자들은 이 과정에서 큰돈을 벌 수 있었을 것이다. 그런데 몇 년 전부터 일부 채권 매니저들 사이에서 "금리가 너무 낮아져서 이제 수익을 낼 수 있는 버퍼가 거의 남아 있지 않다"는 푸념이 나오기 시작했다. 이제는 미국 10년물마저 1%를 하회하기 시작했으니, 정말 채권으로 돈을 벌긴 어렵겠다는 생각이 든다. 그런데 정말 그럴까?

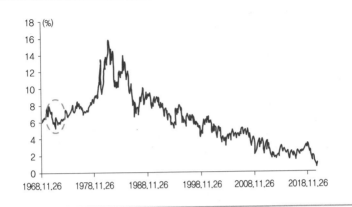

미 국채 10년물 금리 추이

18 (%)
16
14
12
10
8
6
4
2
0

1968.11.26   1978.11.26   1988.11.26   1998.11.26   2008.11.26   2018.11.26

자료: Bloomberg, SK증권

그렇지 않다. 우선 너무 낮아서 먹을 게 없다고 푸념하는 채권 투자자들도 매년 생각보다 높은 수익률을 얻을 수 있었다는 것만 보더라도 꼭 그렇지 않다는 것을 알 수 있다. 어떻게 이런 일이 가능했을까?

만약 채권 가격이 금리가 하락하는 것에 비례해서 상승했다면 채권투자자들이 얻을 수 있는 수익은 크지 않았을 수도 있다. 하지만 금리가 채권 가격에 미치는 영향은 단순히 비례 관계를 갖는 것만이 아니라는 사실이 중요하다. 이러한 현상을 채권 시장에서는 볼록성Convexity이라고 한다. 많은 사람이 고민하는 주제인 '금리가 이제 더 이상 낮아질 것이 없으니 주가를 올릴 힘이 없다'는 것도 이 볼록성이라는 개념을 이해한다면, 그렇지 않을 수

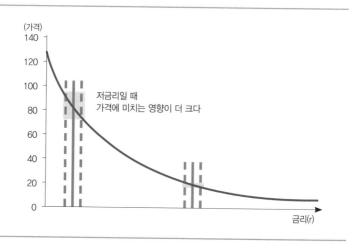

금리가 가격에 미치는 영향(Convexity)

저금리일 때
가격에 미치는 영향이 더 크다

자료: SK증권

도 있겠다는 생각을 하게 될 것이다.

위의 그림은 '금리가 가격에 미치는 영향을 보여주는 개념도'인데, 채권과 주식의 가치가 할인율에 따라서 어떻게 바뀌는지를 보여준다. 가장 중요한 특징은 똑같이 금리가 변하더라도 고금리 상황일 때보다 저금리 상황일 때 그 영향이 훨씬 크다는 것이다.

이번 연준의 금리 인하는 10% 이상의 고금리 상황에서 낮춘 것이 아니라 1.75%라는 저금리 상황에서 인하했다는 점에 주목할 필요가 있다. 당연히 자산 가격에 미친 영향은 훨씬 더 클 수밖에 없다는 것을 이해해야 한다.

연준이 할 수 있는 것과
할 수 없는 것

연준은 그동안 금리를 낮추거나 자산을 매입하는(양적완화) 방식을 통해서 자산 가격을 부양해왔다. 그런데 자산을 더 매입하기에는 금리가 너무 낮은 상황이고, 단기 금리도 0% 수준이어서 더 낮출 것도 없는 상황이다. 이런 가운데 연준이 할 수 있는 것은 무엇이 있을까?

그 고민의 결과 중 하나가 지난 8월에 연준이 발표한 '평균물가목표제'다. 과거에는 물가가 2%에 도달하면 긴축을 하겠다고 했는데, 이제는 일정 기간 동안의 평균 물가가 2%에 도달해야 긴축을 하겠다는 것이다. 이 평균물가목표제가 의미하는 바를 구체적으로 얘기하면, 내년 2분기쯤에는 코로나19로 인해 생긴 수요 둔화가 만든 기저 효과 때문에 일시적으로 인플레이션이 생길 수도 있다는 우려가 있는데, 그래도 금리는 올리지 않을 테니 걱정하지 말라는 것이다.

시장에서는 연준의 평균물가목표제 도입을 '연준이 인플레이션을 만들어내고 말겠다'는 강력한 의지를 보여준 것으로 평가했다. 코로나19가 만든 패닉에서 금융시장을 멋지게 구해냈던 연준이 인플레이션을 만드는 것도 성공할 수 있을까? 연준이 마음을 먹은 것은 금융시장에서 그동안 모두 이루어졌다. 그래서

'연준과 맞서지 마라Don't fight the fed'는 말이 가장 유명한 증시 격언이 되었을 정도다.

　하지만 이것은 연준의 정책이 가장 잘 통하는 금융시장(Wall street) 내에서의 이야기다. 문제는 인플레이션은 실물 경제(Main street) 이야기라는 데 있다. 비유를 하자면, 연준이 그동안 홈구장(Wall street)에서는 너무나도 완벽한 모습을 보여줬지만, 원정 경기(Main street)에서도 좋은 모습을 보여줄지는 지켜봐야 한다는 것이다.

　연준이 할 수 있는 것은 금융시장에서 인플레이션에 대한 기대 심리가 유지될 수 있도록 만들어주는 것뿐이다. 실제 인플레이션이 만들어지기 위해서는 경제가 그만큼 좋아져야 하고, 이를 위해서는 미 정부에서 재정 정책을 써서 연준이 자산 매입을 통해 풀었던 돈들이 실물 경제로 흘러가는 것이 우선되도록 해야 한다. 파월 의장이 지속적으로 '재정 정책의 중요성'에 대해서 강조하는 이유도 여기에 있다.

　그러나 연준이 인플레이션을 만들지 못할 것이라고 미리부터 실망할 필요는 없다. 분명 연준은 끝까지 인플레이션을 만들려고 노력할 것이기 때문이다. 이제 금리가 0%대까지 낮아졌고, 장기 금리도 1%가 안 되기 때문에 연준이 자산을 늘리는 것도 만만치 않은 건 맞다. 그런 연준이 아직 쓸 수 있는 카드는 남아 있을까?

금리, 더 낮아지지 않아도
효과가 있다?

평균물가목표제를 도입하기 전 연준이 했던 고민의 흔적은 논문(「Alternative strategies: how do they work? How might they help?」, 2020.8)에서도 확인할 수 있다. 연준의 고민은 투자자들에게 지금의 저금리가 좀 더 길게 유지될 것이라는 믿음을 주기 위한 방법에 초점이 맞춰져 있다. 이 논문에서 자주 등장하는 표현이 "좀 더 오랫동안 더 낮게Lower for longer"였던 이유도 여기에 있다.

앞서 미국의 10년 만기 국채 수익률은 1980년 16% 수준에서 지금까지 무려 40년 동안 계속 하락했다는 점을 얘기했다. 그래서 우리는 늘 '저금리'라는 말을 하며 살았다. 어쨌든 지난해보다는 금리가 낮았기 때문이다. 그런데 2019년의 저금리와 2020년의 저금리는 다른 것 같다. 2019년의 저금리는 '언젠가 올라갈 수도 있을 것 같은 저금리'였다면, 2020년의 저금리는 '앞으로 당분간 오르지 않을 저금리'이기 때문이다. 마치 『드래곤볼』이라는 책에서 손오공이 시간의 방으로 들어갔던 것처럼 이제 금리도 시간의 방으로 들어간 것일 수 있다.

투자자들은 앞으로 금리가 오를지 안 오를지가 아니라 얼마나 오랫동안 저금리 상황이 지속될지에 대한 고민을 하게 될 가능성이 높다. 결론적으로는 0~0.25%라는 아주 낮은 금리 구간에 있지만, 이 저금리가 지속되는 기간이 길어질 수 있다는 기대를 관리하는 것으로도 자산 가격이 상승할 수 있다.

　그럼 이제부터는 시간의 방으로 들어간 금리가 투자자들의 생각과 행동을 어떻게 바꾸었는지에 대한 이야기를 해보도록 하자.

투자자들의 생각과
행동이 바뀌었다

위험한 투자를
하는 사람들

얼마 전 손정의 회장이 콜옵션Call option(만기일이나 만기일 전에 미리 정한 가격으로 주식을 살 권리)을 사들였다는 소식이 이슈가 됐다. 당시 《월스트리트저널》은 소프트뱅크 그룹이 사들인 미국 기술주 콜옵션의 규모가 40억 달러 수준에 육박한다고 보도했다. 콜옵션 투자를 하는 것은 손정의 회장뿐이 아니다. 《파이낸셜타임즈》는 미국 옵션 시장에서 1계약씩 거래하는 비중을 개인투자자

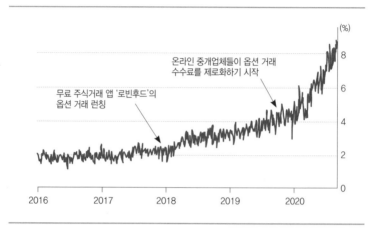

미국 개인투자자들의 스몰옵션 거래 비중 추이

온라인 중개업체들이 옵션 거래
수수료를 제로화하기 시작

무료 주식거래 앱 '로빈후드'의
옵션 거래 런칭

자료: 시카고 옵션거래소, FT

들의 거래로 추정하면서, 1계약씩 거래되는 옵션의 비중이 크게
증가한다는 내용을 소개했다. 실제로 2018년에는 2%밖에 안 되
던 이 비중이 최근에는 8%를 넘었다. 그만큼 개인투자자들이 옵
션에 많이 투자한다는 의미다. 콜옵션은 상황에 따라 투자 원금
전액을 잃을 수도 있어서 매우 위험한 투자로 분류된다. 국내에
서도 상반기 복권 판매가 15년 만에 최고치를 돌파했다는 소식
이 들린다. 사람들은 왜 이렇게 위험천만한 투자를 할까?

댈러스 연준 총재인 로버트 카플란의 최근 발언에서 힌트
를 찾을 수 있다. 그는 9월 FOMC 회의에서 '선제적 지침Forward
guidance(언제까지 금리를 올리지 않을 것인지에 대한 힌트를 제공하는 것)'에
대해 반대표를 던진 두 명 중 한 명이다. 그는 반대표를 던진 이

유로 "사람들이 너무 위험한 투자Excess risk taking를 할 가능성이 크기 때문"이라고 했다. 이 말을 처음 들었을 때의 느낌은 '아, 연준도 위험한 투자를 걱정하고 있구나'였다. 그런데 다른 한편으로는, 위험할 수 있다는 것을 알면서도 '선제적 지침'을 도입했다는 것은 무엇을 의미할지 고민해볼 필요가 있다는 생각이 들었다. 그렇다면 다른 연준 의원들이 찬성했던 이유는 무엇이었을까? 더 많은 사람이 위험한 투자를 하게 되면서 생길 수 있는 부작용을 우려하는 것보다 금리를 더 낮게 유지할 것이라는 믿음을 줘서 경제를 살리고 인플레이션을 만드는 게 더 낫다고 생각했기 때문이 아닐까?

어쨌든 카플란 총재와 같은 걱정에도 불구하고 연준은 선제적 지침을 통과시켰고, 이는 결국 사람들이 좀 더 위험한 투자를 하게 될 가능성이 높다는 것을 의미한다. 위험한 투자라고 하면 부정적 이미지지만, 이를 다른 말로 표현하면 '적극적인 투자', '야성적인 투자', '먼 미래를 보는 투자'로 바꿀 수 있다.

'일드 헌터'와
'알파 헌터'

2020년에 가장 변동성이 컸던 자산 중 하나는 유가였다. 2월에는 사우디와 러시아의 감산 합의 실패로 배럴당 60달러에서 40달러까지 하락했고, 4월에는 코로나19 때문에 수요가 급감한다는 소식으로 20달러까지 또 한 번 하락했다. 더 충격적이었던 것은 WTI 선물 기준으로 마이너스 40달러까지 원유 가격이 하락했다는 점이다.

원유의 사용가치가 전혀 없는 것도 아닌데, 마이너스 40달러에 거래가 되었다는 사실은 충격일 수밖에 없었다. 마이너스 유가가 된 원인은 원유를 저장할 곳이 없었기 때문이다. WTI 선물시장에서는 만기가 되면 다음 달 만기의 선물로 롤오버^{Rollover*}를 하거나 꼭 실물(원유)을 가져다줘야 하는데, 원유를 저장할 공간이 부족했던 것이다.

마이너스로 거래되고 있는 상품이 하나 더 있다. 금리가 돈의 값이라면, 마이너스 금리에 거래되고 있는 채권은 돈의 값이 마이너스라는 의미일 것이다. 이는 돈을 저장해둘 공간이 그만큼 부족하다는 것을 의미한다. '나는 돈이 없어서 힘든데, 누구는 돈을 저장할 공간이 없어서 마이너스 금리임에도 불구하고 채권을 사는 사람들이 있다니!' 아이러니한 현실이지만, 사실이기

---

* 선물시장에서 만기를 연장하는 거래. 예를 들어 4월 만기 선물을 보유하고 있는 투자자가 현재의 포지션을 유지하기 위해서 4월 만기 선물을 팔고, 5월 만기 선물을 사는 거래를 롤오버라고 한다. 팔아야 하는 근월물(4월) 선물이 싸고, 사야 하는 원월물(5월) 선물이 비쌀수록 롤오버 비용이 커지는데, 2020년 4월에는 이러한 롤오버 비용이 정말 컸음에도 불구하고 저장 공간이 없었기 때문에 만기에 이러한 거래를 할 수밖에 없었다.

도 하다.

이렇게 저장할 공간이 없을 정도로 넘쳐나는 유동성을 설명할 수 있는 현상 중 하나가 '중위험 중수익' 상품의 열풍이라고 할 수 있다. 2019년까지만 해도 투자자들이 가장 많이 찾던 상품이 중위험 중수익 상품이었다. 워낙 낮은 수준의 금리가 지속되다 보니, 돈이 많아서 저장해둘 공간을 찾던 투자자들은 안정적으로 4~5% 정도를 얻을 수 있는 상품을 찾았다. 대표적인 상품이 ELS^Equity-linked securities(주가연계증권), DLS^Derivative Linked Securities(파생결합 증권) 또는 사모 펀드들이다. 이런 상품들의 특징을 한마디로 표현하면 '중위험 중수익'이다.

이렇게 조금이라도 이자를 더 많이 주는 상품을 찾아서 다니는 투자자를 나는 '일드 헌터^Yield Hunter'라고 부른다. '어디 금리 좀 더 주는 곳이 없나?' 하며 수확물(수익)을 찾아다니는 사냥꾼을 생각하면 된다.

그런데 코로나19 이후로 이러한 투자 패턴에 다음과 같은 변화가 생겼다. 첫째, 대표적인 중위험 중수익 상품들이 배신하기 시작했다는 점이다. '독일 금리가 마이너스가 되지만 않으면……', '유가가 마이너스가 되지만 않으면……' 중수익을 보장해주겠다고 했는데, '…… 하지만 않으면'이라는 사건들이 발생해버렸기 때문이다.

그뿐만 아니라 일부 사모 펀드들은 '환매가 중단되는 사건'이 발생하기도 했다. 모두 코로나19라는 초유의 사태가 만든 현상이었다. 그래서 투자자들은 자신들이 투자한 상품들이 '중위험 중수익'이 아니라 '고위험 중수익'이 될 수도 있다는 생각을 하게 되었다.

두 번째는 앞서 설명한 금리에 대한 이야기와 맥을 같이한다. 금리가 언젠가 오를 수 있다고 생각하면, 그리고 현재 금리보다 조금 더 높은 금리가 의미가 있다고 하면, 투자자들은 일드 헌터가 될 것이다. 하지만 금리가 시간의 방으로 들어가서 앞으로 상당 시간 동안 금리가 오르지 않을 것이라는 생각이 들고, 정말 0%대까지 낮아져서 이것보다 금리를 조금 더 준다고 해도 의미가 없을 것 같은 수준이라면, 조금 더 높은 금리를 찾는 것의 의미가 퇴색된다.

그래서 투자자들은 조금 위험하더라도 좀 더 높은 수익률을 찾아서 떠나게 된다. 나는 이러한 현상을 '알파 헌터Alpha Hunter'가 되기 위한 여정Voyage이라고 표현한다. 어차피 나의 30대에는 혹은 40대에는 금리가 오르지 않을 것 같으니, 조금 더 높은 금리를 찾는 소극적인 의미의 일드 헌터가 아니라, 알파를 찾기 위해 노력하는 적극적인 투자자가 되겠다고 생각하는 사람들이 많아질 수밖에 없다는 것이다. 일드 헌터가 알파 헌터로 바뀌고 있다는 사실은 사회 현상이며, 상당 기간 지속될 가능성이 높다. 카플란 총재가 걱정했던 것처럼 말이다.

알파 헌터가 최적화된 선택인 이유

포트폴리오 이론을 최초로 제시한 미국의 경제학자 해리 마코위츠 Harry Markowitz는 1952년에 발표한 「포트폴리오 선택Portfolio selection」이라는 12페이지짜리 논문으로 1990년 노벨경제학상을 받았다. 그가 노벨상을 받을 수 있었던 이유는 '주식의 변동성'에 대해 처음으로 연구했다는 것을 높이 평가받았기 때문이다. 위험의 개념을 변동성으로 표현했고, CAPMCapital asset pricing model(자본자산 가격 결정)이라는 모델을 세상에 소개했는데, 이 마코위츠 이론을 통해 알파 헌터가 되는 것이 최적화된 선택인 이유를 설명해보려고 한다.

효율적 투자선

투자 포트폴리오 가운데 동일한 위험을 가진 상품들 중에서 가장 기대수익률이 높은 포트폴리오를 나타내는 선을 '효율적 투자선 Efficient frontier'이라고 한다. 반대로 이야기하면, 동일한 수익률을 가진 상품들 중에서 위험이 가장 낮은 상품들을 모아둔 것을 의미한다고 할 수 있다.

일부 중위험 중수익 상품들의 배신은 동일한 수익률(4~5%)을 얻기 위해 투자자들이 감수해야 할 위험이 커졌다는 것을 의미한다. 따라서 코로나19 이후 효율적 투자선은 오른쪽으로 이동했다고 볼 수 있다.

효율적 투자선

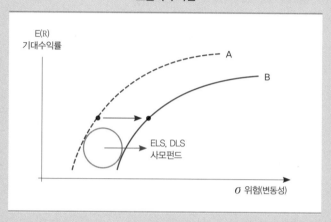

E(R)
기대수익률

A

B

ELS, DLS
사모펀드

σ 위험(변동성)

효용 함수

투자자들마다 일정 수준의 위험을 감수할 때 요구하는 수익률이 다를 수 있다. 위험과 기대수익률의 관점에서 무차별한 투자를 모아둔 것을 무차별 곡선이라고 한다. 예를 들어 위험을 싫어하는 투자자들은 같은 위험을 감수하더라도 더 높은 수익률을 요구한다. 따라서 다음 페이지의 효용 함수Utility fuction그림에서 A곡선보다는 B곡선이 위험을 선호하는 투자자들을 표현한다.

최적화된 포트폴리오

앞서 언급한 설명에 기반하여 효율적 투자선과 효용 함수의 변화를

효용 함수

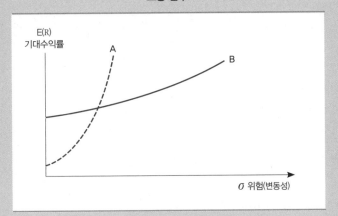

최적화된 포트폴리오

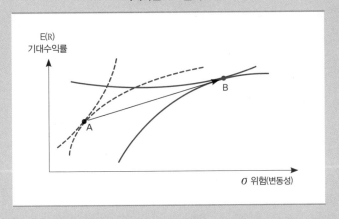

이해했다면, 각각의 경우에 가장 최적화된 포트폴리오Global minimum variance도 달라질 수밖에 없다는 점을 알 수 있을 것이다. 점선의 세

상에서는 A점이 가장 좋은 투자처였다면, 실선으로 바뀐 세상에서는 B점이 가장 좋은 투자처. 즉, 코로나19 이전과 이후에 투자자들이 선택할 수 있는 최적의 투자안은 좀 더 위험하더라도 기대수익률이 높은 투자를 하는 쪽이라는 것이다. 옵션을 투자하는 사람들이 많아지고, 알파를 찾으러 다니는 사람들이 많아지는 현상을 버블의 전조 현상이나 철없는 젊은이들의 호기로만 폄하하면 안 된다. 오히려 달라진 투자 환경에서 본능적으로 찾아낸 최적의 투자처일 수도 있다는 것을 인정할 필요가 있다.

투자자들의 생각과 행동이 바뀌었다는 것을 확인했다면, 이제 주식시장에 상장되어 있는 기업이 매력적인가를 증명해봐야 할 차례다. 이제부터는 주식시장이 알파를 찾으러 떠나는 알파 헌터들을 만족시켜줄 수 있을지에 대해 알아보도록 하자.

주식시장은 '알파 헌터'를
만족시켜줄까?

주식에 적용되는
금리

  앞서 주가를 설명하기 위해서는 '유동성의 힘'이라는 표현보
다는 '금리'를 통해서 설명하는 것이 좋은 이유를 설명했다. 그
리고 '볼록성'이라는 개념을 통해 금리가 높은 상황보다 낮은 상
황이 주식의 밸류에이션에 미치는 영향이 더 크다는 점을 강조
했다. 여기서는 추가로 '주식에 적용되는 금리'에 대한 이야기를
해보려고 한다. 주식의 밸류에이션에서 금리는 기업이 미래에

벌어들일 이익을 현재 가치로 바꿀 때 필요한 '할인율'의 개념이
기 때문에 중요하다. 이 할인율을 자기 자본 비용Cost of equity, CoE(자
기 자본의 가치를 유지하기 위해 최소한으로 요구되는 수익률)이라고 설명할
수 있는데, 이 값은 '무위험 수익률'과 '주식 위험 프리미엄Equity
risk premium, ERP'으로 나누어서 설명할 수 있다. 무위험 수익률이 우
리가 흔히 이야기하는 금리라면, ERP는 투자자들의 심리를 나타
내는 지표라고 할 수 있다. 그래서 나는 주식에 적용되는 CoE는
'금리'와 '심리'의 합으로 이루어져 있다고 설명한다.

$$CoE = R_f{}^{Risk\ free\ rate\ of\ return} + ERP$$

어려운 개념일 수도 있는 CoE를 설명하려는 이유는 크게 3가
지다. 첫째, 아직도 많은 투자자가 채권 금리와 주식에 적용되는
금리를 혼용해서 사용하고 있기 때문이다. 미국 10년물 금리와
주식에 적용되는 금리는 완전히 다른 개념인데도 말이다. 둘째,
그동안 우리는 기업이 벌어들이는 이익에 대한 고민은 많이 했
지만, 주식에 적용되는 금리인 CoE에 대한 고민은 부족했기 때
문이다. 앞서 설명한 것처럼 금리는 유례없이 낮은 상황이고, 이
변이 없다면 당분간 지속될 가능성이 크다. 때문에 CoE에 대한
진지한 고민이 어느 때보다 중요하다고 할 수 있다. 셋째, 코로
나19 이후로 CoE가 낮아지는 현상이 벌어지고 있기 때문이다.

이는 전 세계적인 현상이기도 하고, 한편으로는 국내에서 더욱 두드러지게 나타나는 특이한 현상이기도 하다.

CoE의 구성 요소 중 금리에 대해서는 '미국 10년 만기 금리가 40년 동안 낮아지면서 이제는 1%도 안 되는 수준'이라고 이미 앞서 설명했다. 그럼 지금부터는 ERP에 대한 이야기를 해보자.

ERP는 '무위험 수익률보다 얼마나 높은 수익률이 보장돼야 주식을 선택할 것인가?'라는 질문에 대한 답이라고 할 수 있다. ERP에 영향을 주는 요인은 수도 없이 많다. 즉, 한 개인이 예금에 넣어놨던 돈을 주식시장으로 옮기기 위해서는 수많은 리스크를 감수해야 한다는 얘기다. 예를 들어 각 개인들의 위험 회피 정도, 소비 성향, 경제 리스크, 인플레이션과 이자율, 유동성과 펀드 플로Fund flow, 재난 리스크, 정부 정책 및 정책 리스크, 금융 정책과 행동경제학적 요인까지 정말 많은 요인이 ERP에 영향을 준다. 어려운 말로 설명하지 않아도 당장 '엄마가 주식은 하는 거 아니라고 했어요'라는 것부터 극복해야 한다.

이처럼 무위험 채권에서 주식으로 넘어오기 위해서는 수많은 난관을 극복해야 한다. 나는 이것을 '담벼락'이라고 표현한다. 모든 투자자는 이 담벼락을 넘어야 비로소 주식으로 넘어올 수 있다. 지금부터는 이 담벼락을 어떻게 계산할 수 있는지와 코로나19 이후 이 담벼락이 왜 낮아졌는지에 대한 이야기를 해보려고 한다.

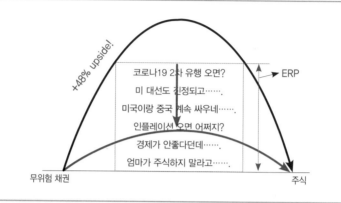

주식시장의 담벼락, ERP

+48% upside!

코로나19 2차 유행 오면?

미 대선도 진정되고……

미국이랑 중국 계속 싸우네……

인플레이션 오면 어쩌지?

경제가 안좋다던데……

엄마가 주식하지 말라고……

ERP

무위험 채권

주식

자료: SK증권

ERP를 산출하는 가장 일반적인 방법으로는 크게 2가지 방식이 있다. 첫 번째는 애스워드 다모다란Aswath Damodran 뉴욕대 스턴 경영대학원 교수가 제시한 미국의 ERP를 활용한 방법론이다. 이 방법을 통해 내가 구한 ERP의 값은 약 6.1% 수준이다. 이보다 더 좋은 두 번째 방법은 실제로 투자자들에게 '당신은 얼마를 보상해줘야 무위험 수익률을 보장해주는 채권에서 주식으로 넘어올 것인가?'라는 질문을 해서 그 값을 구하는 것이다. 지난 7월 1200명을 대상으로 한 설문조사 결과에 따르면, 코스피에 적용되는 ERP는 6.7% 수준인 것으로 조사됐다.

이 두 개의 값을 단순 평균해서 계산하면, ERP는 6.4% 수준이다. 여기에 국고 3년물 금리인 0.8%를 더하면 코스피에 적용되는 CoE는 7.2% 수준으로 추정할 수 있다. 이 7.2%라는 숫자는 뒤에서 다시 활용할 계획이니, 잠시 기억해두기 바란다.

그럼 지금부터는 ERP가 낮아진 배경에 대해 짚어보자. 우선 지난 7월에 진행했던 설문조사 결과를 소개해보려고 한다. 코로나19 이후 주식에 대한 선호도 변화를 묻는 질문은 다음과 같았다.

- 코로나19 이전에는 1년 만기 정기예금 금리가 1.7%였지만, 현재는 0.8%까지 낮아졌다. 코로나19 이후 주식에 대한 당신의 선호도는 높아졌는가?
- 만약 주식에 대한 선호도가 높아졌다면, 주식을 선택하기 위해 보장되어야 하는 수익률은 낮아졌을 것이다. 코로나 이전에 비해서 당신이 주식에 요구하는 수익률은 몇 %포인트 낮아졌는가?

첫 번째 질문에서 '코로나19 이후 주식에 대한 선호도가 높아졌다'고 응답한 비중은 71.3%였다. 그중 '크게 높아졌다'고 한 비중은 38.3%, '높아졌다'는 비중은 33%였다. '변화가 없었다'고 응답한 비중은 27.1%였으며, '낮아지거나 크게 낮아졌다'고 응답한 비중은 1% 미만이었다. 한마디로 코로나19 이후 투자자들의 주식 선호도는 크게 높아졌다고 할 수 있다.

두 번째 질문은 담벼락(ERP)이 얼마나 낮아졌는지를 계량화하

주식 선호도 변화에 대한 응답 기준별 ERP 변화

주식 선호도	크게 높아졌다	높아졌다	변화 없다	낮아졌다	크게 낮아졌다
비중	38.3%	33.0%	27.1%	0.3%	0.5%
EPR 변화 폭	2.4%	2.3%	0.6%	0.2%	0.0%

자료: SK증권

기 위한 것이다. 결론적으로 코로나19 이후 응답자들의 ERP는 평균 1.88%p 낮아진 것으로 확인됐고, 구체적인 결과는 다음 페이지의 표와 같다.

코로나19 이후 변화된 CoE를 계산하면, 무위험 수익률은 국고채 3년물 기준으로 1.4%에서 0.82% 수준까지 0.58%p 낮아졌으며, ERP는 1.88%p 낮아졌기 때문에 이를 합산할 경우 2.46%p 낮아졌다는 것을 알 수 있다. OECD가 추정한 잠재성장률 2.5%를 g(성장률)로 가정하고 ROE[Return on equity](자기자본이익률)를 7%로 가정할 경우, 코로나19 이후 투자자들의 주식 선호도 변화는 적정 PBR*을 약 0.6배에서 0.89배까지 48%나 상승시킬 수 있는 큰 변화라고 할 수 있다.

CoE가 낮아질 것이라고 추정하는 두 번째 이유를 살펴보기 위해 CoE의 정의를 다시 한번 떠올려보자. CoE는 자기 자본 비

---

* 적정 PBR 값을 구하기 위한 수식은 (ROE-g)/(CoE-g)이다.

코로나19 이후 변화된 ERP를 적용할 경우, 적정 PBR

	무위험 수익률	ERP	CoE	적정 PBR
코로나19 이전	1.40%	8.64%	10.04%	0.597
코로나10 이후	0.82%	6.76%	7.58%	**0.886**
변화 폭	−0.58%	−1.88%	−2.46%	0.29

자료: SK증권

용이라고 했다. 기업이 자금을 조달하는 방법은 타인 자본과 자기 자본, 크게 이 두 가지로 설명할 수 있다. 쉽게 말하면, 다른 사람에게 빌린 돈이 타인 자본(부채)이고, 원래 내 돈이라고 할 수 있는 자금이 자기 자본이다. 부채의 비용은 누구나 알 수 있는 조달 비용(이자)이다. 그런데 자기 자본의 비용은 어떻게 추정할 수 있을까? 내 돈이니 이자가 나가는 것도 아닌데 말이다.

그래서 CoE는 기회비용의 개념이라는 것을 알아야 한다. 사실 여기서 말하는 내 돈이라는 개념은 엄밀하게는 주주의 돈이다. 만약 어떤 회사의 주인이 한 명이라면 내 돈이라는 개념이 맞지만, 수없이 많은 주주로 구성되어 있다면 내 돈이라는 개념이 모호해지기 시작한다. 특히, 회사의 주인, 즉 오너와 경영진 그리고 소액주주까지 다양한 주주들이 생각하는 자기 자본 비용은 각자 다를 수밖에 없다. 주인의식을 가지고 있는 오너에 비해 소액주주들이 생각하는 기회비용은 높을 수밖에 없다. 그래서 소액주주들이 생각하는 CoE의 개념이 중요한 것이다.

A라는 회사의 오너는 소액주주들의 권리 같은 것은 신경도 쓰지 않고, 회사의 중요한 의사결정을 할 때 늘 오너의 이익을 최우선한다고 가정해보자. 그렇다면 A 회사의 소액주주들에게, 앞서 ERP의 개념을 설명할 때 언급했던 질문처럼 '무위험 채권에서 A 회사 주식으로 넘어오기 위해서 얼마나 높은 수익률을 요구하는가?'라고 묻는다면 어떤 대답이 돌아올까? 아마도 매우 높은 수익률을 요구할 것이다.

정반대의 경우로, 테슬라의 주주라면 어떨까? 테슬라의 장기적인 성장성에 대해서 이해하고 믿어주는 주주라면, 무위험 수익률보다 아주 조금만 높은 수익률을 보장해줘도 기꺼이 테슬라의 주주가 되려고 할 것이다. 이 경우, 테슬라에 적용되는 CoE는 매우 낮을 것이라는 추정을 해볼 수 있다.

안타깝게도 국내 주식시장이 저평가 받을 수밖에 없는 여러 가지 이유 중 하나는 소액주주의 권리를 인정해주지 않고, 오너의 이익을 위한 의사결정을 한다는 점에 있다. 그래서 지배구조 개선펀드와 같은 움직임도 나타났던 것이다. 소액주주의 권익이 제대로 보호받지 못하는 상황이 쉽게 바뀌긴 어렵다. 하지만 최근 국내 주식시장에서 나타나는 현상들은 변화의 가능성을 확인시켜준다.

예를 들어 회사 분할 이슈 때문에 소액주주들에게 부정적인 인상을 주었던 회사의 경우, 증권사 지점까지 가서 주주들을 설

득하는 작업을 하고 있다는 점이나 개인투자자들의 과세와 관련된 국민청원들이 이어지고, 그 영향으로 실제로 제도가 바뀔 수 있다는 여지를 보여주고 있다는 점들이 그렇다. 물론 당장 바뀌긴 어렵겠지만, 지배구조개선펀드가 하지 못했던 것들을 어쩌면 소액주주들이 힘을 합쳐서 바꿔나갈 수도 있다는 희망이 보이는 것 같기도 하다. 소액주주들의 권익을 위해 지속적인 노력이 이뤄진다면, 이는 국내 주식시장의 CoE가 낮아지는 데 매우 큰 역할을 할 것이라고 생각한다. 그런 의미에서 개인 주주들의 권익을 높이기 위한 시도는 다양한 방법으로 계속 진행되어야 하며, 이는 다시 밸류에이션의 상승과 주주 가치 상승으로 이어질 것이라고 생각한다.

정리해보자. 주식에 적용되는 금리는 할인율의 개념이며, 이는 금리와 심리로 나누어서 생각해볼 필요가 있다. 금리가 낮아지면서 심리에 해당하는 ERP의 중요성이 커지고 있는데, 코로나19 이후 주식에 대한 선호도가 높아지면서 ERP의 값은 낮아지고 있으며, 개인투자자들의 노력에 의해 추가로 낮아질 여지가 충분히 더 있다. 결론적으로 주식의 밸류에이션에서 가장 중요한 할인율은 앞으로도 낮아질 가능성이 크다.

지금까지 이야기한 할인율(CoE)은 밸류에이션의 '분모'에 대한 이야기였다. 이제 '분자'인 기업의 실적(ROE)에 대한 이야기로 넘어가보자.

코스피가
저평가받는 이유

'한국 시장은 너무 저평가되어 있다'는 이야기는 여의도에서 매년 빠지지 않고 나온다. 그런데 저평가 여부를 논하기 위해서는 판단 기준이 필요하다. 예를 들어 '코스피는 과거 5년 동안 거래된 밸류에이션 밴드 하단에 있다'라는 표현은 과거의 코스피 대비 저평가되었다는 것을 말한다. 반면 '코스피는 신흥국에 비해 저평가 받고 있다'는 이야기는 비교 대상 국가에 비해서 싸게 거래된다는 것을 의미한다. 그렇다면 한국 시장은 정말 신흥국에 비해 싸다고 할 수 있을까?

우선 추정치를 기준으로 신흥국과 코스피의 12개월 선행 PER 추이를 보면, 싸다는 의견이 나오는 이유를 알 수 있다. 지난 13년 동안(2008년~2020년) 코스피는 약 75% 이상의 구간에서 신흥국에 비해 낮은 PER로 거래되었기 때문이다. 전체 기간 동안 코스피는 평균적으로 10.9배에 거래된 반면 신흥국은 12배에 거래되었으니 9.1% 저평가받고 있다고 할 수 있다.

12개월 선행 PER은 현재의 시가총액을 향후 12개월 동안의 순이익 전망치로 나눈 개념이다. 과거의 순이익이 아니라 미래의 순이익 전망치로 나누는 이유는 주식이 가진 선행성이라는 속성 때문이다. 현재 실적이 부진하더라도 향후 개선될 수 있다는 기대가 있다면, 주가는 좋을 수 있다. 반대로 현재의 펀더멘털은 양호하지만 향후 전망에 대한 우려가 있다면, 주가는 부진할 수 있다. 다만, 12개월 선행 PER이 적절한 비교 수단이 되려면 미래의 순이익 전망치에 대한 신뢰도가 반드시 필요하다.

순이익 전망치에 대한 신뢰도를 확인하기 위해 과거 코스피의 순이익 전망치를 보면 '백조(100조)가 되고 싶은 미운 오리'가 떠오른다. 연초 전망치를 기준으로 하면, 2011년부터 매년 순이익 전망은 100조 원 이상이었지만, 그 꿈이 달성된 것은 2017년이 처음이기 때문이다. 2008년 금융 위기에서 회복되는 구간이었던 2009년과 2010년에만 연초 대비 순이익 추정치가 상향 조정되었고, 2011년부터 2016년까지는 6년 연속 순이익 추정치

코스피와 MSCI 이머징마켓(EM)의 12개월 선행 PER 추이

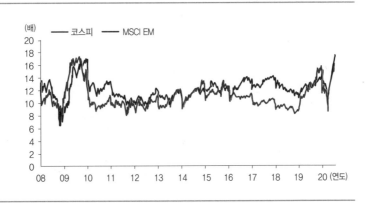

자료: Quantiwise, SK증권

가 하향 조정되었는데, 그 폭은 각각 -21.2%, -28.1%, -43.7%, -35.1%, -16.2%, -9.1%였다. 이렇게 코스피의 순이익 전망치의 변화 폭이 큰 이유는 한국 시장에서 글로벌 경기에 민감한 산업의 비중이 높기 때문이다. 어쨌든 외국인 투자자들 입장에서 보면, 순이익 추정치의 변화가 너무 큰 코스피의 12개월 선행 PER을 중요한 지표로 보기는 어려울 수 있다.

하지만 2021년 시장을 전망할 때는 오히려 역발상이 필요할 수 있다. 국내 시장에 상장된 기업들의 실적이 워낙 경기에 민감한데, 2020년 실적이 부진했다면 반대로 2021년에 회복되는 구간에서는 예상보다 실적이 개선될 수 있기 때문이다. 특히 반도체의 경우 내년 초 시황이 돌아설 가능성이 높다는 전망이 우세하며, 삼성전자 역시 지난 3분기 양호한 어닝Earning 체력을 보여주고 있다. 2021년 실적 전망이 어둡지만은 않다.

좀 더 구체적으로 과거 10년 동안의 코스피 실적을 살펴보면, ROE를 기준으로 약 8% 초반이라는 점을 알 수 있다. 가장 높았던 때는 금융 위기에서 회복되기 시작했던 2010년(11.39%)과 반도체 호황이 진행됐던 2017년(10.15%)이었다. 그리고 반대로 유럽 재정 위기와 건설 업종을 포함한 산업재에서 대규모 빅베스Big bath*가 있었던 2013~14년에도 ROE는 6% 중반을 기록했다.

---

* 경영진 교체를 앞두고 기업의 누적 손실과 잠재적 부실 요소를 한 회계연도에 모두 반영하여 그다음 해의 실적을 좋아 보이게 하는 것

코스피의 연도별 이익 및 장부가, ROE 추이

(단위: 십억 원)

연도	영업이익	순이익	장부가 (Book Value)	ROE
2009	64,784.6	53,713.2	667,440.3	8.05%
2010	101,807.7	91,319.0	801,543.6	11.39%
2011	126,089.5	85,850.6	929,471.5	9.24%
2012	120,740.0	82,188.2	992,119.3	8.28%
2013	114,255.4	66,434.4	1,046,642.6	6.35%
2014	113,058.4	75,273.1	1,134,279.6	6.64%
2015	126,988.2	89,276.4	1,202,136.7	7.43%
2016	147,362.4	95,443.0	1,294,391.3	7.37%
2017	194,023.3	142,722.3	1,406,645.9	10.15%
2018	197,385.1	130,221.8	1,506,075.2	8.65%
2019	138,179.9	71,490.3	1,577,482.0	4.53%
평균				8.01%

자료: Quantiwise, SK증권

과거의 사례와 내년 반도체 업황 개선 등을 감안하면, 내년에는 최소 7% 이상의 ROE(순이익 약 110조 원)를 기록할 수 있다고 전망하는 것은 전혀 무리가 아니라고 생각하며, 8% 수준의 ROE(순이익 약 125조 원)를 기록하는 것도 가능하다는 판단이다.

PBR 1배가 갖는 의미

지수를 예측하는 것만큼 무의미한 것은 없지만, 어떤 지수가 무엇을 의미하는지 생각해보는 것은 필요하다. 그런 측면에서 코스피 2400포인트는 특별한 의미를 갖는다. 2400포인트는 PBR 1배에 해당하는 지수이기 때문이다(정확하게는 2427포인트 내외). 이론적으로 적정한 PBR 값을 구하기 위한 수식은 (ROE-g)/(CoE-g)이다. 이 수식으로 보면, 코스피가 2400을 넘어서기 위해서는 반드시 ROE가 CoE를 넘어서야 한다. 앞서 설명한 금리와 실적이라는 두 관점에서 코스피가 2400포인트를 넘어서는 것이 충분히 가능하다는 점을 설명해보겠다.

첫째, CoE는 더 낮아질 수 있다. '금리가 더 낮아질 게 없는데 왜 낮아지냐?'고 하는 사람도 있을 것이다. 다시 강조하지만, CoE는 주식에 적용되는 금리를 말한다. 우리가 보는 미 10년물 금리가 아니다. 앞서 CoE는 금리(Rf)와 심리(ERP)의 합이고, ERP 값은 무위험 채권에서 주식으로 넘어올 때 주식에 요구하는 수익률이며, 이를 담벼락에 비유해서 설명했다. ERP가 낮아지는 이유는 코로나19 이후 투자자들의 주식 선호도가 높아졌기 때문이라고 했으며, 소액주주의 노력을 통해 추가로 낮아질 가능성도 있다고 했다. 그리고 내가 계산한 CoE 값은 7.2% 수준이라는 것도 이야기했다.

둘째, ROE는 COE를 넘어설 수 있다. CoE가 7.2%인데 이후 이보다 더 낮아질 수 있다면, ROE가 7% 이상을 기록할 수 있을지 확인하는 과정이 필요하다. 과거 10년 동안 우리나라의 평균 ROE는 8%수준이었고, 가장 낮았던 2013년에도 6% 중반의 ROE를 기록했다는 점과 내년 반도체 업황의 실적이 개선될 가능성이 높다는 점을 감안한다면, 7%대의 ROE를 기록할 것으로 보는 것은 무리가 없다. 그러니 낮아진 CoE를 충분히 넘어설 수 있을 것으로 추정하는 것도 가능하다. 내년은 CoE가 추가로 낮아질 수 있는데, ROE는 올해에 비해 상승하는 해가 될 가능성이 높다. 따라서 코스피의 밸류에이션은 상승할 수 있을 것으로 기대한다.

코스피 2400포인트는 PBR 1배 수준으로 특별한 의미가 있다는 점을 설명하기 위해 다시 CoE의 개념을 한 번 더 떠올려보자. CoE는 '회사의 가치를 유지하기 위해 필요한 최소한의 수익률'의 개념이다. 따라서 ROE가 CoE보다 지속적으로 낮게 유지되는 회사나 국가의 PBR은 1배가 안 될 수밖에 없고, 그 회사나 국가의 가치는 지속적으로 하락하는 악순환에 빠지게 된다. 반면 ROE가 CoE보다 높은 상황이면 기업의 가치가 상승하는 선순환에 들어서게 된다. 그래서 PBR 1배가 안 되던 회사가 1배를 넘어서는 건 '사건'이라고 평가된다. 마찬가지로 코스피의 PBR이 1배를 넘어서서 안착하는 것 역시 사건으로 기록될 가능성이 크다. 그리고 2021년은 그 사건이 현실화될 가능성이 큰 해다. 이 글을 읽는 독자들도 이런 투자 환경에서 알파 헌터가 되어 좋은 투자 성과를 낼 수 있었으면 하는 바람이다.

새로운 가치평가의 기준, '리얼 옵션'

밸류에이션의 대가로 알려진 애스워드 다모다란 교수는 밸류에이션(가치 평가) 방법을 크게 3가지로 구분하여 설명한다. 첫 번째는 내재가치 평가법Intrinsic valuation으로, 현금 흐름 할인 모형이 대표적이다. 두 번째는 상대가치 평가법Comparable valuation인데, 우리가 가장 흔히 사용하는 P/E*, P/B**, EV/EBITDA*** 등의 방법

---

* 주가(Price)/주당순이익(EPS). 주가수익비율(PER)을 의미한다.

** 주가(Price)/주당순자산가치(Book value per share, BPS). 주가순자산비율(PBR)을 의미한다.

*** 기업의 시장가치(EV: Enterprise Value)를 세전영업이익(EBITDA: Earnings Before Interest, Tax, Depreciation and Amortization)으로 나눈 값이다.

론이 여기에 해당된다. 여기까지는 우리에게 익숙한 개념이다.

마지막으로, 다모다란 교수가 이야기하는 세 번째 방법론은 '리얼 옵션Real option' 모델인데, 대부분의 국내 투자자는 처음 들어봤을 수도 있는 생소한 개념일 가능성이 높다. 일부 투자자는 거부감을 느낄 수도 있을 것 같다. 그럼에도 불구하고 이 내용을 소개하는 이유는 리얼 옵션 모델을 통해 현재 주식시장의 움직임을 좀 더 정확하게 설명할 수 있고, 좋은 투자 아이디어를 찾을 수 있다고 생각하기 때문이다.

리얼 옵션은 어려운 개념이다 보니 최대한 이해하기 쉽게 복권의 가치를 평가해보는 것에서부터 설명을 시작해보고자 한다. 다음 페이지의 표는 지난 2년 동안 로또 복권의 기댓값을 나타낸 것이다. 등수별로 당첨 확률과 평균 당첨금을 곱해서 나온 각각의 기댓값을 모두 더한 값이 로또 복권의 가치다. 이론적으로 계산한 복권의 가치가 550원이라고 할 수 있는 셈이다.

그런데 로또 복권은 1000원에 거래되고 있다. 550원이라는 기댓값을 계산할 수 있는 사람은 1000원을 지불하며 복권을 사는 사람들이 이해가 되지 않을 것이다. 하지만 1000원을 주고 복권을 사는 사람들은 550원이 적정가라고 생각하는 사람들에게 '내가 내 돈 주고 복권을 사는 건데 왜 뭐라고 하냐'고 할 것이다. 그렇다면 복권의 적정 가치는 550원일까, 아니면 1000원일까? 사람마다 생각은 다르겠지만, 복권은 2019년 한 해 동안에만 무

로또 복권의 밸류에이션

	당첨 확률(%)	평균 당첨금(원)	기댓값
1등	0.00001	2,872,000,000	287.2
2등	0.00007	59,714,285	41.8
3등	0.00280	1,478,571	41.4
4등	0.13643	49,989	68.2
5등	2.22222	5,000	111.1
6등	97.63847	0	0
합계	100		549.7

자료: SK증권

려 4.3조 원어치나 팔렸고, 실제 판매된 수로는 매주 8270만 장이나 된다. 이런 점을 생각하면 복권의 적정한 가치는 1000원이라고 하는 것이 맞다. 그렇다면 이제 우리는 1000원과 550원의 차이인 450원을 어떻게 설명할 수 있을지에 대한 고민을 해야 한다.

잠깐 주식의 밸류에이션으로 돌아와서 생각해보자. 복권의 적정가 산출 과정과 제약 회사가 개발하는 신약의 가치를 밸류에이션 방법론으로 비교하면, 리얼 옵션을 좀 더 쉽게 이해할 수 있다. 주식시장에서 사용하는 밸류에이션 방법은 이를테면 다음과 같다. 개발하려는 신약의 시장 크기를 계산하고, 신약이 개발되었을 때 확보할 수 있을 것으로 기대되는 시장점유율을 가정하여 매출액을 추정하고, 여기에 마진Margin을 곱해서 이익을 추정한다. 이렇게 추정한 이익이 복권으로 보면 당첨금이고, 신약이 개발될 가능성은 당첨 확률과 같다. 그리고 추정한 이익(복권의 당첨금)과 신약의 개발 가능성(복권의 당첨 확률)을 곱해서 신약의 가치(복권의 가치, 550원)를 계산하는 것이다.

그런데 인정하고 싶지 않지만 모두가 알고 있는 것처럼 상당수의 제약·바이오 회사들은, 비유하자면 550원이 아니라 1000원에 거래되고 있다. 450원이라는 차이는 왜 생기는 것일까? 지금부터 리얼 옵션의 개념을 통해서 450원을 설명해보겠다.

이 질문에 답하기 위해서는 복권을 사는 사람들이 무엇 때문에 450원이라는 돈을 기꺼이 지불하는지를 고민해볼 필요가 있다. 이를 위해 콜옵션의 독특한 수익 구조부터 설명해보고자 한다. 옵션Option은 특정한 기초 자산Underlying asset(S)을 미리 정한 가격Strike price or exercise price(K)으로 사거나Call 팔Put 수 있는 권리를 의미한다. 예를 들어 '삼성전자 주식을 연말에 5만 원에 살 수 있는 권리'를 갖는 콜옵션이 있다고 가정해보자. 그럼 삼성전자 주식은 기초 자산(S)이고, 연말은 옵션의 만기Maturity(T)다. 그리고 5만 원은 행사 가격(K)이며, 살 수 있는 권리이기 때문에 콜옵션이라고 부른다.

이때 중요한 것은 '옵션은 스스로 가격을 결정할 수 있는 능력이 전혀 없다'는 점이다. 즉, 삼성전자 콜옵션은 스스로 가격을 결정할 수 없고, 기초 자산인 삼성전자 주식이 어떻게 움직이는지에 따라서 그 가격이 결정된다. 옵션에 대한 설명은 이 정도로

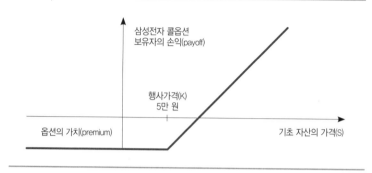

삼성전자 콜옵션
보유자의 손익(payoff)

행사가격(K)
5만 원

옵션의 가치(premium)

기초 자산의 가격(S)

자료: SK증권

하고, 이제 옵션의 수익 구조가 왜 특이하고, 살 만한 가치가 있
는지 생각해보도록 하자.

예를 들었던 삼성전자 콜옵션의 만기 시점의 수익 구조는 위
의 그래프와 같다. 행사가격을 기준으로 오른쪽은 이익이 발생
하는 좋은 구간이고, 반대로 왼쪽은 손실이 발생하는 안 좋은 구
간이다. 그런데 두 구간은 수익 구조의 측면에서 완전히 다른 성
격을 갖고 있다.

손실 구간이 갖는 성격은 손실이 제한적Limited loss이고, 예상 가
능하다Expected는 점이다. 그래서 왼쪽의 손실 구간은 관리Control
가 가능하다는 특징이 있다. 복권의 예를 들면, 복권을 몇 장 살
지는 내가 결정할 수 있다는 것과 같다. 반면에 이익이 발생하는
오른쪽 구간의 성격은 이익에 제한이 없다Unlimited gain. 그리고 예
상이 불가능하다. 물론 관리할 수도 없다. 복권 1등에 당첨될 확

률이 매우 낮기 때문에 어차피 불확실하다는 것이 의미가 없다고 생각할 수도 있다. 하지만 확률 자체가 크고 작은 것보다 중요한 것은 좋은 이벤트(이익 구간)와 안 좋은 이벤트(손실 구간) 중에서 어디에 불확실성이 노출되어 있는지다. 그런 관점에서 콜옵션의 수익 구조는 투자자들에게 매력적이며, 이 특이하고 좋은 수익 구조 자체를 투자자들은 450원이라는 돈을 추가로 지불하면서 산다고 설명할 수 있다.

리얼 옵션 개념을 적용하기 위한 3가지 조건

당연한 이야기지만, 모든 주식에 리얼 옵션의 개념이 적용되는 것은 아니다. 리얼 옵션의 개념을 주식의 밸류에이션에 적용하기 위해서는 다음의 3가지 조건을 충족시켜야 한다. 3가지 조건을 모두 만족시킬 수 있는 경우가 많지는 않지만, 이 조건들을 모두 만족시키는 주식의 밸류에이션에는 리얼 옵션의 개념을 적용할 수 있다. 무엇보다, 리얼 옵션의 개념을 적용할 수 있는 주식은 그렇지 않은 주식과는 다른 접근 방법이 필요하다는 것을 이해할 필요가 있다.

첫 번째 조건은 기초 자산이다. 앞서 설명했듯이, 옵션은 무언가로부터 파생된 상품Derivatives이다. 그래서 스스로 가치를 결정할 수 없고 다른 무언가의 움직임에 따라 결정되는데, 이때 '다른 무언가'를 기초 자산이라고 한다. 삼성전자 콜옵션의 기초 자산은 삼성전자 주식인 것이다.

그렇다면 주식에서 기초 자산은 무엇일까? 예를 들어 정유 회사의 주가가 유가와 관계가 높으니 유가가 정유 회사의 기초 자산이라고 할 수 있을까? 그렇지 않다. 기초 자산으로 분류되려면, 주가와 상관관계가 매우 높아야 하기 때문이다. 정유 회사 주가에 영향을 주는 요인은 유가 말고도 수없이 많다. 유가가 주가에 미치는 영향이 절대적인 것도 아니다. 반면에 신작 게임 출시를 앞둔 게임 회사의 주가는 신작 게임의 성공 여부가 결정적인 영향을 준다. 그래서 신작 게임 공개를 앞둔 게임 회사의 기초 자산은 '신작 게임의 성공 여부'라고 할 수 있다.

주식의 밸류에이션에 리얼 옵션을 적용하기 위한 두 번째 조건은 행사 가격이다. 앞서 설명한 삼성전자 콜옵션의 예시에서는 5만 원이 행사 가격이다. 행사 가격은 특정한 이벤트Contingent event라는 점에서 의미를 갖는다. 왜냐하면 옵션의 가치는 삼성전자 주가가 5만 원을 넘느냐 아니냐에 따라서 극적으로 달라지기 때문이다. 앞서 예를 들었던 정유 업체와 유가의 관계를 생각해보면, 유가 상승은 정유 업체에 긍정적인 영향을 주는 것일 뿐 유가의 특정한 가격이 의미를 갖는 것은 아니다. 예를 들어 유가가 40달러 이하에서는 가치가 없는데, 40달러 이상부터 가치가 생기지는 않는다는 것이다. 반대로 신약을 개발하고 있는 제약회사의 경우를 생각해보면, 행사 가격의 의미를 이해할 수 있다. 임상 1상부터 3상까지의 이벤트들은 옵션의 특정한 이벤트라고 할 수 있으며, 임상을 통과하는 것을 행사 가격을 넘어서는 것으로 이해할 수 있기 때문이다.

리얼 옵션을 적용하기 위한 마지막 세 번째 조건은 만기다. 신약을 개발하는 회사의 경우, 임상 결과 발표 시점이 해당 옵션의 만기라고 생각할 수 있다. 주가의 관점에서 만기가 있다는 것은 '만기가 되면 옵션의 가치도 같이 소멸된다'는 것을 의미한다. 예를 들어 임상 결과가 발표되기 전에는 옵션의 가치가 주가에 반영되어 거래되다가 결과가 발표된 이후에는 성공 여부와 관계없이 해당 임상 결과를 기초 자산으로 했던 옵션의 가치가 소멸되어 없어진다는 것이다.

| 옵션이 된 주식
| vs. 옵션이 아닌 주식

리얼 옵션의 개념에서 가장 강조하고 싶은 포인트는 리얼 옵션으로 설명되는 주식과 그렇지 않은 주식은 서로 다른 관점으로 투자해야 한다는 점이다. 그리고 그 이유를 설명하는 키워드는 '변동성'이다. 옵션의 가치를 결정하는 데에는 아래와 같이 총 6가지 변수가 있는데, 가장 중요한 변동성에 대한 설명만 해보겠다.

일반적으로 주식은 변동성을 가장 싫어한다. 실적의 변동성이 클수록 할인율(COE)이 높아지기 때문이다. 하지만 리얼 옵션의 가치는 변동성이 커질수록 오히려 더 커진다는 특징이 있다. 예를 들어 삼성전자 주식이 5만 원 근처에서 거의 움직임이 없다면, 삼성전자 주식을 5만 원에 살 수 있는 권리를 가진 콜옵션의 가치는 높지 않을 것이다. 반면, 삼성전자의 변동성이 커지면서 옵션의 가치가 0보다 커질 수 있다는 생각을 하는 사람이 늘고, 그럴수록 옵션의 가치는 커진다.

결론적으로 옵션의 성격을 갖는 주식의 경우, 변동성은 항상

옵션의 가치를 결정하는 6가지 요인

	콜옵션의 가치	풋옵션의 가치
기초 자산 가격(↑)	△	▼
행사 가격(↑)	▼	△
기초 자산의 변동성(↑)	△	△
만기까지 남은 시간(↑)	△	△
이자율(↑)	△	▼
기초 자산의 배당(↑)	▼	△

자료: SK증권

긍정적이라는 것이 다른 주식과의 결정적인 차이다. 투자자들은 특정 이벤트가 해당 기업에 긍정적인지, 그렇지 않은지에 대한 논란이 커질 때 더 많은 프리미엄을 지불한다. 이는 투자자들이 이 회사의 주식으로 일종의 게임을 하고 있는 것으로도 이해할 수 있으며, 게임의 흥미는 변동성이 커질수록 높아진다. 그래서 투자자들이 더 많은 프리미엄을 지불하는 것이라고 설명할 수 있을 것이다. 마치 복권을 사는 것처럼 말이다.

옵션이 된 주식들

지금까지 리얼 옵션을 주식의 밸류에이션에 적용할 수 있는 3가지 조건에 대해 살펴보았다. 이제부터는 좀 더 구체적으로 어떤 업종의 주가가 리얼 옵션 모델로 설명할 수 있는지를 소개해보려고 한다.

앞서 얘기한 것처럼 투자자들은 좀 더 위험한 투자를 하게 될 가능성이 크다. 장기간 지속될 저금리 환경에서 주식시장은 긍정적인 흐름을 이어갈 전망이다. 그렇다면 주목해야 할 종목군은 리얼 옵션으로 설명되는 주식들이라고 생각한다. 왜냐하면 많은 투자자들이 '제한된 손실'과 '제한 없는 이익'이라는 좋은 투자안에 대한 관심을 더 갖게 될 가능성이 크기 때문이다. 리얼 옵션 밸류에이션 방법이 적용될 수 있는 업종은 다음과 같다.

제약·바이오, 게임, 엔터테인먼트 기업

제약·바이오 회사의 밸류에이션은 왜 이렇게 높은 것일까? 그리고 신작 출시를 앞둔 게임 회사의 주가 변동성이 크게 확대되는 이유는 무엇일까? 리얼 옵션은 이러한 질문에 대한 좋은 답이 될 수 있다.

제약·바이오 회사의 주가는 개발하고 있는 신약의 임상이라는 매우 중요한 이벤트의 결과에 따라 크게 움직인다. 이를 주식의 밸류에이션으로 바꾸는 방법은 확률의 개념을 이용하는 것이다. 임상에서 성공할 때 예상되는 매출 및 이익에 예상되는 성공 확률을 곱하는 방식이다. 하지만 확률에 기반한 밸류에이션은 지금까지 설명한 리얼 옵션의 가치를 반영하지 못한다는 한계가 있다.

각각의 업종에서 리얼 옵션이 적용되기 위한 3가지 조건이 무엇일지를 살펴보자. 제약·바이오 회사의 경우, 기초 자산은 '임상 결과의 성공 여부'가 될 것이다. 그리고 특정 이벤트는 임상 결과이며, 만기는 결과가 발표되는 시점이 될 것이다. 해당 신약 개발에 투여된 R&D 금액은 회사가 선택하고 결정할 수 있다는 측면에서 관리가 가능하다. 그래서 제약·바이오 회사는 리얼 옵션 밸류에이션을 적용할 수 있는 가장 적절한 예시 중에 하나라고 할 수 있다.

게임 및 엔터테인먼트 회사도 마찬가지다. 예를 들어 신작 게임의 출시를 앞두고 있는 게임 회사의 경우, 기초 자산은 '신작 게임의 매출'이 될 것이다. 그리고 특정 이벤트는 게임의 성공 여부가 될 것이고, 만기는 신작 게임의 매출이 얼마나 되는지에 대해 시장의 컨센서스가 확인되는 시점이 될 것이다. 게임 및 엔터테인먼트 회사의 경우도 신작 게임이나 아티스트를 개발 또는 발굴하는 데 드는 비용은 제한적일 수밖에 없고, 관리가 가능하다. 게임 및 엔터테인트먼트 업종 역시 리얼 옵션 모델로 설명할 수 있다.

주가의 움직임은 특정 이벤트(임상 결과, 신작 게임 발표 등)에 따라 계산할 수 있는 밸류에이션의 상단을 훌쩍 넘어가는 경우가 많은데, 이러한 현상은 특히 특정 이벤트를 앞두고 있을 때 자주 나타난다. 제약·바이오 회사의 경우, 임상 결과에 대한 시장의 관심이 생겨나기 시작할 때부터 옵션의 가치가 주가에 반영되기 시작한다. 특정한 이벤트는 '임상 결과 발표'가 되고, 이는 동시에 만기가 되는 것인데, 결과 발표 직전까지 리얼 옵션의 가치가 주가에 반영된다고 할 수 있다.

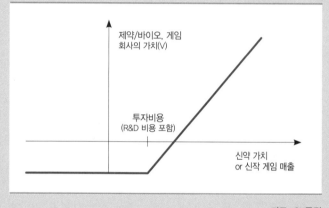

제약·바이오, 게임, 엔터테인먼트 기업의 리얼 옵션

- 기초 자산(S): 신약 가치, 신작 게임 매출, 아티스트의 매출 기여

- 정해진 가격(K) : 투자 비용(R&D 비용 등)

- 만기(T): 임상 결과 발표 시점, 신작 게임 매출 안정화 시점 등

제약/바이오, 게임
회사의 가치(V)

투자비용
(R&D 비용 포함)

신약 가치
or 신작 게임 매출

자료: SK증권

무형자산(플랫폼) 기업

2020년 한 해 동안 시장에서 가장 많은 관심을 받은 것은 무형자산Intangible asset이었다. 나는 2020년 초부터 「보이지 않는 세상에서 투자하는 법」이라는 시리즈 보고서를 통해 일관되게 무형자산의 중요성을 강조해왔다. 애스워드 다모다란 교수가 리얼

옵션 개념을 소개한 가장 큰 이유는 제약 회사를 밸류에이션하기 위함도 있지만, 무형자산을 밸류에이션하기 위함도 있다. 이를 위해서는 우선 무형자산의 밸류에이션을 위한 핵심적인 개념을 이해하는 것이 필요하다.

기업이 투자를 하면, 회계적으로는 자본화Capitalize하거나 비용처리Expense를 하게 된다. 자본화를 할지, 비용 처리를 할지 결정하는 판단 기준은 투자 자금이 향후 매출이나 이익으로 되돌아올 수 있을지의 여부다. 비유를 하자면, 친구의 결혼식에 갔을 때 이 친구가 나의 결혼식에 올 것으로 예상되는 친구라면 자본화하고, 오지 않을 친구라면 비용 처리하는 것과 같은 것이다.

최근 롯데케미칼이 미국에 ECC(에탄크래커) 공장에 대한 투자를 진행했는데, 이 과정에서 들어간 투자 금액은 대부분 자본화된다. 향후 완공될 ECC 공장은 눈에 보이는 유형자산이며, 완공

유형자산과 무형자산 투자의 회계 처리

	공장·플랫폼 완성 전	공장·플랫폼 완성 후
유형자산 투자	현금 흐름 관점에서 유출이지만, 자본화하기 때문에 손익에 주는 영향은 제한적이다.	공장이 완공된 이후 매출이 발생하면, 이때부터 감가상각을 하면서 실적에 부담이 된다.
무형자산 투자	보수적 회계 처리 때문에 무형자산 투자는 대부분 자본화가 아닌 비용 처리 방식으로 회계 처리된다. 따라서 플랫폼 등 무형자산이 완성되기 전까지는 손익에 부정적인 영향을 준다.	플랫폼이 완성되면서 매출이 발생(Monetization)할 경우, 비용 부담 없이 실적이 가파르게 상승하는 경향을 보인다.

자료: SK증권

된 이후 매출이 발생하면 이익이 발생할 수 있다는 가정이 있기 때문이다. 반면 네이버나 카카오가 네이버페이 혹은 카카오페이라는 플랫폼을 만들기 위해 진행한 투자(마케팅 비용 포함)는 대부분 비용 처리된다. 그 이유는 나중에 이 플랫폼을 통해 매출이 발생하지 않을 것이기 때문이 아니라 눈에 보이지 않는 무형자산을 만들기 위한 투자이기 때문이다. 무형자산의 자본화는 유형자산에 비해 보수적인 판단을 하도록 되어 있다.

이제 공장(유형자산) 또는 플랫폼(무형자산)이 완성된 이후의 회계 처리를 확인해보자. 롯데케미칼 공장이 완공되면, 매출이 발생하면서 동시에 그동안 자본화해 놓았던 자산은 감가상각을 통해 비용 처리되기 시작한다. 반면 네이버나 카카오가 플랫폼을 만들기 위해 투자한 마케팅비는 이미 비용 처리를 했기 때문에 플랫폼이 완성되어 매출이 발생하더라도 감가상각에 대한 추가 부담 없이 실적이 폭발적으로 증가하는 현상이 나타난다.

여기서 중요한 질문은 '네이버나 카카오가 플랫폼을 만들기 위해 투자한 돈(무형자산)은 왜 자본화하지 못하는 걸까?'이다. 무형자산을 쉽게 자본화하게 해주면 생길 수 있는 부작용이 크기 때문이다. 무형자산 투자에 보수적인 기준을 적용하지 않으면, 아마 많은 기업에서 고객과의 술자리 비용도 R&D 또는 마케팅 비용 처리가 아니라 자본화하려고 할 것이다. 최근에는 '회계는 보수적으로 하더라도 투자의 관점에서는 다른 접근이 필요하다'

는 의견에 힘이 실리는데, 그 이유는 플랫폼으로 돈을 버는 회사들이 눈에 보이기 시작했기 때문이라고 생각한다. 국내에서는 2020년부터 무형자산에 대한 관심이 커졌는데, 이런 현상은 일시적 흐름이 아니라 당분간 지속될 가능성이 크다.

글로벌 기업들이 무형자산에만 집중적으로 투자를 하는 이유는 '스마일 커브 Smile curve' 이론으로 설명이 가능하다. 스마일 커브는 제품의 수명 주기를 제조 전 단계(R&D, 브랜딩, 디자인)와 제조 단계, 제조 후 단계(유통, 마케팅, 판매·서비스)로 나누었을 때, 각각의 '밸류체인 단계별 부가가치의 잠재력'을 설명하는 용어다.* 쉽게 말하면, 제품 구상 단계에서부터 판매할 때까지 언제 가장 많은 부가가치가 만들어지느냐를 설명하는 개념이다. 20세기 유형의 경제에서는 제품의 수명 주기에서 '제조'가 가장 큰 부가가치를 만들어낼 수 있었다. 일본의 제조업이 부각받던 시기에 일본에서 만들어진 제품을 전 세계 소비자들이 선호했던 이유는 일본처럼 작고 정교하게 만들 수 있는 국가가 제한적이었기 때문이다. 하지만 지금은 과거 일본처럼 정교하게 만들 수 있는 곳이 많아졌다. 이제는 제조 전 단계와 제조 후 단계에서의 R&D, 브랜드, 디자인, 유통, 마케팅, 판매·서비스 등 무형자산 성격의 단계에서 대부분의 부가가치가 만들어진다는 것이 중요하다.

---

*   Stan Shih, 『Growing Global: A corporate vision masterclass』, John Wiley&Sons, 2001

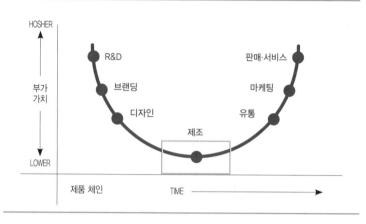

스마일 커브

HOSHER

부가가치

LOWER

R&D

브랜딩

디자인

제조

판매·서비스

마케팅

유통

제품 체인

TIME

자료: Stan Shih, SK증권

아이폰을 누가 만드는지보다 누가 디자인하고, 누가 브랜딩하고, 누가 판매·서비스를 하는지가 중요하다는 것인데, 애플의 정책을 보면 어디에서 부가가치가 많이 만들어지는지 확인할 수 있다. 최근 아이폰 12를 공개한 애플은 공격적인 가격 정책으로 iOS 생태계 확장을 추진할 전망이다. 애플의 가격 정책에서 우리가 알아야 할 것은 애플은 이제 스마트폰을 잘 만드는 것으로 돈을 벌 생각이 없다는 점이다. 제조 과정에서 생기는 부가가치가 크지 않기 때문이다. 오히려 더 싼 가격의 아이폰을 판매함으로써 iOS 생태계가 확장되면 이 과정에서 생기는 구독 경제(애플의 통합 구독 서비스, 애플원)를 통해 돈을 벌 수 있다는 판단을 하는 것이다. 글로벌 기업들의 경영 전략을 살펴보면 무형자산의 중

268

요성은 앞으로도 시장에서 더 부각받을 가능성이 크다.

무형자산을 가진 기업을 리얼 옵션의 관점에서 해석해보자. 무형자산(플랫폼 등)을 구축하기 위해 필요한 투자 금액은 상대적으로 제한적이고, 회사가 결정할 수 있다. 똑같이 무형자산을 가진 회사라도 투자 금액을 회사가 결정할 수 있는지 여부는 매우 중요한 포인트다. 이미 충분한 고객을 확보하고 있다면 플랫폼이 완성될수록 투자 금액을 스스로 결정할 수 있지만, 다른 플랫폼에서 고객이나 소비자를 가져와야 하는 신규 플랫폼 기업은 플랫폼을 완성할 때까지의 투자 금액이 다른 선발 업체들의 상황에 따라 결정되기 때문이다. 투자 금액을 맘대로 결정할 수 있는 회사의 가치가 그만큼 커진다고 할 수 있다.

플랫폼에서 발생하는 매출이 기초 자산이라면, 매출이 발생하기 시작하는 시점이 특정 이벤트에 해당한다. 무형자산을 가진 기업에서 옵션의 가치는 무형자산으로 돈을 벌 수 있을지 없을지에 대해 시장의 논란이 가장 클 때 커진다. 예를 들어 카카오가 비즈보드(비즈니스 서비스 브랜드)를 통해 '돈을 벌 수 없을 것 같다'는 의견과 '돈을 벌 수 있다'는 의견이 팽팽할 때 옵션의 가치는 가장 크다. 그러나 무형자산으로 매출이 발생하는 시점이 만기이기 때문에 그 이후에는 옵션의 가치가 소멸된다. 그런데 네이버나 카카오는 이미 매출이 나오는 여러 사업부를 제외해도 또 다른 옵션들이 많이 남아 있다는 점은 기억해야 할 것이다.

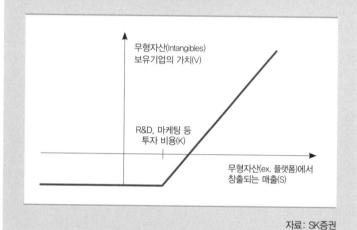

무형자산(플랫폼)을 가진 기업의 리얼 옵션

- 기초 자산(S): 플랫폼에서 창출되는 매출

- 정해진 가격(K): 플랫폼 구축을 위해 투자된 자금(R&D, Capex 등)

- 만기(T): 무형자산 구축을 위해서 투자를 멈추는 시점

자료: SK증권

부도 리스크가 있는 기업

리얼 옵션은 긍정적인 이벤트나 회사에만 적용되는 것이 아니다. 부도 가능성이 커져서 채권단과 협상을 해야 하는 상황에 놓인 회사에도 리얼 옵션의 개념을 적용할 수 있다. 내가 헤지펀드 운용을 시작하면서 처음으로 구축했던 쇼트Short(공매도)* 포지션

270

은 당시에도 망한다는 이야기가 있었던 'D 사'였다. 공매도를 위해 그 주식을 빌려서 매도를 했다. 이후 주가가 20%나 하락했으니 큰 수익을 내고 있다는 생각에 기뻐하고 있던 어느 날, 갑자기 D 사가 들고 있던 사업부를 시장이 예상하는 가격의 절반에 매각한다는 소식이 들려왔다. 기대했던 것보다 훨씬 싼 가격에 매각되었으니 악재라고 생각했지만, 오히려 주가는 급등하기 시작해서 단 일주일 만에 2배 이상 상승해버렸다. 시장은 이 회사가 '결국 망할 것'이라는 점을 반영하고 있었는데, '망하지 않을 것'이라는 사실만으로도 주가가 2배 오를 수 있다는 사실을 알게 되었다.

이 회사의 주가가 단기간에 2배 오를 수 있었던 이유는 리얼 옵션의 개념으로 더 잘 설명할 수 있다. 부도 위험이 있는 회사의 주가는 자산 매각과 같은 특정 이벤트의 성공 여부에 따라 부채를 상환할 수 있을지 여부가 결정되면서 주가의 변동성이 커질 수 있다는 것이다. 투자자들은 해당 기업이 살아날 수 있을지의 여부에 관심을 갖고, 옵션을 산다는 생각으로 투자한다.

얼마 전 허츠Hertz의 주식을 미국의 로빈 후드 투자자들이 대거 매입했다는 소식 역시 이를 잘 설명한다. 어차피 부도가 나도 이상하지 않은 회사의 주식을 사는 이유는 '잃을 것은 별로 없지

---

* 특정 종목의 주가가 하락할 것으로 예상되면 해당 주식을 보유하고 있지 않은 상태에서 주식을 빌려 매도 주문을 내는 투자 전략

만, 수익은 제한이 없다'는 심리 때문이다. 따라서 리얼 옵션 개념을 적용해보면, 부도 리스크가 있는 회사라고 해도 함부로 공매도를 하면 안 된다는 것을 알 수 있다. 왜냐하면 주식의 가치에 옵션 가치가 얼마나 포함되어 있는지는 아무도 계량화할 수 없기 때문이다.

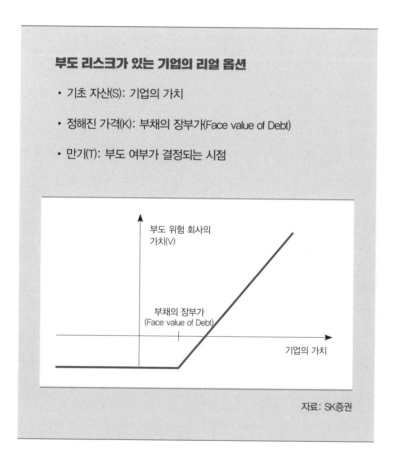

부도 리스크가 있는 기업의 리얼 옵션

- 기초 자산(S): 기업의 가치
- 정해진 가격(K): 부채의 장부가(Face value of Debt)
- 만기(T): 부도 여부가 결정되는 시점

부도 위험 회사의 가치(V)

부채의 장부가
(Face value of Debt)

기업의 가치

자료: SK증권

리얼 옵션의
현실과 환상

리얼 옵션의 개념을 주식의 밸류에이션에 적용하려는 시도를 한 이유는 첫째로 현재의 주식시장을 좀 더 잘 설명할 수 있는 방법론이라고 생각했고, 둘째는 리얼 옵션의 개념으로 주식을 보면 다른 방식의 투자 전략을 수립할 수 있다고 판단했기 때문이다.

하지만 리얼 옵션 개념을 소개하면서 걱정되었던 부분도 있다. '새로운 논리가 나오는 것을 보니 이제 정말 버블^{Bubble}이다'라고 생각하는 투자자들도 있을 수 있다는 점이다. 실제로 리얼 옵션이 가장 활발하게 논의되고 연구되었던 시점은 닷컴 버블 당시였다는 점도 부담이 되긴 했다.

애스워드 다모다란 교수는 지난 30년 동안 대학에서 밸류에이션에 대해 강의하면서 본인이 가장 크게 착각한 것은 "많은 사람이 나처럼 밸류에이션에 관심이 많을 것이라고 생각했다는 점이다"라고 했다. 대부분의 사람이 의사결정을 하는 데 밸류에이션을 고려하고 있지 않다는 것인데, 그래서 그는 밸류에이션을 알아야 하는 이유를 고민했고, 이에 대해 다음과 같이 말했다.

"왜 나는 밸류에이션을 하는가? 내 안에 있는 '레밍'과 싸우기 위해서다 Why do I valuation? to fight the lemming in me."

리얼 옵션의 현실과 환상

WHAT LEMMINGS BELIEVE

자료: fineartamerica, SK증권

레밍은 '나그네쥐'라고 불리는 설치류의 일종인데, 이들은 개체 수가 늘면 다른 땅을 찾아 이동하는 특징이 있다. 이때 레밍은 우두머리만 보고 직선으로 이동하는데, 우두머리를 따라 이동하다가 절벽을 만나면 그대로 뛰어들어 바다에 빠져 익사하기도 한다. 이런 레밍의 특징에서 따와서 '맹목적으로 다른 사람을 따라 하는 집단적 편승 효과'를 가리켜 '레밍 효과Lemming effect'라고 한다. 다모다란 교수는 레밍처럼 되지 않으려면 밸류에이션을 배워야 한다고 이야기했던 것이다.

밸류에이션을 공부하는 것은 구명조끼를 입은 레밍이 되는 것을 의미한다. 다른 레밍을 따라가다가 절벽에서 떨어지더라도 구명조끼를 입었다면 살아남을 수 있다. 실제로 다모다란 교수는 최근 주식 분할 이후 추가로 상승한 애플의 주가에 대해 본인의 내러티브로 설명할 수 있는 목표가보다 주가가 너무 높아서 매도한다고 발표하기도 했다. 구명조끼를 입은 레밍이라는 것을 보여준 멋진 사례인 셈이다.

옆 페이지의 그림은 레밍이 어떤 생각으로 앞에 있는 레밍을 따라가는지를 보여준다. 앞에서 설명한 리얼 옵션의 개념이 막연한 환상을 주는 것이 아니라 현실를 이해하고 투자에 활용하기 위한 것이라는 점을 기억했으면 좋겠다. 부디 이 글이 2021년의 투자를 고민하는 사람들에게 도움이 되었기를 바란다.

5장

어떤 업종, 어떤 기업에 투자할까?

이베스트투자증권 차장

염승환

선택하고 집중해야 할
2021년 투자 유망 업종 15선

2020년은 주식투자자들에게 잊지 못할 이벤트가 많았던 해로 기억될 것이다. 미중 무역 전쟁으로 2년간 큰 내상을 입었던 국내 증시는 긍정적인 전망 안에서 1월 초부터 상승세를 보였다. 미중 간의 1차 무역 합의도 도출됐고, 반도체 경기가 크게 개선될 것이라는 전망도 나오면서 역사적 고점인 2600포인트도 내심 기대하는 투자자들이 많았다.

하지만 1월 중순부터 중국에서 코로나19가 발생하면서 모든 것이 꼬여버렸다. 한국은 2월에 코로나19 쇼크가 터졌고, 3월부터는 유럽과 미국 등 선진국까지 코로나19가 빠르게 확산되면서 세계 경제가 셧다운에 들어가는 초유의 사태가 발생했다. 3월 코스피지수는 2090포인트에서 1439포인트까지 불과 11일 만에 30%가 넘는 폭락세를 보였고, 투자자들의 계좌 손실은 상상할 수 없을 정도로 늘어났다.

인간은 학습 능력을 가진 존재다. 1929년 대공황, 1987년 블랙 먼데이, 2001년 911 테러, 2008년 글로벌 금융 위기 등 수많은 위기를 이겨내며 인간은 진화해왔다. 이번 2020년 코로나19 리스크가 발생한 후 전 세계 중앙은행과 정부는 과거의 경험을 바탕으로 무제한적인 돈을 풀어 대공황 발생을 사전에 차단했다. 전 국민에게 현금 보너스 같은 파격적인 지원을 하면서 글로벌 증시는 4월부터 강세 흐름을 보이기 시작했고, 2020년 10월에는 많은 국가가 코로나19 이전의 주가를 회복했다.

위기의 뒤편에는 항상 기회가 도사리고 있다. 코로나19로 인해 많은 기업이 피해를 봤지만, 반대편에서는 큰 성장을 한 기업들도 있다. 이런 기업들은 오히려 사상 최대 매출과 이익을 기록했고, 주가도 역사상 최고가를 경신했다. 주식시장에서도 양극화가 극심해진 것이다. '콘택트형' 기업들(항공, 여행, 영화, 면세점, 은행, 조선, 철강 등)의 주가는 코로나19가 언제 끝날지 모른다는 리스크 때문에 부진을 면치 못했다. 반면 '언택트형' 기업들(인터넷, 게임, 전자상거래, 콘텐츠 등)과 헬스케어 기업들의 주가는 사상 최고치를 기록하며 주식시장 내에서 업종 간 차별화가 극심해졌다.

양극화와 더불어 2020년 시장의 가장 큰 특징은 개인투자자들의 적극적인 증시 참여다. 나는 15년 동안 주식과 관련된 업무를 해왔는데, 2020년처럼 개인투자자들이 시장에 적극적으로 참여한 적은 없었다. 2005~2007년 적립식 펀드 열풍이 잠깐 불긴 했지만, 그 역시 간접적인 투자였기 때문에 2020년이야말로 개인투자자들이 자기 주도적으로 증시에 뛰어든 원년이라고 생각한다.

개인투자자들의 증시 참여가 얼마나 늘어났는지를 알 수 있는 가장 직접적인 지표는 '고객예탁금'이다. 고객예탁금은 20조 원대에서 2020년 10월 50조 원까지 30조 원이상 늘어났다(최고치는 9월 4일 63조 원)이었다. 고객예탁금은 지난 10여 년간 15조 원~30조 원 사이에서만 움직였고, 30조 원에 도달하면 다시 20조 원 밑으로 떨어지는 흐름이었다. 그런데 올해는 고객예탁금이 한 단계 '레벨 업' 된 것이다.

코로나19로 인한 증시 폭락이 발생하자 스마트한 개인투자자들은 3월부터 적극적으로 증시에 뛰어들기 시작했다. 과거의 경험을 바탕으로 투자를 한 것이다. 과거 큰 위기 때마다 주식투자를 했던 사람들이 막대한 부를 창출했다는 것을 경험적으로 인지하고 과감하게 시장에 뛰어들 수 있었고, 이는 주식시장의 상승을 이끌었다. 그 후 국내에서는 정부의 강력한 부동산 규제가 이어졌고, 미국의 제로 금리로 인해 국내 은행 예금 금리도 1%

아래로 떨어지면서 주식투자 경험이 없던 투자자들도 2차 공습을 시작했다. 부동산과 예금에서 자금을 빼고 10년간 상승하지 못했던, 상대적으로 부진했던 자산인 국내 주식시장에 적극적으로 뛰어든 것이다. 이런 초보 투자자들을 지칭하는 용어인 주린이(주식+어린이)라는 신조어도 생겼다.

갈 곳을 잃은 시중의 유동 자금이 주식시장에 유입되며 성장이라는 타이틀을 단 기업들의 주가는 고공행진을 펼쳤다. IPO(공모주) 청약은 1000만 관객 동원 영화처럼 엄청난 자금 유입을 기록하며 시중 자금을 블랙홀처럼 빨아들였다. SK바이오팜, 카카오게임즈, 빅히트엔터테인먼트 같은 매력적인 기업들이 상장한다는 점도 흥행에 일조했지만, 근본적인 원인은 유동성의 증가다. 과거에 본 적 없는 개인들의 유동성은 앞으로도 더 늘어날 가능성이 매우 높다.

IPO 흥행과 쏠림 현상, 성장주들의 주가 급등 등 거품에 대한 우려도 많은 것이 사실이다. 하지만 한국 시장은 지난 10년간 이어진 증시 침체에서 이제 막 벗어난 상황이다. 주가가 크게 오르면 자동적으로 일정 수준 조정받으면서 자정 작용이 발생한다. 이러한 자정 작용이 증시 거품을 차단하면서 한국 시장은 장기 상승을 지속할 가능성이 크다. 한국 주식시장에 대한 개인투자자들의 인식 변화, 저금리 기조의 장기화, 대체 투자 자산들(부동산 등)의 매력 저하, 2021년 기업 이익의 개선 등 2021년의 한국 증시는 매우 좋은 흐름을 보일 것으로 전망한다. '천수답天水畓 장세*'라는 한국 증시의 고질적인 고정관념에서 이제는 벗어나야 할 때다.

투자자들이 지금 해야 할 일은 장기 상승에 대한 믿음을 갖고 어떤 업종, 어떤 기업에 투자를 할 것인지를 결정하는 것이다. 계좌 수익률은 사실 지수보다는 업종과 종목 선정에 의해 결정된다. 그래서 2021년 반드시 비중을 확대해야 할 투자 유망 업종을 분석해봤다(별 5개: 적극 비중 확대, 별 4개: 비중 확대). 중요한 포인트 위주로 분석했기 때문에 깊이가 얇을 수 있다는 점은 양해해주기 바란다.

반도체 ★★★★★
투자 비중 확대 1순위 업종

반도체 업종은 섹터별로 나누었을 때 국내 증시에서 차지하는 비중이 가장 큰 섹터다. 삼성전자, SK하이닉스 합산 시총만 440조가 넘는다. 그 밑에 반도체 장비, 소재, 부품사 등 밸류체인까지 합치면 500조 원에 달하는 거대한 섹터다. 그해에 반도체

---

* '천수답'이란 빗물에만 의존해 벼농사를 짓는 논을 말한다. 외국인 매매 동향에 휘둘리거나 해외 증시에 의존하는 국내 증시의 한계를 표현한 말이다.

섹터가 성장할지, 역성장할지를 전망하는 것은 국내 증시의 방향을 예측하는 데에도 도움이 되기 때문에 반도체 업종은 투자자들이 가장 우선순위로 관심을 가져야 한다.

반도체는 큰 틀에서 메모리와 비메모리(파운드리 등) 산업으로 분류할 수 있다. 우선 가장 큰 비중을 차지하는 메모리 산업부터 살펴보도록 하자. 메모리는 사이클이 명확한 산업이다. 보통 10~11분기 정도의 상승 사이클이 이어지고, 6분기 정도의 하락 사이클이 이어진다. 가장 최근의 하락 사이클은 2018년 3분기부터 2019년 4분기까지로 글로벌 클라우드 업체들의 서버 투자 감소와 메모리 투자 확대에 따른 공급 과잉이 원인이었다. 이 기간 동안 D램의 가격은 급락했고, 관련 기업들의 주가도 크게 하락하며 국내 증시 전체에도 부담을 주었다. 참고로 가장 큰 상승 사이클을 보여준 2017년에는 삼성전자, SK하이닉스의 주가도 급등했지만 코스피지수도 크게 상승하면서 역사상 최고 지수를 기록하기도 했다.

2020년에 들어서면서 메모리 업황은 하락 사이클을 끝내고 상승세로 돌아섰다. 물론 코로나19 팬데믹으로 인한 모바일 D램 수요 감소로 기대했던 '빅 사이클'은 보여주지 못했지만 서버용 D램 수요가 상반기에 급증하며 업황은 개선되기 시작했다. 하반기 들어 서버용 D램 수요가 급감하고, 코로나19 리스크가 지속 확산되면서 D램 가격이 급락하는 등 다시 침체에 빠지는 게 아닌가 하는 우려가 있기도 했다. 하지만 미국의 제재에 따른 중국 화웨이의 메모리 반도체 사재기와 5G 스마트폰 출시, 메모리 업체들의 설비투자 감소로 메모리 사이클은 완만한 하락을 기록했다.

증권사 애널리스트와 글로벌 반도체 예측 기관마다 차이는 존재하지만, 2021년의 메모리 업황에 대해서는 대부분의 전문가들이 호황을 예상하고 있다. 1분기부터 본격 상승이냐 2분기부터 상승이냐에 대한 미세한 차이는 있지만, 방향성은 명확히 상승이다. 주요 클라우드 업체들의 투자가 다시 시작될 가능성이 높고, 코로나19로 인해 침체되었던 모바일 수요도 증가세로 반전될 것이며, 화웨이 리스크도 다른 경쟁사들의 대체 수요 효과로 진정될 가능성이 높기 때문이다.

투자도 증가할 것이다. 업황 상승이 확인되면 메모리 투자도 늘어난다. 특히 SK하이닉스는 2년 동안 설비투자가 크게 증가하지 못했는데, 업황 상승으로 설비투자를 크게 늘릴 가능성이 높다. 이는 반도체 장비, 소재, 부품 업체들에도 긍정적으로 작용할 것이다.

다음으로, 비메모리 산업을 알아보자. 2020년 비메모리 반도체 시장에서 가장 큰 사건은 인텔의 7nm* 공정 지연과 중국 파운드리 반도체 업체 SMIC에 대한 미국의 제재다. 인텔은 설계도 하고 생산도 직접 하는 종합 반도체 기업이다. 삼성전자처럼 스스로 생태계를 구성하여 반도체 시장의 거인이 되었는데, 7nm 기술 앞에서 항복을 선언한 것이다(7nm 공정으로의 진입을 시도했지만 실패했다). 대만 업체 TSMC(세계 1위 파운드리 반도체 업체)에 외주를 줄지, 다시 자체 생산을 시도할지는 아직 결정되지 않았지만 인텔로서는 치욕적인 상황이 펼쳐진 셈이다.

경쟁사인 미국의 반도체 기업 AMD는 7nm CPU를 설계하고 TSMC에 생산을 맡겨 점유율을 급속도로 확대하고 있는데, 인텔은 10nm 구형 제품으로 경쟁을 해야 하기 때문에 어려움이 더욱 커질 수밖에 없다. 7nm 이하의 반도체는 현재 삼성전자와 TSMC만이 기술 구현이 가능한 상황이다. 반도체 제왕 인텔도 할 수 없는 불가침의 영역이 된 것이다. 그간 TSMC의 독주가 이어졌지만 이 사건을 계기로 삼성전자의 경쟁력도 다시 부각될 것이다.

실제로 2020년 3분기부터 삼성전자는 다양한 파운드리 수주를 하게 된다. IBM에서 PC용 CPU를 수주했고, 모바일 어플리케이션 프로세서AP를 만드는 경쟁사 퀄컴Qualcomm으로부터는 차세대 AP를 수주했으며, 엔비디아NVIDIA로부터는 그래픽카드GPU

---

*　나노미터(nm)는 반도체 공정에서 회로를 그릴 때의 가늘기를 의미한다. 숫자가 작을수록 더 작은 선으로 회로를 그리기 때문에 더 높은 기술력을 요한다. 숫자가 작을수록 같은 크기의 프로세서에서 더 많은 반도체를 생산할 수 있고 저전력, 저전압, 저발열로 고성능을 구현할 수 있다. 종이에 그림을 그릴 때 두꺼운 붓으로 그리는 것보다 얇은 펜으로 그리는 것이 더 많은 그림을 그릴 수 있는 것과 비슷하다.

를 수주했다. 50%가 넘는 점유율로 압도적인 1위를 달리고 있는 TSMC를 삼성전자가 맹추격할 수 있는 토대가 형성된 것이다. TSMC가 모든 반도체 생산을 독점할 수는 없다. 공장에서 생산할 수 있는 수량은 정해져 있기 때문이다. 유일하게 기술력에서 대등한 위치를 차지하고 있는 삼성전자로의 낙수 효과가 시작된 것이다.

화웨이로 인해 촉발된 중국 반도체 산업에 대한 미국의 제재도 파운드리 업체에는 긍정적이다. 화웨이는 스마트폰에 들어가는 AP(모델명 '기린')를 SMIC에서 공급받아 사용하는데, SMIC에 대해 미국 반도체 기술 사용 금지라는 사형선고가 내려지면서 반도체 생산이 어려워졌다. 물론 SMIC는 삼성전자에 비해 기술력이 여전히 뒤쳐져 있지만 중국 정부의 강력한 지원과 기술 도입

삼성전자의 모바일 AP 엑시노스

© 삼성전자

으로 향후 몇 년 후에는 강력한 도전자가 될 수도 있기에 삼성전자 입장에서는 껄끄러운 상대다. 그런데 SMIC에 대한 미국의 제재로 기술 격차는 더욱 벌어지게 된 것이다. 삼성전자의 파운드리 사업은 고객사 증가와 경쟁사 축소의 두 호재를 기반으로 2021년에 강력한 상승 사이클이 시작될 것이다. 삼성전자 파운드리 공정과 관련된 기업들의 주가 상승도 2021년에는 더욱 강력해질 가능성이 높다.

코로나19라는 악재로 부침을 겪었던 한국 반도체 업종은 2021년에는 상승 사이클이 본격화될 것이다. 5G 스마트폰 출하량 증가, 신규 콘솔 게임 출시, D램의 DDR 5*로의 전환 등의 효과로 2017년과 유사한 사이클이 시작될 가능성이 높아 보인다. 2021년 시장을 좋게 보는 가장 큰 이유 중의 하나는 반도체 업황 상승 때문이다. 따라서 2021년에 비중을 확대해야 할 1순위 업종은 반도체라고 할 수 있다.

▶ **투자 유망주**

: 삼성전자, 피에스케이, 심텍, ISC, 테크윙, 엘오티베큠, 덕산테코피아, 와이아이케이

---

* 기존 D램 속도를 획기적으로 끌어올린 DDR D램이 2001년 출시된 이후 다섯 번째 업그레이드된 기술 표준이다. 데이터 전송속도가 5200Mbps(초당 메가비트)로, DDR4의 3200Mbps보다 1.6배 빠르다.

스마트폰 ★★★★★
스마트폰 산업의 투자 포인트 3가지

2020년 스마트폰 산업은 침체에서 벗어나 5G 스마트폰, 폴더블폰을 중심으로 성장할 것이라는 기대감이 높았지만, 코로나19의 직격탄을 맞으며 역성장을 기록했다. 스마트폰 시장에서 가장 고성장세를 보였던 인도는 4월에만 마이너스 96%라는 판매역성장을 기록하는 등 상반기 시장은 최악이었다. 하지만 하반기의 분위기는 달라졌다. 중저가폰인 아이폰 SE의 판매 호조, 코로나19에서 가장 빨리 탈출한 중국의 경제 정상화, 인도와 미국의 시장 회복 등에 힘입어 스마트폰 산업은 서서히 기지개를 켜고 있다.

삼성전자의 스마트폰 판매량이 회복되면서 2020년 3분기 삼성전자 IM(IT·모바일)사업부는 영업이익 4.5조 원을 돌파하며 4년만에 최대 실적을 기록했다. 가격이 저렴한 보급형 스마트폰 판매가 2분기 5700만 대에서 3분기 8000만 대까지 늘어나면서 매출 성장을 주도했고, 코로나19로 인한 대면 마케팅의 어려움으로 온라인 중심의 마케팅 활동을 펼치며 비용을 줄였다. 설 자리를 잃었던 태블릿 PC도 실적 상승에 도움을 주었다. 코로나19로 재택근무와 온라인 교육이 증가하면서 태블릿 PC 판매는 2분기 700만 대에서 3분기 1000만 대까지 늘어났다. 프리미엄 스마트폰인 갤럭시 노트 20과 폴더블폰의 새로운 기준을 제시한 갤럭시 Z 폴드2의 흥행도 긍정적으로 작용했다.

3분기부터 시작된 스마트폰 시장의 성장세가 어디까지 이어질지 예측하기는 쉽지 않다. 중국 스마트폰 시장은 여전히 부침이 심한 상태이고, 신흥국 중심으로 코로나19 확진자는 지속적으로 증가하고 있어서 안심할 수 없는 상황이다. 하지만 2021년 스마트폰 업황은 성장세를 보일 가능성이 높다고 생각한다.

중국의 오포OPPO, 비보vivo, 샤오미 같은 화웨이 경쟁 업체들이 미국의 화웨이 제재로 인한 빈자리를 메우기 위해 출하량을 공격적으로 늘릴 가능성이 매우 높아졌다. 애플은 아이폰 12 모델부터 5G 스마트폰을 전면에 내세우기 시작했다. 삼성전자는

갤럭시 Z 폴드2

© 삼성전자

2021년부터 노트를 대체할 새로운 프리미엄 스마트폰으로 폴더블폰을 전면에 내세울 것으로 보인다. 폴더블폰은 한 해 출하량이 300만 대 수준에서 2021년에는 1000만 대까지 늘어날 것으로 보여 후방 부품사들의 실적이 크게 증가할 것으로 전망된다. 애플도 2022년부터는 폴더블폰을 생산할 것이라는 소문이 확산되고 있어 시장은 매우 빠르게 커질 가능성이 높아졌다.

2021년 스마트폰 산업의 투자 포인트는 3가지다. 화웨이 제재에 따른 삼성전자의 반사이익, 폴더블폰과 5G폰의 대중화, 아이폰 부품의 탈중국화다. 화웨이는 2020년 9월 15일부터 미국의 반도체 기술이 들어간 반도체 칩을 사실상 사용할 수 없게 되었다. 미리 재고를 6개월치 쌓아놓았다고 하지만 2021년부터는 스마트폰 사업에서 철수할 수밖에 없는 상황이다.

스마트폰은 화웨이가 없다고 그 공간이 삭제되는 산업이 아니다. 누군가는 그 빈 공간을 채우게 된다. 유럽과 인도 등 신흥국에서는 삼성전자가, 중국 시장에서는 OVX(오포, 비보, 샤오미)가 채우게 될 것이다. 특히 유럽이라는 거대한 시장에서 화웨이와 치열하게 경쟁했던 삼성전자의 스마트폰은 큰 반사이익을 누릴 가능성이 높다. 연간 2억 대를 판매하는 세계 3위 화웨이의 몰락은 삼성전자를 비롯한 여타 업체에는 큰 기회 요인이 될 수밖에 없는 셈이다.

폴더블폰과 5G폰의 대중화도 긍정적이다. 일단 이 제품들은 기존 제품보다 가격이 높고, 고사양의 반도체와 디스플레이가 탑재된다. 기존 제품보다 높은 성능을 내는 부품도 다수 필요하다. 비슷한 디자인, 비슷한 성능으로 매력을 잃어버린 스마트폰 시장에서 새로운 제품의 출시는 관련 밸류체인에 모멘텀을 줄 것이다. 폴더블폰은 OLED 패널 크기를 증가시키고 UTG(폴더블폰 전용의 얇은 유리), 힌지Hinge(스마트폰을 접을 수 있게 해주는 부품) 같은 부품들의 수요를 크게 증가시킬 것이다. 5G폰은 고성능의 AP와 주파수 필터, 고용량 MLCC 등이 필요하다.

애플의 아이폰은 그동안 한국의 제조사가 만드는 일부 부품을 제외하고는 대부분 중국의 부품을 사용했다. 하지만 미국과 중국의 무역분쟁, 화웨이에 대한 미국의 제재, 중국의 인권 문제 등으로 중국 내 생산시설을 타 국가로 이전하고 있다. 실제로 애플은 아이폰 생산 공장 12곳을 중국에서 인도로 이전했다. 중국의 대표 아이폰 스마트폰 카메라 모듈 협력사인 오필름Ofilm은 지난 7월 중국 신장의 위구르족 인권 침해 등 소수민족 탄압과 강제노동 등에 연루돼 미국 상무부가 지정한 인권 침해 중국 기업에 포함됐다. 인권 침해 기업이 앞으로 미국산 부품과 기술 등을 사용하려면 미국 수출관리규정에 따라 미국 정부에서 사전 허가를 받아야 한다. 이로 인해 애플은 오필름을 대체할 새로운 카메라 협력사를 찾고 있는데 삼성전자의 고가 스마트폰 카메라 모듈 제조사 몇 곳이 유력하다는 얘기가 나오고 있다.

몇 년간 침체기에 있었던 글로벌 스마트폰 산업은 2021년 양적, 질적인 면에서 새로운 도약의 한 해를 맞이할 것이다. 특히 중국 스마트폰 대표 기업의 몰락과 애플의 탈중국화는 한국 스마트폰 관련 밸류체인에는 새로운 기회가 될 것이다. 반도체 산업과 더불어 스마트폰 산업은 2021년을 염두에 두고 반드시 투자를 늘려야 할 섹터다.

▶ 투자 유망주

: 삼성전자, 삼성전기, 와이솔, 자화전자, 엠씨넥스, KH바텍

2차전지 ★★★★★
누가 배터리 전쟁의 승자가 될 것인가?

2차전지는 2020년 국내 증시를 주도한 최고의 업종이다. BBIG이라고 불리는 주도 업종 내에서도 국내 산업 생태계에 가장 큰 영향을 끼치는 섹터로 증시에 미치는 영향력이 상당히 큰 업종이다. 내연기관차에서 전기차로의 전환이 이루어지기 시작하는 초기 국면이라 국내 주식에 투자하는 대부분의 사람들이 관심을 갖고 있는 상황이기도 하다. 특히 한국은 세계적인 배터리 제조사 3곳(LG화학, 삼성SDI, SK이노베이션)과 양극재, 음극재 등

핵심 소재 기업들이 다수 포진해 있어 세계 최고 수준의 경쟁력을 보유하고 있다.

코로나19 이후 이 업종의 주가 상승률도 상당하다. LG화학은 코로나 저점에서 고점까지 241% 급등했고, 대주전자재료는 532%, 천보는 480% 급등했다. 하지만 3분기 들어서면서 고평가 논란과 테슬라의 배터리 내재화 우려, 반값 배터리, LG화학의 물적 분할 등의 이슈가 터지며 주가 변동성이 커지고 있다. 좋은 내용만 부각되던 국내 2차전지 업체에 다시 어두운 그림자가 드리우고 있어 전망이 어려운 상황인데, 2021년 2차전지 업종은 다시 순항할 수 있을까?

결론부터 얘기하면 '그렇다'이다. 어떤 돌발 변수가 생길지는 알 수 없지만 내연기관차에서 전기차로의 전환은 선택이 아니고 필연이기 때문이다. 지난 100년간 시장을 지배했던 내연기관차 시대는 이미 그 끝이 정해져 있다. 인도는 2030년까지 내연기관 자동차 판매 금지 목표를 세웠고, 프랑스와 영국은 2040년, 독일은 2030년, 미국 캘리포니아주는 2035년까지 내연기관차 판매를 금지하기로 결정했다. EU는 2021년부터 대기질 기준을 충족하지 못하는 내연기관차에 벌금을 부과하기로 했다. 모건스탠리는 2035년까지 전기차가 전 세계 신차 판매량의 절반을 차지할 것이고, 2050년에는 80%가 될 것이라고 전망했다. 한국도 그린 뉴딜 정책을 기반으로 친환경차 산업에 대한 큰 그림을 그려놓고 공격적인 투자를 결정했다.

전기차에서 배터리는 심장과 같다. 전기차 원가의 40%가 배터리다. 테슬라는 '배터리 데이Battery day(기술 및 투자 설명회)'에서 배터리 자체 생산과 반값 배터리를 발표했다. 테슬라 역시 배터리가 전기차의 핵심임을 인지한 것이다. 테슬라의 반값 배터리는 사실 국내 2차전지 업종에 부담을 주고 있다. 배터리 가격을 낮추겠다는 전략인데, 가격이 낮아지면 당연히 수익성에 부담이 될 수 있기 때문이다.

배터리 가격 하락은 전기차 대중화 측면에서는 긍정적일 수 있지만, 기업은 이익을 내는 게 더 중요하기 때문에 수익성 악화는 주가에 부담이 될 수밖에 없다. 9월 22일, 테슬라의 배터리 데이 이후 2차전지 관련 기업들의 주가가 급락한 것은 그 우려감 때문이다. 하지만 반값 배터리에 대해 너무 우려할 필요는 없다고 생각한다. 테슬라가 모든 전기차에 반값 배터리를 사용하겠다고 한 것이 아니기 때문이다. 저가 모델은 반값 배터리가 중심이 될 것이고, 중고가 및 프리미엄 모델은 기존의 성능 좋은 배터리를 계속 쓸 가능성이 높다. 장기적으로는 배터리 가격이 크게 낮아져 대부분의 모델에 반값 배터리가 채택될 수도 있지만, 그건 지금 생각하기에는 너무 이르다.

배터리 가격 하락은 테슬라만의 고민이 아닌 모든 전기차 제조사 및 배터리 제조사들의 공통된 고민이다. LG화학도 삼성SDI

도 이 부분을 잘 알고 있기에 원가절감을 위해 최선의 노력을 할 것이다. 소재 및 장비 회사들도 마찬가지다. 반도체도 미세 공정을 통해 원가를 지속적으로 절감했고, 반도체 가격의 장기적인 하락에도 불구하고 막대한 이익을 내는 밸류체인을 구축했다. 2차전지 생태계도 반도체와 비슷한 길을 갈 가능성이 높다.

더 중요한 것은 사실 '누가 배터리 전쟁의 승자가 되느냐'다. 현재 국면에서는 한국의 LG화학, 일본의 파나소닉, 중국의 CATL, 그리고 테슬라의 싸움이 될 가능성이 가장 높다. LG화학은 20년 전부터 전기차용 배터리 연구를 시작했고, 생산량과 기술력 면에서 글로벌 1위를 기록하고 있는 기업이다. 특히 특허 기술에서는 경쟁사들을 압도하고 있다. LG화학이 보유한 배터리 특허는 2만 2016건이다. 2위인 CATL은 2000건을 보유하고 있다. 파나소닉은 원통형 전지에서 강점이 있어 테슬라에 가장 먼저 납품을 시작했고 큰 성장을 했지만 자동차 기업으로서의 고객사 확보에는 어려움을 겪고 있다. 가장 강력한 다크호스는 중국의 CATL이다. CATL은 중국 정부의 공격적인 지원금 덕에 2차전지에서 이미 큰 이익을 내고 있다.

LG화학은 2020년 2분기에 처음으로 전기차 배터리 부문 흑자를 기록했다. 이익 면에서는 CATL이 몇 걸음 앞에 서 있는 상황이다. 중국이라는 거대 시장도 CATL에 매우 유리하게 작용하고 있다. 하지만 CATL은 글로벌 배터리 시장의 표준인 NCM 배터리

테슬라 모델3

© 테슬라

에서는 경쟁력이 많이 떨어진다. 소형의 단거리 승용차에 유리한 LFP 배터리는 강점이 있지만, 이는 에너지 밀도가 낮아 장거리 주행거리가 짧기 때문에 한계가 명확한 배터리다.

테슬라는 배터리 데이를 통해 자체 배터리 생산을 예고했다. 2030년까지 2000만 대의 전기차 생산을 발표한 만큼 자체 배터리 생산은 불가피한 선택이라고 생각한다. 연간 글로벌 자동차 판매 대수가 대략 7000만~8000만 대인데, 2000만 대의 전기차 생산은 막대한 규모다. 거기에 들어가는 배터리를 외부에서 다 조달하기는 불가능할 것이기 때문이다. 그러나 전기차만이 아니라 우주선, 비행기, 선박 등의 거대한 모빌리티 산업을 연계하는 꿈을 꾸는 일론 머스크 입장에서 안정적인 배터리 공급망의 확보는 반드시 필요하다.

테슬라의 내재화는 분명 위협적인 요소지만, LG화학이나 CATL과의 협력은 계속될 것이다. 혼자 모든 것을 하기엔 시장이 너무 크기 때문이다. 일각에서는 테슬라가 애플처럼 설계만 하고 생산은 외주화하는 방식을 선택할 것이라는 얘기도 있다. 일리가 있다. 막대한 자금이 들어가는 설비투자보다는 애플처럼 설계와 디자인만 하는 것이 수익성 면에서는 더 합리적일 수 있다.

양극재, 음극재, 분리막, 실리콘, 도전재, 전해액 등 기술적인 부분은 언급하지 않겠다. 워낙 좋은 자료들이 증권사 리서치센터들에서 발간되었기 때문이다. 분명한 건 여러 노이즈에도 한국 배터리 기업들의 경쟁력은 여전히 최고 수준이며, 이 시장은 성장한다는 것이다. 성장주 투자는 믿음이 있어야 한다. 테슬라 투자를 초기부터 했던 사람들은 아마 공감할 것이다. 미래에 대한 믿음이 없다면 성장주는 투자할 수 없다. 그에 따른 보상도 리스크도 매우 크다. 나는 성장하지 않는 산업의 최고의 주식을 선택하는 것보다 성장하는 산업의 중간 정도의 기업을 선택하는 것이 더 낫다고 생각하는 사람 중 한 명이다. 성장이 없는 산업은 주식시장에서 계속 루저가 될 수밖에 없다.

PC 시대를 열었던 마이크로스프트도, 스마트폰 시장을 열었던 애플도 처음엔 다들 반신반의했고 밸류에이션(이익 대비 주가)도 굉장히 비쌌다. 하지만 이들은 산업 생태계를 바꿨고, 지금은 세계 최고의 기업이 되었다. 테슬라, LG화학을 중심으로 하는 전기차 시장의 성장 스토리도 이미 시작되었다. 전기차 시장이 자동차 시장에서 차지하는 비중은 이제 겨우 3%다. 10%, 50%, 80%까지 도달하기 위한 여정이 앞으로 펼쳐질 것이다. 주가는 당신이 예상하는 것보다 훨씬 빠르게 움직인다는 것을 잊지 말자. 그리고 한국의 2차전지 생태계 역시 세계 최고 수준임을 잊지 말자.

▶ 투자 유망주

: LG화학, 삼성SDI, 에코프로비엠, 천보, 대주전자재료, 포스코케미칼

신재생에너지 ★★★★★
의심할 여지가 없는 최고의 성장 가치

코로나19로 그린 시대로의 전환이 늦어지지 않을까 많은 투자자들이 우려했지만 정반대의 상황이 발생했다. 유럽, 한국 등을 중심으로 오히려 그린뉴딜 정책이 발표되며 시장이 급속도로 커지고 있다. 화석 연료를 가장 많이 사용하는 중국마저도 2060년에는 탄소배출 제로를 달성하겠다는 목표를 제시했다. 문재인 정부는 디지털과 더불어 그린 산업을 양대축으로 하여

코로나19로 위축된 경제를 성장시키겠다는 청사진을 발표했다.

신재생에너지는 사실 10년 전부터 계속 언급되어 왔지만 화석 연료를 기반으로 하는 글로벌 주요 업체들과 미국의 무관심으로 시장 성장이 정체되면서 어려움을 겪었다. 거기에 중국 기업들의 무차별적인 대규모 투자로 수요가 부족한 상황에서 공급 과잉까지 발생해 주요 기업들이 도산했고, 주가도 급락했다. 투자자들의 관심에서도 서서히 멀어져가고 있었다. 대표 기업인 OCI는 10년 전 60만 원이 넘는 주가를 기록했지만, 코로나19가 발생했을 때 2만 6000원까지 하락하면서 많은 투자자의 계좌에 큰 상처를 주기도 했다.

수요가 없는 상황에서 대규모 공급 증가로 부침을 겪었던 신재생에너지 산업은 2020년 코로나19를 전환점으로 성장하기 시작했다. 특히 정부 정책의 영향력이 커지면서 신재생에너지 산업의 성장 속도는 2차전지 못지않게 커질 것으로 전망되고 있다. 글로벌 2위 정유 업체인 영국의 BP는 석유 수요가 2019년에 정점을 찍었다고 선언했다. 이제 화석 연료는 끝났다고 고백한 것이다. 1900년대 초부터 시작된 화석 연료의 시대가 2019년에 정점을 찍었고, 2020년부터는 신재생에너지를 기반으로 하는 시대가 열린 것이다.

화석 연료는 한 번 쓰면 사라지는 연료다. 석유와 석탄을 이용하여 전력을 생산하는데, 기업이나 가정에서 생산된 전력을 쓰

수소 연료 전지의 시스템 구성

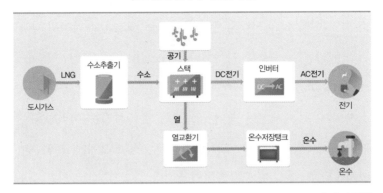

ⓒ 에스퓨얼셀

면 소멸하는 시스템이다. 과도한 이산화탄소 배출로 환경에도 좋지 않고, 사용하면 할수록 고갈되는 자원이다.

반면 태양광과 풍력을 기반으로 하는 신재생에너지는 사용량에 한계가 없는 무한 에너지이자 환경 오염도 전혀 없는 무공해 에너지다. 태양광, 풍력을 통해 만들어진 전력을 이용하여 물을 전기 분해하면 수소가 생산된다. 수소는 연료로 사용되면 물만 배출하는 매우 친환경적인 연료다. 화석 연료 시스템과 달리 소규모 투자가 가능한 분산형 에너지원이면서 대규모 입지가 필요 없어 효율적이다. 태양광, 풍력, 수소로 이어지는 신재생에너지 시스템이 구축되면 인류는 무한한 무공해 에너지원을 사용하여 새로운 경제 성장을 시작할 수 있다.

신재생에너지 산업에서 태양광이나 풍력도 중요하지만, 가장 중요한 것은 수소다. 제러미 리프킨^{Jeremy Rifkin}은 그의 저서 『수소 혁명』에서 석유 시대의 종말에 대비한 새로운 에너지원 및 전기저장 매체로 수소를 지목했다. '수소 경제'란 1970년 텍사스 A&M 대학 존 보크리스^{John Bockris} 교수가 처음 사용한 용어로, 수소가 석유를 대체하여 에너지 수요를 충족시키는 시스템을 말한다. 그린뉴딜 정책이 전 세계 여러 국가에서 발표되고 있는데, 역시 핵심은 수소 경제 구축이다.

EU는 2020년 7월 수소 전략을 발표했다. 코로나19로 어려워진 경제를 활성화하기 위한 정책으로 청정 수소 투자를 지원하고, 수소 사용을 교통 수단에서 정유, 화학, 철강 등 제조업으로 확장하는 계획이다. 미국은 2050년까지 수소 경제를 추진하여 최종 에너지 수요를 14% 확대할 계획이며, 일본은 수소 사회를 실현하여 2040년부터는 이산화탄소 배출을 없앨 계획이다. 한국은 2018년부터 수소 경제를 전략적으로 육성할 것을 발표했고, 2020년 1월에 수소법이 통과되었다. 2020년 7월에는 한국판 그린뉴딜 정책이 발표되면서 본격적인 수소 경제로의 전환이 시작되었다.

이미 방향은 정해졌다. 속도도 붙고 있다. 신재생에너지 산업의 성장 스토리에 의문을 갖지 말자. 주가가 급등하면서 거품 논란도 이어지고 있지만, 거품은 실체는 없고 가격만 올랐을 때를 의미한다. 앞으로 20년간 진행될 신재생에너지 산업의 성장은 각국 정부의 적극적인 지원과 민간투자, 각 경제 주체들의 에너지 소비로 이어지면서 거대한 생태계를 구축하게 될 것이다. 실체가 있는 산업에 거품이라는 단어는 어울리지 않는다. 주가를 보지 말고 가격 뒤에 숨어 있는 성장 가치를 바라보자.

무엇보다 태양광, 풍력, 수소 산업은 한국 기업들이 잘하는 분야다. 중국의 가격 공세로 어려움을 겪었지만 국내 대표 태양광 업체들은 선진국에서 높은 점유율을 유지하고 있고, 시장을 선도하고 있다. 풍력 부품 회사들의 경쟁력은 세계 최고 수준이다. 수소는 일본과 더불어 한국이 세계 최고 수준의 경쟁력을 보유하고 있다. 수소 연료 전지, 수소 전기차에서 한국은 '퍼스트 무버First mover'다.

▶ 투자 유망주

: 한화솔루션, 씨에스윈드, 삼강엠앤티, 현대차, 상아프론테크, 효성 첨단소재, 에스퓨얼셀

자동차 ★★★★★
증명된 실적 안정성과 성장에 대한 기대

2014년 9월 18일을 나는 아직도 잊지 못한다. 현대차의 주가

가 하루에만 9% 이상 폭락하며 52주 신저가를 기록했던 날이다. 현대차가 한국전력 부지를 10.5조 원에 인수한다고 발표하자 투자자들은 무차별적으로 현대차 주식을 매도해버렸다. 2000년 연간 250만 대를 판매하면서 글로벌 자동차 TOP 10 기업에 진입했고, 2013년 750만 대(현대차, 기아차 합산)를 판매하면서 TOP 5 업체로 올라섰던 현대차의 질주가 멈춰버린 것이다.

인수가가 터무니없이 높았다는 것도 문제였지만, 자동차와 전혀 상관없는 토지 매입에 막대한 돈을 썼다는 것이 주가 급락의 가장 큰 원인이었다. 2014년 9월 18일 종가였던 19만 5000원은 6년이 지난 지금(2020년 9월 기준)도 회복하지 못하고 있다. 잘못된 의사결정이 기업 가치에 얼마나 큰 영향을 끼치는지 잘 보여주는 사례다.

현대차는 한전 부지 매입 이후 실적도 내리막길을 걸었다. 현대차가 강점을 갖고 있던 신흥국 경제가 침체에 빠지면서 신흥국에서의 판매가 감소했고, 주력이던 중소형 세단 판매마저 감소하며 실적 하락이 지속되었다. 게다가 SUV 시대가 도래하면서 미국에서의 경쟁력도 떨어졌다. 도요타의 렉서스를 벤치마크해서 만들었던 제네시스도 미국에서 초라한 성적을 내자 현대차는 국내 증시에서 '그저 그런 기업'이 되어버렸고, 시가총액도 2위에서 2020년 한때 10위까지 밀리는 흐름을 보였다.

하지만 현대차는 그저 그런 기업이 아니었다. 국내에서 SUV

펠리세이드가 빅 히트를 기록했고, 제네시스 GV80은 돌풍을 일으켰다. SUV 모델에서 강력한 경쟁력을 보여주며 2분기 실적도 시장 기대치를 큰 폭으로 뛰어넘는 '어닝 서프라이즈'를 기록했다. 전 세계 대부분의 자동차 제조 업체가 2분기 적자를 기록한 데 비해 현대차는 독보적인 이익을 기록하며 체질 개선이 진행되고 있음을 입증했다. 제네시스 모델의 히트로 판매 단가가 상승하며 수익성이 개선되는 선순환 구조를 만들어낸 것이다. 현대차는 저가형 모델에서만 강하다는 인식을 떨쳐낸 셈이다.

현대차는 코로나19 리스크에도 증명된 '실적 안정성'과 더불어 고질적인 문제로 지적되던 '친환경차의 경쟁력 약화'라는 굴레마저 벗어던지기 시작했다. 테슬라가 여전히 전 세계 전기차 시장을 선도하고 있지만, 테슬라를 제외하면 사실상 경쟁자는

제네시스 GV80

© 현대자동차

폭스바겐 외에는 없는 상황이다.

유럽 지역에서 현대차그룹은 시장점유율 3~4위권을 유지하며 경쟁력을 보여주고 있고, 2021년에는 E-GMP라는 통합 플랫폼이 적용된 첫 전기차 아이오닉이 출시된다. 테슬라, 폭스바겐만이 적용하고 있는 전기차 통합 플랫폼을 구축하여 비용도 절감하고 생산량도 늘릴 수 있는 시스템을 구축한 것이다.

현대차는 수소차에서도 도요타와 더불어 세계 최고의 경쟁력을 보유하고 있다. 이미 스위스에 연간 50대 규모의 수소 트럭을 수출했고, 연료 전지도 자체 생산하며 수직계열화를 구축한 상태다. 니콜라라는 미국의 수소차 벤처 기업이 등장했지만, 수소차 생산 경험이 전무하기 때문에 현대차와 비교하기엔 아직 이

현대 엑시언트 수소전기 트럭

© 현대자동차

른 상황이다. 현대차와 도요타, 이렇게 2강 체제로 수소차 시장은 형성될 가능성이 높다.

강력한 신차 사이클, 제네시스 판매 호조로 인한 수익성 상승, 차세대 친환경 자동차의 경쟁력 향상, 미국 자율주행 전문회사 앱티브Aptiv와의 합작사 모셔널Motional을 통한 완전 자율주행차 개발, 테슬라 못지않은 소프트웨어 경쟁력 강화를 통한 모빌리티 플랫폼 구축 등 현대차의 2021년은 2014년 한전 부지 매입 쇼크에서 탈출하는 원년이 되지 않을까 한다. 실적 개선은 기본이고 성장에 대한 투자자들의 인식 변화로 밸류에이션이 상승하는 주가 재평가가 시작될 것이다.

내연기관 차량 판매 호조에 기인한 PER은 10배를 넘기기 쉽지 않다. 2021년 출시될 아이오닉의 판매가 호조를 보이고, 수소차 경쟁력이 한 단계 더 업그레이드 된다면 PER은 15배 이상까지 상승할 수 있다. 2021년 예상순이익에 PER 15배를 적용하면 24만 원까지 주가 상승이 가능하다. 또한 2022년 예상순이익에 PER 15배를 적용하면 28만 5000원까지도 상승이 가능하다. 2012년에 기록한 27만 2500원의 역사적 고점을 넘어서는 새로운 역사를 창조하기를 기대해본다.

▶ **투자 유망주**

: 현대차, 기아차, 현대모비스, 만도

코로나19 시대의 최대 수혜 섹터들

코로나19 이후 언택트 문화가 확산되면서 온라인을 기반으로 하는 비즈니스가 고성장을 했다는 것은 이미 많이 알고 있을 것이다. 대면 영업이 어려워지고 재택근무, 원격 교육 등 집에서 생활하는 시간이 늘어나면서 언택트 관련 기업들의 주가도, 실적도 고공행진했다. 식당에 가지 않고 집에서 모바일로 배달을 시켜서 한끼를 해결하고, 마트에 가지 않고 모바일로 상품을 주문해서 배송받고, 회사에 가지 않고 집에서 재택근무를 하고, 영화관 대신 집에서 통신망을 통해 영화, 드라마, 웹툰 등의 콘텐츠를 소비하는 삶이 일상화되었다. 물론 코로나19 이전에도 이런 변화는 나타나고 있었지만, 이 변화의 속도가 5배 이상 빨라진 것이다.

시가총액 순위도 언택트 관련 종목의 약진으로 큰 변화가 있었다. 코로나19 이전 언택트 관련 3사(네이버, 카카오, 엔씨소프트)의 합산 시가총액은 44조 원(3월19일 기준)으로, 당시 시가총액 2위 SK하이닉스의 시가총액인 49조 원보다 적었다. 그런데 9월 29일 종가 기준 시가총액은 SK하이닉스가 60조 원이고, 언택트 3사 합산은 97조 원이다. 온라인 시장의 고성장에 시장은 더 높은 가치를 부여한 상황이다.

주식투자에서 앞으로 중요한 것은 코로나19가 완화된 후에도 언택트 산업이 성장을 지속할 것이냐는 점이다. 지속 성장이 가능해야 투자를 할 수 있기 때문이다. 답은 '그렇다'다. 물론 속도가 예전처럼 빠르지 않고 둔화될 수는 있지만, 방향은 확실해졌다. 코로나19가 완화되고 백신이 나오면 사람을 만나고 싶고 여행을 가고 싶어 했던 욕구가 일시에 분출하여 콘택트형 산업의 호황이 올 수도 있다. 하지만 이는 일시적일 가능성이 높다. 이미 대부분의 사람이 온라인에 익숙해졌기 때문이다. 기업들도 비대면 영업을 통해 비용이 절감되고 효율성도 오히려 증가하는 것을 체험했고, 실적까지 증가하는 것을 확인했기 때문에 비대면 비즈니스로의 방향 전환이라는 큰 틀은 바꾸기 어려운 상황이다. 코로나19 백신 승인으로 언택트 관련 기업들의 주가가 하락한다면 오히려 비중 확대의 기회가 될 것이다.

언택트 산업 중 인터넷 섹터부터 살펴보자. 네이버와 카카오로 대변되는 BIG 2 기업을 중심으로 하는 인터넷 섹터는 경쟁자가 없는 상황에서 온라인 산업의 성장에 따른 수혜를 받으며 지속적으로 성장할 가능성이 높다.

네이버는 전자상거래 분야에서 쿠팡과 대적하면서 성장하고 있고, 그에 따른 결제액 증가로 네이버페이의 가치도 상승하고 있다. 네이버 웹툰은 이미 미국에서 빅 히트를 치며 글로벌화하고 있다. 일본의 온라인 산업 성장 속도가 기대에 못 미쳐 일본

라인Line에 대한 일부 우려도 있지만, 일본 역시도 변화를 거스를 수는 없다. 10월 1일 발생한 일본 증시 사상 초유의 거래 중지 사건도 온라인 산업에 대한 투자를 증가시켜 결국 온라인화를 가속화할 것이다.

카카오는 자회사들의 탄탄한 성장을 기반으로 국내 온라인 산업의 선도자 역할을 지속할 것이다. 카카오페이, 카카오게임즈, 카카오뱅크, 카카오모빌리티, 카카오페이지 등 온라인을 기반으로 하는 다양한 사업들이 큰 성과를 내기 시작했고, 기업 가치에

네이버 쇼핑 라이브

ⓒ 네이버

도 본격적으로 반영이 될 것이다. 현재 시가총액 30조 원은 몇 년 후를 그려본다면 상당한 저평가라고 생각한다.

코로나19로 인해 가장 큰 성장을 한 산업은 전자상거래다. 평균적으로 전자상거래는 지난해까지 20% 정도의 성장을 하고 있었는데, 업계에서는 올해 30% 이상의 성장을 예상하고 있다. 전자상거래로 인해 가장 큰 수혜를 받은 섹터는 온라인 결제대행 회사들이다. 네이버, 쿠팡, 11번가 등에서 제품을 고르고 결제를 할 때 대부분은 신용카드로 결제를 한다. 이 신용카드 결제가 늘

카카오페이지

© 카카오페이지

스타벅스 사이렌 오더

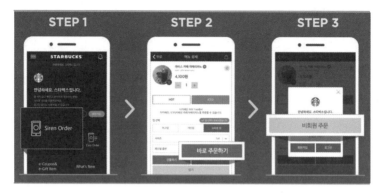

어나면 온라인 PG 사(지급 결제 회사)*들의 수수료 수입이 급증하게 된다. 전자상거래만이 아니라 집에서 콘텐츠를 소비하는 수요가 늘어나면서 넷플릭스, 모바일 게임 등의 결제액도 급증하며 높은 성장을 지속하고 있다.

KG이니시스는 결제 금액이 코로나19 이전보다 60% 이상 급증했다고 언급한 바 있다. NHN한국사이버결제, KG이니시스, KG모빌리언스, 다날 등의 기업이 결제 관련 대표 기업들이다. 온라인 결제는 향후에도 코로나19와 무관하게 지속적인 성장을 할 가능성이 높다. 스타벅스의 사이렌 오더(스타벅스 앱을 사용한 온라인 주문)를 사용해본 사람들이라면 이 의미를 이해할 것이다. 오

---

* 인터넷 쇼핑몰 사이트에 결제 시스템을 구축하여 신용카드 회사를 대상으로 대금 청구, 정산 서비스 등을 제공하고 수수료를 받는 회사

프라인에서도 이제 결제의 온라인화는 가속화되고 있는 것이다.

디지털 광고도 언택트 시대의 수혜주다. 코로나19로 인해 광고주들의 사업계획 축소로 타격을 받을 것으로 예상했지만, 의외로 성장을 기록하고 있다. 전체 광고 시장은 역성장이 예상되지만, 디지털 광고는 9%의 성장, 모바일 광고는 16% 정도의 성장을 예상하고 있다. 디지털 광고는 이미 2016년에 방송 광고를 추월했고, 2020년에는 전체 광고 시장에서 53%의 비중(2010년 18% 비중)을 차지할 것으로 전망되고 있다.

방송, 종이 매체, 옥외 광고 등 전통적인 광고 시장의 역성장은 지속될 가능성이 높다. 반면 모바일, 특히 유튜브 등을 중심으로 하는 동영상 광고 시장의 성장은 지속될 것이다. 인크로스, 나스미디어, 에코마케팅 등 디지털 광고 중심으로 사업을 전개하는 기업들의 합산 시가총액은 코로나19 당시 저점인 3월 19일 기준 7500억 원에서 9월 29일 기준 1.5조 원 수준으로 2배 이상 증가했다. 반면 제일기획, 이노션 등의 전통적인 광고기획사들의 합산 시가총액은 3월 19일 2.2조 원 수준에서 9월 29일 3.5조 원 수준으로 50% 상승하는 데 그쳤다.

여기서 주목해야 할 포인트가 한 가지 더 있다. 인크로스가 SK텔레콤과 함께 사업을 하고 있는 전자상거래 광고 'T-Deal'이다. T-Deal은 SK텔레콤의 빅데이터 기반 문자 마케팅 서비스로 상품별로 구매 가능성이 높은 고객에게 문자 메세지를 보내 구매

SK텔레콤의 T-Deal 광고

를 권유하는 비대면 마케팅 서비스다. 인크로스의 T-Deal 일별 거래액이 급증하면서 KT 계열사인 나스미디어도 관련 사업을 준비 중에 있다. 문자 마케팅 서비스도 디지털 광고 기업들에는 향후 훌륭한 먹거리가 될 것이다.

마지막으로 언택트 산업 중에는 게임도 있다. 게임은 모든 게 비대면으로 이루어지기 때문에 가장 확실한 코로나19의 수혜주라고 할 수 있다. 하지만 그만큼 경쟁이 매우 치열하다. 인터넷 플랫폼, 결제, 광고 업체들은 소수 업체들이 독식하는 구조지만, 게임은 기업들도 다양하고 그 기업들이 출시하는 게임도 한두 종류가 아니라 매우 다양하기 때문에 언택트 시장 성장의 수혜를 고스란히 누리지 못한다. 그리고 신작 게임들의 출시 일정에 따른 주가 변동성이 매우 크다. 게임 업종은 신작 게임 일정, 게임 출시 후 일 매출 변동에 따른 트레이딩이 어울리는 업종이기에 2021년 투자 유망 산업에서는 제외하기로 한다.

▶ 투자 유망주

: 카카오, NHN한국사이버결제, KG이니시스, 인크로스, 나스미디어

디지털 인프라 산업 ★★★★★
메가 트렌드가 될 디지털 경제

정부는 7월 14일 '한국판 뉴딜' 정책을 발표했다. 2025년까지 160조 원을 투자하는 계획으로 디지털뉴딜(58.2조 원), 그린뉴딜(73.4조 원), 사회 안전망 강화(28.4조 원)가 주요 내용이다. 디지털 뉴딜은 크게 4가지 분야로 나눌 수 있다. DNA 생태계 강화, 교육 인프라 디지털 전환, 비대면 산업 육성, SOC 디지털화다. 정부, 산업단지, 학교, 의료, 중소기업, 물류 등 다양한 부분을 5G로 연결하고 디지털화, 인공지능화하는 것이 주된 목표다. 이를 달성하기 위해서는 인프라 구축이 우선이다. 디지털 인프라 구축이 선행돼야 다음 단계로 나아갈 수 있기 때문이다. 구체적으로는

'데이터 댐'으로 대표되는 ICT(정보통신기술) 인프라 구축과 5G 통신망 구축이다.

자본주의에서 생산의 3요소는 돈, 노동, 토지다. 그럼 디지털 시대에서 생산의 3요소는 뭘까? 데이터(돈), 인공지능(노동), 데이터 센터(토지)이며, 여기에 네트워크(5G)가 추가된다. 디지털뉴딜 정책에서 이 4개의 요소는 서로 상호 보완하면서 경제를 성장시킬 것이다.

먼저 데이터는 돈의 역할을 한다. 데이터가 요소요소에 적절하게 투입돼야 디지털 경제가 구축될 수 있다. 이를 가능하게 해주는 것이 데이터 댐이다. 데이터 댐은 데이터의 수집, 가공은 물론 이를 활용해 교육, 의료, 국방, 콘텐츠, 농수산업, 제조업 및

데이터 댐

ⓒ 과학기술정보통신부

SOC 등 모든 연관 분야에 새로운 비즈니스와 산업을 구축하는 개념이다. 1930년대 대공황 때 미국의 루스벨트 대통령이 경기를 회복시키기 위해 후버 댐을 건설했던 것처럼 2020년 문재인 정부는 데이터 댐 건설을 통한 경기 부양을 결정한 것이다.

데이터를 수집하고 필요한 곳에 적절하게 뿌려주기 위해서는 ICT 인프라가 필요하다. 국내 대기업 SI^{System integration}(기업이 필요로 하는 정보시스템에 관한 기획에서부터 개발과 구축, 운영까지 모든 IT 서비스를 제공하는 업체)들이 데이터 댐의 행동 대장 역할을 할 것이다. 대기업과 중소기업, 그 외 다양한 산업의 데이터를 수집하고 자체 분석을 통해 적절하게 분류해서 데이터 댐에 보내주면, 데이터 댐은 데이터를 필요한 곳에 뿌려준다. 예를 들어 주요 기업 계열사 직원들의 퇴근이 가장 몰리는 시간대가 저녁 6시라면, 이 데이터가 데이터 댐에 보내진다, 그러면 데이터 댐은 대중교통 관련된 업종에 이 데이터를 뿌려주고, 대중교통 관련 업체들은 이 빅데이터를 활용해 적절하게 운송량을 조절할 수 있게 된다. 효율적인 경제 생태계가 창조될 수 있는 것이다.

대용량의 데이터를 빠르고 정확하게 그리고 언제 어디서나 사용할 수 있게 하려면 5G 통신망과 데이터 센터, 인공지능, 클라우드 등의 산업이 같이 발전해야 한다. 5G는 4G에 비해 응답 속도, 전송 속도, 데이터 처리 용량이 압도적으로 우위에 있기 때문에 디지털 경제에 있어서 필수적인 인프라다. 통신 3사들의 저주파대역(3.5GHz) 투자는 활성화되었지만 진정한 의미의 5G인 고주파대역(28GHz) 투자는 아직 미미하기 때문에 2021년 고주파 대역의 5G 통신망 구축이 본격화될 것으로 기대된다. 5G 장비 기업들은 대외적으로 화웨이 제재에 따른 삼성전자의 점유율 상승 영향을 받아 미국, 유럽 등 해외 매출 증가가 기대된다.

인공지능은 디지털 경제에서 노동의 역할을 할 것이다. 데이터를 만들고 수집하고 분류하고 적절하게 뿌려주기 위해서는 고도로 숙련된 노동력이 필요하다. 인공지능이 이 역할을 할 수 있다. 인공지능 생태계 구축을 위해 정부는 "기업 16곳, 대학 10곳, 정부출연기관 2곳을 선정해 대규모의 인공지능 반도체 연구개발 사업을 시작한다"고 9월 23일 발표했다. 최대 8년간 708억 원을 투입해 클라우드 데이터 센터 등 고성능 서버에 활용 가능한 인공지능 반도체를 개발한다는 내용이다. 초당 2조 번의 연산을 처리하는 서버를 개발하는 것이다. 또한 460억 원을 투입해 자율주행차와 드론 등 모바일 기기에 활용하는 인공지능 반도체를 개발할 것이며, 사물인터넷 기기에 활용 가능한 인공지능 반도체를 개발하는 데에는 419억 원이 투입된다. 상장사로는 SK텔레콤, SK하이닉스, 텔레칩스, 네패스, 넥스트칩, 라온피플 등이 참여한다.

데이터 센터는 디지털 경제에서 토지의 역할을 할 것이다. 토지가 있어야 공장을 세우고 제품 생산을 할 수 있는 것처럼 데이

데이터 센터

터 센터가 있어야 데이터를 생산, 저장, 유통할 수 있다. 데이터 센터 구축을 위해서는 서버용 반도체, SSD, 비상 전력 발전기 등 IT 하드웨어 투자도 필요하기 때문에 IT 제조업 경기에도 긍정적인 영향을 줄 수 있다. 국내에서는 카카오가 2023년 준공을 목표로 4000억 원을 투자해 데이터 센터를 건설하기로 결정했고, 건설사들도 적극적으로 뛰어들고 있다. GS건설은 안양 데이터 센터 사업에 지분을 투자했고, HDC현대산업개발은 NHN과 손잡고 김해 데이터 센터 건립에 착수했다. 기존의 통신사, 대기업외에 플랫폼 기업과 건설사들까지 적극적으로 투자를 확대하고있다.

클라우드와 관련해서는 삼성SDS, 포스코ICT 등 대기업 외에네이버, 카카오, 더존비즈온이 시장 성장을 주도하고 있다. 데이터 센터를 통해 저장된 빅데이터를 언제 어디서든 자유롭게 꺼내 사용하기 위해서는 클라우드 시스템이 반드시 구축되어 있어야 한다. 특히 디지털뉴딜의 주요 목표인 스마트 업무 환경 구축, 스마트 의료, 스마트 교육 등을 위해서는 클라우드를 활용한 업무용 협업 도구가 필요하다. 네이버는 업무용 협업 도구 '네이버웍스'를 활용해 화상회의, 일정 관리, 업무 데이터 저장 등의 기능을 제공하고 있고, 카카오는 '카카오워크'라는 업무용 메신저를 출시했다. 더존비즈온은 중소기업 대상 클라우드 서비스인 '위하고WEHAGO'를 운영하고 있는데 회계 관리, 급여 관리, 메신저, 일정 관리, 전자결재 등 중소기업의 스마트 업무 환경을 구축해주고 있다.

2020년을 기점으로 디지털 경제로의 전환은 시작되었다. 아직은 초기 단계이기 때문에 바로 성과가 나오기는 어렵다. 하지만 정부가 주도하고 민간이 적극적으로 참여하는 사업이기 때문에 시간이 지날수록 점진적인 성과가 나올 것이다. 데이터, 인공지능, 데이터 센터, 클라우드, 5G 등 관련 산업의 성장은 분명하다. 디지털 경제라는 메가 트렌드에 동참해보기를 권유한다.

▶ 투자 유망주

: 삼성에스디에스, 더존비즈온, 웹케시, 라온피플, 이노와이어리스

CMO(제약 위탁생산) ★★★★★
급속도로 커지고 있는 CMO 시장

CMO^{Contract manufacturing organization}는 제약사들이 요구하는 다양한 서비스를 제공하는 제약 위탁생산 기업을 말한다. 반도체 위탁 생산 업체를 의미하는 파운드리나 화장품을 위탁받아 생산하는 OEM 회사와 비슷한 개념이라고 생각하면 된다.

의약품을 자체 생산하기 위해서는 많은 자금이 필요하다. 대형제약사들은 신약 개발에 집중하기 위해 개발한 약품을 CMO 업체에 위탁하는 것이 비용 면에서 유리하다. 중소형 제약사들은 품질 좋은 약품을 만들 수 있는 대규모 생산 시설을 보유하기가 쉽지 않다. 공장 증설에 막대한 비용이 들어가기 때문이다. 자금이 부족한 중소형 제약사들은 CMO 업체에 생산을 위탁하는 게 유리하다.

최근 CMO 시장은 매우 급속도로 커지고 있다. 기존의 합성 의약품 중심에서 바이오 의약품 중심으로 시장이 변하면서 수요가 급증하고 있기 때문이다. 합성 의약품 시장은 신약 개발 건수가 줄어들고 있지만 바이오 의약품은 신약 개발 건수가 급증하고 있다. 바이오 의약품의 복제약인 바이오시밀러 시장까지 커지고 있어서 CMO 기업들이 생산해야 하는 의약품 생산량은 급증하고 있다.

바이오 의약품 생산을 위해서는 대규모 생산 능력과 더불어 양질의 제품을 생산할 수 있는 품질 경쟁력도 요구되는데, 검증된 CMO 업체는 소수에 불과하다. 미국의 대표 리서치 기관인 프로스트 앤드 설리번Frost & Sullivan에 따르면, 글로벌 바이오 CMO 시장 규모는 2019년 기준 119억 달러이며, 2025년까지 연평균 13.4% 성장하여 시장 규모가 253억 달러에 이를 것으로 예상된다. 수요는 지속적으로 증가하고 있지만 생산 가능한 업체 수는 한정되어 있어서 공급 부족 상황이 지속되고 있다. 코로나19 확산으로 백신과 치료제 개발에 대한 수요가 급증하면서 CMO 기업들의 몸값은 더욱 치솟고 있다.

삼성바이오로직스는 올해 들어 영국 글락소스미스클라인GSK으로부터 4394억 원, 글로벌 제약회사 아스트라제네카로부터 3589억 원을 수주받았고, 에스티팜은 3곳의 글로벌 제약사로부터 781억 원의 수주를 받았다. SK바이오사이언스는 아스트라제네카, 미국 노바백스 등으로부터 대규모 코로나19 백신 생산을 위탁받았다.

CMO 업체를 평가하는 데 있어서 가장 중요한 것은 생산 능력이다. 양질의 제품을 생산하는 것도 물론 중요하지만, 대량 생산이 불가능하면 수주를 받기는 어렵기 때문이다. 국내 주요 상위 5개 업체는 2020년 2조 원이 넘는 투자를 확정했다. 삼성바이오로직스는 1.7조 원을 투입해 세계 최대 공장을 짓는다고 발표했

삼성바이오로직스의 생산시설

ⓒ 삼성바이오로직스

고, 바이넥스와 에스티팜 등도 증설에 나선 상황이다. 일부 제약
회사들은 CMO 업체들에 설비투자 자금까지 지원하며 물량 확
보를 위해 총력을 기울이고 있다.

　　CMO 업체 중 글로벌 1위는 생산능력 기준으로 삼성바이오로
직스다. 스위스의 론자Lonza가 1위였지만 삼성바이오로직스가 최
근 대형 수주와 공장 증설로 1위를 기록하면서 독주 체제를 갖
추게 되었다. CMO에서 가장 주목할 만한 다크호스는 에스티팜
이다. RNA 치료제 CMO 업체로서 글로벌 3위의 생산 능력을 보
유하고 있는 기업이다.

　　바이오의약품은 1세대(호르몬, 인슐린 등), 2세대(항체의약품 등)에
이어 3세대(RNA 치료제, T세포 치료제, 유전자 치료제 등)로 나뉜다. 암

등 대부분의 질병은 특정 단백질이 과하게 발현되거나 부족해지면서 발병한다. 기존 치료제는 항체 등을 이용해 특정 단백질을 표적하는 방식으로 질병을 치료하는데, 이 경우 정상 단백질까지 공격하는 부작용이 자주 발생한다. RNA(리보핵산) 치료제는 단백질 합성에 관여하는 RNA를 직접 표적하여 특정 단백질의 생산을 조절하는 치료제다. 유전 정보를 차단해 보다 원천적인 치료 효과를 낼 수 있다. 그동안은 희귀질환 중심으로 시장이 형성되어 있었는데 최근에는 간염, 심혈관질환 같은 만성질환으로도 시장이 넓어지고 있어 에스티팜 같은 RNA 치료제 CMO 업체에는 매우 긍정적이다. RNA 치료제 출시가 크게 늘고 있고, 임상도 매우 활발하게 진행 중이기 때문에 에스티팜의 매출 성장은 지속될 가능성이 높다.

과거 IT 업종과 경기 민감주 중심으로 편중되어 있었던 한국 증시는 헬스케어 분야에서 CMO라는 새로운 성장 동력을 확보하면서 균형 있는 포트폴리오를 구축하게 되었다. 시가총액 비중에서 헬스케어 산업은 10% 이상의 비중을 차지한다. CMO 시장의 성장 스토리는 2021년에도 지속될 것이며, 한국의 CMO 업체들은 그 드라마의 주인공이 될 것이다.

▶ **투자 유망주**
: 삼성바이오로직스, 에스티팜, 바이넥스

K-콘텐츠 ★★★★★
글로벌 시장을 장악하는 한국의 드라마, 웹툰, 엔터

'K-콘텐츠'의 위상이 나날이 커지고 있다. 봉준호 감독의 영화 '기생충'은 한국 영화사 최초로 칸영화제 황금종려상을 수상했고, 제92회 미국 아카데미 시상식에서도 작품상을 수상했다. 세계 영화사를 통틀어 대중과 평단을 모두 사로잡은 역대 최고 작품 중의 하나로 평가받은 것이다. 아시아 국가들의 넷플릭스 시청 순위에서는 한국 드라마가 상위에 포진하면서 아시아 시청자들의 마음을 사로잡고 있다. 일본 넷플릭스 시청 순위 TOP 10에서 한국 드라마가 1, 2, 3위를 차지하는 현상도 이제 이상하지 않다.

만화는 그동안 일본이 전 세계 시장을 장악하고 있던 콘텐츠다. 하지만 이제는 다르다. 한국의 웹툰이 미국 시장을 장악하기 시작했다. 네이버 글로벌 웹툰은 미국에서 1위를 차지하고 있고, 다음 웹툰도 약진하고 있다. '로어 올림푸스 Lore olympus'라는 웹툰은 네이버 웹툰이 발굴한 미국 현지 작가 레이첼 스마이스의 작품으로 북미 시장에서 1위를 차지했다. K-POP의 글로벌 인기도 뜨겁다. 그 중심에 있는 BTS는 미국 빌보드 싱글 차트인 핫100에서 1위를 차지했다. 한마디로 미국에서 가장 인기 있는 노래라는 뜻이다.

© 네이버웹툰

　이런 K-콘텐츠의 활약은 2021년에도 계속될 것이다. 한 해만 반짝하고 말 트렌드가 아니다. 탄탄한 스토리, 눈을 사로잡는 비쥬얼, 온라인 소비 확산에 맞는 콘텐츠 생산 등으로 향후 수년간 글로벌 시장에서 지속적인 성장을 할 가능성이 높다. K-콘텐츠에 대해서는 드라마, 웹툰, 엔터의 세 부분으로 나누어 설명해보겠다.

　먼저 K-드라마는 2013년 '별에서 온 그대'가 중국에서 빅 히트를 치면서 글로벌 위상이 올라가기 시작했다. 중국의 5개 사이트 합산 조회 수가 무려 20억 뷰를 넘었고, 학교 시험문제에 드라마 내용이 출제되기도 했으며, 드라마에서 주인공이 자주 먹었던 치킨과 맥주로 인해 중국에서 한때 치맥 열풍이 불기도 했다. 좋은 드라마를 만들면 엄청난 이익을 낼 수 있다는 것을 드라마 제작자들이 깨닫기 시작한 계기가 된 작품이다.

물론 2016년 중국의 사드 배치 보복으로 K-드라마의 중국 수출이 중단된 점은 아쉽지만, K-드라마의 위상은 날로 커지고 있다. 그 중심에 넷플릭스가 있다. 아시아권에서 가입자 수가 급증하고 있는 넷플릭스는 아시아에서 가장 경쟁력 있는 드라마를 제작하고 있는 한국의 드라마 제작사와 다수 계약을 맺고 넷플릭스에 K-드라마를 송출하고 있다. 오리지널 콘텐츠 제작도 활발하다. 넷플릭스에서만 방영되는 오리지널 콘텐츠는 넷플릭스 가입자를 묶어두는 강력한 콘텐츠다. 한국에서는 에이스토리의 '킹덤'이 넷플릭스 오리지널 콘텐츠로 제작되었는데, 시즌 2까지 빅 히트를 치면서 오리지널 콘텐츠로도 K-드라마는 성공할 수 있다는 것을 보여주었다.

2020년 9월에는 에이스토리가 제작할 예정인 드라마 '지리산'의 글로벌 판권을 중국의 OTT(온라인 동영상 서비스) 업체 아이치이Qiyi에 넘겨주는 계약이 있었다. 넷플릭스가 아닌 다른 글로벌 OTT 업체들도 이제 K-드라마 판권을 얻기 위해 적극적으로 시장에 뛰어들고 있다. 넷플릭스, 디즈니플러스, 아이치이 등 다수 OTT 업체들에게 아시아 시장은 가장 매력적인 시장인데, 아시아 시장을 잡기 위해서는 K-드라마를 잡아야 하기 때문에 한국 드라마 제작사들의 몸값은 계속 올라갈 가능성이 높다.

한국 웹툰의 인기는 나로서는 정말 의외였다. 만화는 일본이 최강자였다는 점을 누구도 부인하지 않을 것이다. 드라마의 성공은 한국이 원래 잘했던 분야여서 새로울 게 없지만, 웹툰의 성공은 정말 놀랍다. 단행본과 애니메이션 중심의 일본 만화는 전세계 시장을 장악했고 장기간 롱런하고 있는 콘텐츠이기 때문에 K-웹툰이 글로벌 시장에서 흥행하기는 쉽지 않을 것이라는 전망이 우세했다.

하지만 K-웹툰은 그 좁은 문을 비집고 들어가 성과를 내고 있다. 물론 코로나19로 온라인상에서 콘텐츠를 소비하는 수요가 증가하면서 온라인 만화인 웹툰이 빠르게 성장할 수 있는 계기가 된 것도 사실이지만, K-웹툰의 탄탄한 스토리, 빠른 내용 전개, 풍부한 콘텐츠가 글로벌 시장에서 히트를 칠 수 있었던 가장 큰 요인이라고 생각한다. 미국 1위 웹툰 플랫폼인 네이버 웹툰의 미국 거래액은 2020년 2분기 191%(YoY) 급증했고, 2020년 8월에는 128%(YoY) 늘어나면서 성장을 주도하고 있다. 네이버 웹툰의 글로벌 일 거래액은 30억 원을 상회하고 있다.

만화의 본고장 일본에서는 카카오의 글로벌 콘텐츠 플랫폼인 '픽코마Piccoma'가 고성장을 하고 있다. 2020년 8월 거래액이 314%(YoY) 증가하면서 월 500억 원의 매출을 달성했다. 2020년 7월 기준 일본 양대 앱 마켓에서 픽코마는 비게임 부문 앱 중 통합 매출 1위를 달성했다. 미국, 일본 그리고 유럽을 중심으로 하는 K-웹툰의 성장은 이제 숫자로 확실히 증명되는 셈이다. 따라서 국내 웹툰 관련 기업들의 주가 상승은 단순히 코로나19로 인한 테마주로서의 상승이 아니다. 2021년에도 코로나19와 상관없이 실적과 주가 모두 우상향할 가능성이 높다.

'엔터' 역시 2021년에도 순항할 전망이다. BTS의 소속사 빅히트엔터가 코스피에 상장했고, JYP엔터와 SM, YG엔터의 가치도 동반 상승하면서 주가 재평가가 한창이다. BTS는 K-POP을 글로벌 넘버원으로 만드는 데 큰 기여를 한 것은 물론 '제2의 비틀즈'라는 평가까지 받으며 신드롬을 만들어낸 그룹이다. 팬클럽 '아미'로 대변되는 팬덤 현상은 엔터테인트먼트 회사들의 매출

빅히트와 BTS

ⓒ 빅히트엔터

성장에 큰 영향을 주었고, '위버스Weverse'라는 빅히트엔터의 플랫폼은 엔터 산업을 플랫폼화하는 데 큰 기여를 했다. 그동안은 팬카페가 중심이 되어 아이돌 상품을 판매하는 시스템이었는데, 위버스는 회사가 팬카페의 역할을 대신하며 엔터사의 수익 구조를 더욱 단단하게 만드는 계기가 되었다.

YG 소속의 블랙핑크와 JYP엔터 소속의 트와이스는 전통적으로 남성 아이돌에 비해 수익 창출 능력이 낮다는 여성 아이돌 그룹의 위상을 크게 높여주었다. 트와이스는 JYP엔터의 시가총액을 2000억 원에서 1조 원까지 올리는 데 큰 기여를 했고, 블랙핑크는 미국 등 서구권에서 빅히트를 치며 빅뱅의 빈자리

JYP의 일본 아이돌그룹, 니쥬

© 니쥬 트위터

를 메워주고 있다. JYP엔터의 '니쥬NiziU' 프로젝트도 엔터주 주가를 재평가하는 또 하나의 모멘텀이다. 이는 일본 현지 오디션 형식을 통해 아이돌을 발굴하여 한국식으로 육성하는 프로젝트다. 한국보다 시장이 월등히 큰 일본, 중국 시장을 공략하기 위해 과거처럼 한국에서 아이돌을 육성하지 않고 현지에서 직접 육성하는 방식이기 때문에 리스크가 제한적이고 성공 가능성이 높다. 니쥬라는 그룹은 일본의 소니뮤직과의 협업으로 탄생한 일본 여성 아이돌 그룹으로, 초기 반응이 매우 뜨겁다. JYP엔터가 로열티를 받는 구조라서 사업 실패에 따른 리스크도 매우 제한적이다.

코로나19로 인해 콘서트가 열리지 못하는 점은 엔터주에는 할인 요인으로 작용하고 있지만 온라인 콘서트를 통해 일정 부분 만회가 가능한 상태다. SM은 2020년 4월 26일 네이버와의 협업을 통해 세계 최초의 온라인 전용 유료 콘서트 'Beyond LIVE'를 런칭했다. 기존 공연보다 저렴한 티켓 가격(3만 원)이지만 시청 인원에 제한이 없어 매회 20억 이상의 매출을 기록하며 흥행에 성공했다. 티켓 가격 하락, 아이돌 상품 판매 제한 등은 기존 오프라인 콘서트에 비해 단점이 될 수 있지만 콘서트 시청 인원이 사실상 무제한이고 콘서트 개최 비용이 오프라인 콘서트에 비해 크게 감소하기 때문에 수익성 면에서는 오히려 장점이 될 수 있다. 온라인 콘서트는 새로운 비즈니스 모델로 자리 잡을 가능성이 높다.

코로나19로 인해 엔터사들의 실적 하락에 대한 우려가 컸지만, K-POP 이끄는 한국의 엔터사들은 이를 기회로 삼아 더욱 진화하고 있다. 2021년 엔터사들이 또 어떤 진화를 보여줄지 관심을 갖고 지켜보자.

▶ 투자 유망주

: JYP Ent., 에스엠, 와이지엔터

홈코노미 ★★★★
인테리어, 환경가전렌탈, HMR 등
홈코노미 시장이 열렸다

코로나19로 인해 가장 많은 변화를 보인 곳 중의 하나가 집이다. 집은 휴식을 취하고 개인적인 일을 하는 공간이지만 이제는 직장, 학교, 식당을 대체하는 공간으로 바뀌고 있다. 코로나19 확산으로 야외 활동이 어려워지면서 주요 기업들은 재택근무를 시작했고, 학생들의 교육은 온라인 수업으로 대체되었다. 식당이 아닌 집에서 식사하는 경우가 늘어나면서 가정간편식^{HMR}과 배달음식 수요가 급증했다. 집에 머무는 시간이 늘어나면서 가구, TV, 정수기, 공기청정기, PC 수요도 증가하는 추세다. 집은 이제 단순한 휴식 공간이 아니라 생산 활동의 공간이자 소비 활동을 주도하는 공간으로 변모하고 있다. 홈코노미 시장이 열린 것이다.

홈코노미에서 가장 주목할 만한 것은 가구 수요의 급증이다. 집에 머무는 시간이 늘어나고, 집이 생산 활동의 공간이 되면서 가구 구매가 급증한 것이다. 사실 코로나19 이전부터 홈퍼니싱 시장은 꾸준한 성장세를 보이고 있었다. 인테리어, 즉 홈퍼니싱에 대한 패러다임 전환이 나타난 시기는 이케아가 한국에 진출한 2014년부터다. 특정 브랜드보다는 종합 가구점에 가서 직원의 설명을 참고해 가구를 고르면 집에 배달되고 설치까지 해주는 시스템에서 상대적으로 저렴한 가격의 표준화된 가구를 통해 집을 직접 손쉽게 꾸밀 수 있는 시스템으로의 전환이 시작된 것이다.

이케아는 한국 가구 시장에서 저비용, 표준화, 집 꾸미기의 대중화를 선도했다. 한샘과 현대리바트 등 한국의 대표 가구 회사들 역시 이 시장에 참여하면서 인테리어 시장은 브랜드 회사 위주로 재편되기 시작했다. 코로나19로 인해 2020년 성장 속도가 특히 더 빨랐을 뿐 홈퍼니싱 시장은 대형 브랜드 회사 중심으로 계속 성장하고 있다.

리모델링 시장의 성장도 가구 기업들에는 매우 긍정적인 상황이다. 정부의 재건축 규제 강화(재건축 조합원 자격을 얻기 위해서는 집

주인이 2년 이상 실거주를 해야 한다)로 노후 아파트의 실거주 수요가 급증하면서 리모델링 시장이 급성장하고 있다. 한국도 일본처럼 아파트가 노후화하고 있지만 재건축은 쉽게 허가가 나지 않는 상황이 지속되고 있다. 여기에 투자를 위한 매매가 아닌 실거주 목적의 주택 구입이 증가하면서 리모델링 수요는 더욱 증가하는 추세다.

한편, 리모델링 시장도 가구 시장이 표준화, 브랜드화한 것처럼 변화하고 있다. 기존에는 각 동네의 소규모 인테리어 자영업자 중심으로 시장이 형성되어 있었는데, 한샘이 '리하우스'라는 리모델링 전문 대리점 사업을 시작하면서 시장 판도가 변화하고 있다. 한샘의 리하우스는 상품 기획부터 상담, 설계, 실측, 견

한샘 리하우스의 스타일 제안

ⓒ 한샘

적, 시공, AS까지 모든 서비스를 표준화해서 제공하는 사업이다. 2020년 상반기 리하우스 패키지 판매 건수는 230%(YoY) 급증했다. 홈코노미로 인한 가구 수요 증가, 리모델링 시장의 구조적 성장은 이제 시작되었다. 국내 대표 가구 업체들에 대한 비중 확대가 필요하다.

환경가전렌탈 시장도 코로나 19로 인해 성장세가 이어지고 있다. 가정 내에서 체류하는 시간이 증가하고 개인 위생에 대한 관심이 높아지면서 시장 규모가 빠른 속도로 커지고 있는 것이다. 실제로 코웨이, 쿠쿠홈시스, 현대렌탈케어 등 렌탈 기업들의 가입자와 매출은 꾸준히 증가하고 있다. 이에 반해 비용은 감소하고 있다. 대면 영업이 어려워진 상황에서 비대면으로 영업과 관리 및 서비스를 제공하면서 인건비가 크게 감소하고 있는 것이다. 매출은 증가하는데 비용은 감소하니 수익성 개선이 지속되고 있다.

코웨이의 2020년 2분기 매출액은 8.4%(YoY), 영업이익은 22.4%(YoY) 증가했다. 쿠쿠홈시스 역시 2020년 2분기 호실적을 기록했다. 매출액은 17.5%(YoY), 영업이익은 74.4%(YoY) 급증했다. 이처럼 정수기, 공기청정기, 의류청정기 등 환경가전렌탈 시장은 홈코노미 확산에 따른 성장이 당분간 지속될 전망이다. 한국만의 현상이 아니다. 미국, 동남아 시장에서도 한국 렌탈 기업들은 가입 고객을 늘리며 순항하고 있다.

HMR도 홈코노미 확산의 수혜 산업이다. 음식료 업체들은 2016년 이후 거의 5년간 침체를 보였다. 국내 내수 시장은 인구가 늘지 않고 정체된 상태가 이어졌고, 해외에 진출했던 국내 대표 기업들은 고전을 면치 못하며 수익성이 악화되고 있었다. 삼양식품과 오리온이 각각 '불닭볶음면', '초코파이'로 꾸준한 성장세를 보여준 게 그나마 위안이었다.

하지만 코로나19 이후 상황이 달라졌다. 사람들이 외출을 자제하고 집 안에서 지내는 시간이 늘어나면서 가정간편식, 냉동식품, 가공식품 등의 수요가 급증하기 시작했다. 이 식품들은 온라인으로도 편하게 구매할 수 있기 때문에 언택트 확산과 맞물리면서 판매가 급증했다.

HMR은 시기별로 5세대로 나눌 수 있다. 1세대(1980년~2000년)는 3분 카레, 즉석밥이 주도했던 시기로 '편의성'이 주요 컨셉이었다. 2세대(2000년~2013년)는 물만두 같은 냉장 및 냉동식품이 주도했던 시기로 '신선함'이 주요 컨셉이었다. 3세대(2013년~2015년)는 컵밥, 국물 요리 등이 주도했던 시기로 '다양성'이 주요 컨셉이었다. 4세대(2015년~2019년)는 밀키트(요리에 필요한 손질된 식재료와 딱 맞는 양의 양념, 조리법을 세트로 구성해 조리법만 따라 하면 요리를 완성할 수 있도록 한 제품), 유통업체 PB상품 등이 주도하고 있는 시기로 '프리미엄화'가 주요 컨셉이다. 지금의 5세대(2019년 이후)는 4세대와 같이 진행 중인 상황으로 죽, 이유식, 실버푸드 등 수요 맞춤형이 주요 컨셉이다. 외식업체와의 콜라보레이션, 디저트, 이유식, 환자식 등 기존에 없었던 새로운 수요 맞춤형 제품들이 대거 등장하고 있다.

　한국의 HMR 시장은 코로나19 영향도 있지만 성장 가능성이 매우 높다. 한국의 1인당 연간 HMR 소비 규모는 62달러(2018년 기준)로 미국과 일본 평균인 172달러에 크게 못 미치고 있어 성장 잠재력이 높다. 일본의 1인 가구 비중이 2010년 30%를 돌파하면서 HMR 시장이 급성장했던 것처럼 한국은 2020년에 1인 가구 비중이 30%를 돌파할 것으로 예상되어 시장 성장이 본격화될 것으로 기대된다.

　해외 매출 확대도 음식료 업체들의 성장을 기대하게 하는 요인이다. CJ제일제당은 2019년 미국 냉동피자 식품 기업 '슈완스Schwan's'를 인수했고, 2020년 매출액이 급증하며 인수 효과를 톡톡히 누리고 있다. 미국 시장 2위 기업인 슈완스는 2020년 2분기 23.6%의 점유율을 달성하며 1위 네슬레와의 격차를 크게 좁히고 있다. 또한 CJ제일제당의 '비비고 만두'는 글로벌 시장에서 빅히트 상품이 되었다. 2020년 8월까지 7158억 원의 매출을 기록했고 연매출 1조 원 돌파도 가능한 상황이다. 이미 미국 시장에서 비비고 만두는 25년간 1위를 기록한 중국 '링링' 만두를 이기고 1위로 올라섰다. 국내 식품 회사의 단일 품목이 연간 글로벌 매출 1조 원을 넘어선 경우는 아직까지 없는데, 비비고 만두

글로벌 빅히트 상품, '비비고 만두'

© CJ제일제당

가 그 기록을 깰 것으로 보인다.

미국 1위 두부 업체 '나소야'를 인수한 풀무원은 두부 브랜드 '토푸'를 앞세워 미국 시장에서 매출액이 급증했고, 9년 만에 해외 부문 흑자 전환을 기록했다. 농심의 라면, 대상의 종가집 김치도 해외 매출이 지속적으로 증가하고 있다. 국내 HMR 시장 성장 및 해외 매출 증가, 수익성 개선으로 음식료 업종의 주가 재평가는 2021년에도 지속될 가능성이 높다.

▶ 투자 유망주

: 한샘, 시디즈, 코웨이, CJ제일제당, 풀무원, 대상

폐기물 ★★★★
수요 증가와 제한된 공급으로 검증된 성장 산업

폐기물 대란이 지속되고 있다. 소비 패턴이 온라인 중심으로 변하면서 배달 용기 등 일회용 쓰레기가 넘쳐나고 있다. 통계청에 따르면, 서울시의 경우 2020년 8월까지 하루 평균 재활용 폐기물 수거량은 1244톤으로 작년 대비 13% 증가했다. 재활용품 쓰레기 배출량은 4만 톤을 돌파했고, 플라스틱 배출량은 2018년 대비 20%가량 급증했다.

코로나19가 발생하기 전만 해도 정부는 일회용 쓰레기를 줄이기 위해 커피전문점 등에서 일회용품 사용을 규제하는 정책을 시행했다. 하지만 코로나19로 인해 환경 규제가 느슨해졌다. 전국 지방자치단체는 일회용 쓰레기 처리를 제대로 하지 못해서 곤혹스러운 상황이라고 한다. 코로나19로 의료용 쓰레기까지 급증하면서 폐기물 처리 문제는 가장 큰 사회 이슈가 되었다.

늘어나는 폐기물 처리 수요에 비해 공급 업체는 매우 제한적인 상황이다. 폐기물 산업은 '수집·운반 → 중간 처리(소각) → 최종 처리(매립)'의 3단계로 나눌 수 있다. 환경부에 따르면 수집·운반 업체 수는 6750개, 중간 처리 업체 수는 783개, 최종 처리 업체 수는 30개라고 한다. 중간 처리 및 최종 처리 업체 수가 상대적으로 적은데, 이는 대규모 자본 투자가 필요하기 때문에 높

폐기물 에너지의 처리 공정

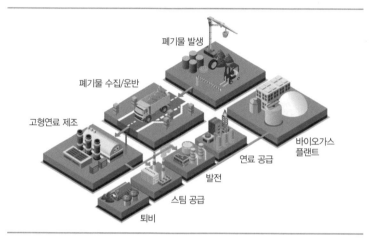

폐기물 발생

폐기물 수집/운반

고형연료 제조

바이오가스
플랜트

연료 공급

발전

스팀 공급

퇴비

은 진입장벽이 존재하기 때문이다.

국내 폐기물 업체 중 상장기업은 대부분 최종 처리 업체들이다. 폐기물 처리시설은 혐오시설이기 때문에 주민들의 반발로 신규 건설이 쉽지 않다. 국내 폐기물 발생량은 지난 5년간 연평균 3%의 꾸준한 성장세를 보이고 있지만, 주민 반발과 정부 규제 강화로 공급이 감소하고 있어 폐기물 처리 단가는 지속적으로 상승하고 있다. 2017년부터 중국이 폐기물 수입 전면 금지 조치를 시행하면서 국내에서 처리해야 할 폐기물 양이 크게 증가한 것도 폐기물 처리 단가에 긍정적으로 작용했다. 지난 5년간 매립 단가와 소각 단가는 연평균 각각 15%, 9% 상승했다.

폐기물 시장은 이제 국내에서 몇 안 되는 검증된 성장 산업이 되었다. 이는 최근 건설사들의 폐기물 업체 M&A에서도 여실히 드러난다. 아이에스동서는 2019년 건설폐기물 1위 업체 인선이엔티를 인수했고, 2020년 6월에는 코엔텍, 새한환경이라는 국내 대표 폐기물 업체를 추가로 인수했다. SK건설은 2020년 9월 1조 원의 자금을 투입하여 폐기물 소각장 4곳과 2000여 개의 하수·폐수 처리시설을 운영하는 국내 1위 폐기물 업체 EMC 홀딩스 주식 전량을 인수하기로 결정했다. 폐기물 산업은 수요의 증가에도 공급이 제한된 높은 마진의 산업이다. 2021년에도 폐기물 업체의 실적과 주가 상승은 지속될 전망이다.

▶ 투자 유망주

: 와이엔텍, 아이에스동서, 티와이홀딩스

미니 LED ★★★★
적어도 2022년까지는 성장이 담보된 시장

'경쟁사만 좋은 일? 삼성전자·삼성디스플레이 기싸움 이유는?' 이는 2020년 9월 4일자에 난 조선일보의 한 기사 제목이다. 글로벌 경쟁에서 살아남기 위해 서로에게 우산을 씌워주지 않을 것이라는 내용의 기사다.

삼성디스플레이는 8월 말 삼성전자 영상디스플레이^{VD} 사업부와 소니·샤오미·파나소닉 등에 QD-OLED TV 시제품 디스플레이를 제공했다. 삼성전자의 반응은 미온적이었던 것으로 알려져 있다. 이미 QLED TV로 시장을 장악한 상황에서 가성비가 떨어지는 QD-OLED로 전환할 필요가 없다는 이유에서다. 삼성디스플레이는 QD-OLED 디스플레이에 13.1조 원 투자를 선언했다. LCD를 접고 TV 시장에서 OLED 주도권을 놓고 LG와 경쟁하겠다는 청사진을 제시한 것이다. 중국의 추격도 거세기 때문에 삼성디스플레이 입장에서는 시간이 부족한 상황이다. 삼성전자가 QD-OLED 디스플레이를 채택해주기만을 기다릴 수 없는 상황인 것이다. 그래서 미온적인 반응을 보인 삼성전자가 아닌 다른 경쟁 TV 제조사에게 시제품을 제공한 것이다.

삼성전자는 TV 완제품 제조사다. 기술도 중요하지만 대량 생산이 가능하고 가격도 알맞는 현실적인 제품이 더 중요하다. 미래에 대한 모험보다는 현실의 수익성이 더 중요한 것이다. LCD TV 기반의 QLED TV가 이미 '대박'을 쳤기 때문에 QLED TV를 버리고 OLED TV를 택하기는 쉽지 않은 상황이다. LCD TV가 화질 면에서는 OLED에 비해 열위에 있지만 가격, 밝기, 수명 등에 있어서는 오히려 우위에 있기 때문에 드라마나 예능 위주로 시청하는 TV의 특성상 더 유리한 면도 있다.

QD-OLED TV와 관련하여 미온적인 반응을 보이는 삼성전자
는 2021년에도 QLED TV 판매를 지속하면서 '미니 LED TV' 출
시를 준비하고 있다. 이 역시 LCD 기반의 TV인데 크기가 기존
LED보다 훨씬 작은 미니 LED*가 백라이트(광원)에 들어간 TV이
다. 삼성디스플레이 입장에서는 형님인 삼성전자의 이런 행보가
아쉽겠지만, 동생을 챙겨줄 여유가 형님에게는 없다. 기업에게
가족 같은 정情을 바랄 수는 없다.

OLED의 가장 큰 단점 중 하나는 '번인Burn-in 현상'이다. 장시간
TV를 켜놓았을 때 화면에 잔상이 남는 현상으로 TV 수명에도
꽤 큰 영향을 줄 수 있는 치명적인 단점이다. 스마트폰은 교체
주기가 보통 3~4년 되기 때문에 OLED 디스플레이를 사용해도
큰 문제가 되지 않지만, TV는 교체 주기가 길게는 10년 이상 되
기 때문에 번인 현상은 OLED TV 제조사들에게는 심각한 단점
이 될 수밖에 없다. 삼성디스플레이가 투자하고 있는 QD-OLED
디스플레이에 삼성전자의 반응이 미온적일 수밖에 없는 가장 큰
이유 중 하나다. 또한 QD-OLED 디스플레이가 수율이 안정화
되어 대량 생산되기 위해서는 아직도 2년 이상의 시간이 필요한
상황이다. 삼성전자의 2021년에는 QD-OLED TV가 아닌 QLED,

---

*   미니 LED는 크기가 100~300mm 수준의 초소형 LED로, 일반적인 LED의 10~100배
이하 크기다. 크기가 작아서 디스플레이 뒷면에 수천 개 이상의 칩을 설치할 수 있다.
미니 LED 제조 비용은 OLED의 70% 수준이라 상대적으로 가격 경쟁력도 있다.

미니 LED TV의 구조

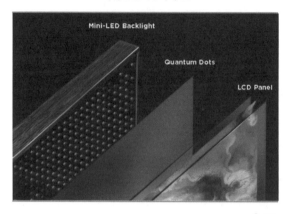

미니 LED가 있을 수밖에 없는 셈이다.

미니 LED TV는 기존 LCD TV의 백라이트로 쓰는 LED 칩의 크기를 획기적으로 줄인 소형 LED를 광원으로 쓰는 제품이다. 다수의 미니 LED가 디스플레이에 촘촘히 박혀 있어서 휘도(밝기)가 더 개선되고 명암비를 높인 TV다. 기존 LCD TV보다는 가격대가 높게 형성되겠지만 OLED TV에 비해서는 저렴하다. 시장조사 기관 트렌드포스TrendForce는 2021년 전체 TV 시장에서 미니 LED TV 출하량 비중은 2%를 차지할 것으로 예상했고, 삼성전자는 약 200만 대의 미니 LED TV를 출하할 것으로 예측했다. 2020년 삼성전자의 TV 출하량 예상치가 800만 대인 점을 감안하면 의미 있는 수치다. 대중적인 제품은 QLED TV, 프리미엄 제품은 미니 LED TV 중심으로 판매할 가능성이 높다. 애플도 여기에 동참

344

한다. 대만의 유명 애널리스트인 궈밍치는 2021년까지 6개의 아이패드 모델과 맥북에 미니 LED가 채택될 것으로 전망했다. 미니 LED 채택이 TV에서 태블릿 PC, 노트북 PC까지 확대될 수 있는 것이다. 중국 기업들도 뛰어든다. 중국 가전업체 TCL과 창홍 등도 미니 LED TV 출시를 준비 중에 있다고 한다.

기술력 면에서는 당연히 OLED가 가장 우위에 있는 게 사실이다. 하지만 대중화는 다른 문제다. 장시간 시청하고 교체 주기가 긴 TV는 오히려 LCD를 기반으로 하는 LED에 유리한 면이 많은 제품이다. 몇 년 후엔 또 어떤 시장 판도가 형성될지 예측하기 쉽지 않지만 적어도 2022년까지 미니 LED TV 시장의 성장은 담보된 상태라고 할 수 있을 것 같다.

▶ 투자 유망주

: 서울반도체, 일진디스플레이

건강기능식품 ★★★★
실적도, 주가도 고공행진한 OEM 기업들

2020년 추석 명절을 앞두고 식품 판매에 이변이 일어났다. 2019년까지 명절 매출 1위를 기록하던 통조림, 햄 등 가공식품이 아니라 건강기능식품이 매출 1위를 차지한 것이다. 마켓컬리에서는 추석 선물세트 매출 중 41%가 건강기능식품에서 나왔고, G마켓과 옥션에서는 건강 관련 상품의 매출이 지난해보다 3배나 뛰었다고 한다.

2020년은 건강기능식품의 열풍이 분 원년이라고 불러도 좋을 정도로 시장이 급성장했다. 코로나19 영향으로 면역력 강화에 대한 관심이 높아졌고, 많은 브랜드에서 저렴한 제품이 대거 출시되면서 시장은 대중화되었다. 수요가 급증하면서 브랜드사들의 경쟁은 더욱 치열해졌다. 공급도 중요해지면서 건강기능식품 OEM 업체들의 실적도, 주가도 고공행진했다. OEM 대표 기업인 서흥, 콜마비앤에이치, 노바렉스, 코스맥스엔비티의 2020년 3월 19일(코로나19 저점) 합산 시가총액은 1.2조 원이었지만, 9월 29일 기준 합산 시가총액은 3조 원을 상회했다. 3배 정도의 주가 상승을 기록하며 전체 시장보다 높은 상승률을 보여준 것이다.

건강기능식품은 일상에서 결핍되기 쉬운 영양소나 인체에 유용한 기능을 가진 성분을 가공·제조한 식품이다. 식품위생법상 일반식품과는 달리 과학적 근거를 기반으로 한 기능성 원료만 인정한다. 또한 질병 치료가 목적인 의약품과는 달리 질병 발생 위험을 감소시키고 건강을 유지시키는 것이 목적이다. 질병 발생 후의 치료보다 예방의학 시장이 더 커지고 있어서 건강기능식품의 중요성도 날로 커지고 있다.

노바렉스의 유산균 제품들

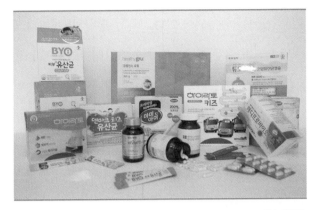

© 노바렉스

건강기능식품에 사용되는 원료는 '고시된 원료'와 '개별인정 원료'로 나눌 수 있다. 고시된 원료는 식약처에서 기준 및 규격을 고시한 원료로 비타민 등 95종이 있다. 개별인정 원료는 개별적으로 식약처의 심사를 거쳐 인정받은 업체만 사용할 수 있는 원료로 200여 종이 있다. 고시된 원료는 사용이 자유롭지만 개별인정 원료는 허용된 업체만 사용할 수 있기 때문에 개별인정 원료를 많이 보유한 기업이 경쟁력이 높다고 할 수 있다.

건강기능식품 시장은 브랜드를 붙여서 판매하는 판매업자와 판매업자의 주문을 받고 생산만 해주는 OEM 회사로 나눌 수 있다. 경쟁이 치열해지면서 판매업자보다는 제한된 소수 업체가 과점하고 있는 OEM 회사에 유리한 구도가 전개되고 있다. 2018년 기준 건강기능식품 관련 업체는 8.8만 개인데, 제조업체

는 500개에 불과하다. 만들어달라는 업체는 넘쳐나지만 만들어
줄 수 있는 업체는 한정되어 있다. 서흥, 콜마비앤에이치, 노바렉
스, 코스맥스엔비티 등 OEM 회사에게 절대적으로 유리한 게임
이 당분간 이어질 가능성이 높은 상황이다.

나도 많은 건강기능식품을 섭취하고 있다. 홍삼을 비롯하여
비타민, 간 기능 개선제, 유산균 등 다양한 식품을 섭취 중이다.
계속 섭취하다 보니 이제는 습관이 되었다. 마치 하루 세끼 식사
하는 것처럼 건강기능식품 섭취도 일상이 된 것이다. 2021년, 아
니 그 후에도 건강기능식품 시장은 계속 성장할 것이다. 성장하
는 시장 안에서 개별인정 원료를 많이 보유한 OEM 회사들의 실
적과 주가 상승은 지속될 가능성이 높다.

▶ 투자 유망주

: 서흥, 노바렉스, 콜마비앤에이치

미용·성형 ★★★★
반복 구매 특징이 만들어준 장기 호황 가능성

지난 5월, 12조 원 규모의 긴급재난지원금이 각 가정에 지급
되었다. 코로나19 팬데믹에 따른 경기 침체를 막기 위해 비상 조

치를 시행한 것이다. 재난지원금 사용액 상위 업종에는 대중음식점, 식료품, 병원, 약국, 주유, 의류 등이 있었는데, 매출액 증가율에서는 안경(+68.2%), 병원·약국(+63.8%)이 압도적으로 높았다. 헬스케어 분야에 대한 지출이 높았던 것인데, 그중에서도 특히 미용·성형 분야의 매출액 증가율이 높았다고 한다. 코로나19로 인해 외출을 자제하게 되니 시술 후 회복 기간이 필요한 미용·성형 관련 수요가 급증한 것이다. 직장인이 장기 휴가를 내지 않고 성형수술이나 시술을 받는 것은 어렵다. 그런데 재택근무가 활성화되고 재난지원금까지 받게 되면서 미용·성형 관련 업계가 엄청난 호황을 맞게 된 것이다.

'보톡스를 안 맞은 사람은 있어도 한 번만 맞은 사람은 없다'는 말이 있다. 미용·성형 산업의 특징을 단적으로 나타내는 말이다. 이 산업은 반복 구매가 지속해서 일어나는 특징이 있어서 장기 호황 가능성이 매우 높다. 피부 개선 효과를 느낀 소비자들의 지갑을 계속 열게 하기 때문이다. 미용·성형 시장은 2가지로 나눌 수 있다. 수술적 방법과 비수술적 방법인데, 비수술적 방법의 시장 규모가 빠르게 커지고 있다.

수술적 방법은 자르거나 째는 등의 방법으로 외형을 변형시키는 방식을 의미한다. 쌍꺼풀 수술, 안면 리프팅 수술 등이 대표적이다. 효과가 빠르고 반영구적이라는 장점이 있지만 회복 시간이 오래 걸리고 비용이 비싼 점은 부담이다. 비수술적 방법은 주사를 이용해 약물을 주입하거나 의료기기를 이용하여 시술하는 방식으로 회복 시간이 빠르고 부작용 우려가 적어 소비자들의 선호도가 증가하는 추세다. 비수술적 방법의 미용··성형 분야에서 시술 건수가 가장 많은 것은 흔히 보톡스라고 불리는 주름 개선 치료제 보툴리눔 톡신(2018년 기준 48% 비중)이다. 히알루론산, 레이저 제모, 지방 흡입, 광피부 치료가 그 뒤를 잇고 있다.

한국의 비술수적 방법 미용··성형 시장은 최근 크게 성장하고 있다. 대형 병원, 의원들의 적극적인 시장 참여에 따른 경쟁 심화와 가격 인하로 인해 비수술적 방법의 미용··성형 시장 진입장벽이 크게 낮아지고 있기 때문이다. 소비자들도 가격이 저렴해지자 부담 없이 지갑을 열고 있다. 미용··성형 시장이 성장하는 또 다른 이유는 언급했듯이 반복 시술 때문이다. 비수술적 방법의 미용··성형은 한 번의 시술 이후 일정 기간이 지난 후에는 다시 원래의 얼굴로 복구되는 특징이 있다. 그래서 보통 6개월 이후에는 재시술이 필요하다. 대한레이저 피부모발학회 설문조사에 따르면, 보툴리눔 톡신 주사 시술을 받은 소비자들의 90% 정도가 재시술을 받았다고 한다.

사람은 누구나 아름다워지고 싶어 한다. 나이가 들면서 나타나는 피부 탄력 저하, 주름 증가 등 노화 현상을 막을 수는 없다. 하지만 다양한 시술을 통해 개선하는 것은 현대 의학으로 충분히 가능하다. 코로나19로 긴급재난지원금을 받고 비수술적 방

클래시스의 초음파 리프팅 시술 기기

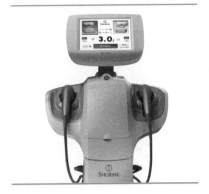

ⓒ 클래시스

법의 미용 성형을 처음 경험한 소비자들이 많다. 이들은 앞으로 도 계속 시술을 받을 가능성이 높다. 미용·성형 시장의 성장은 2021년에도 지속될 것이다.

▶ 투자 유망주

: 파마리서치프로덕트, 클래시스, 제테마, 휴온스

사무 업무 자동화(RPA) ★★★★
연평균 30% 이상의 고성장이 예상되는 시장

2018년 10월, 싱가포르 최대 이동통신사인 싱가포르텔레콤

〈싱텔〉의 최고디지털책임자는 직원 한 명당 로봇 한 대, 즉 '1인 1로봇'의 비전을 던졌다. 2016년 말부터 시범적으로 도입해오던 RPA^{Robotic Process Automation}(단순하고 반복적인 사무 업무를 소프트웨어 프로그램으로 자동화하는 것)의 확산을 알리는 신호탄이었다. 2018년 러시아 월드컵이 계기였다고 한다. 통신사의 경우 월드컵, 올림픽 등 대형 이벤트가 있을 때마다 시즌권 판매 수요, 서비스 문의가 급증하기 때문에 인력이 일시적으로 많이 필요하다. 임시직을 고용하지 않고 밀려드는 수요에 대응할 수 없을까 고민하던 차에 눈을 돌린 곳이 로봇이었다.

싱텔은 훈련된 전화 영업 봇을 배치한 뒤 싱텔 핫라인으로 들어오는 월드컵 패키지 구독 문의에 응대하도록 했다. 그 결과 아르바이트생이나 계약직 채용 없이 로봇만으로 약 70%의 업무를 처리하는 데 성공했다. 그 후 싱텔그룹은 2년간 다른 부분에도 RPA를 도입해 50만 시간의 노동시간을 절감했다. RPA를 통해 비용도 절감하고 비효율적인 업무에 사용되는 노동력을 생산성이 높은 업무에 투입하여 기업의 효율성을 높일 수 있게 된 것이다. RPA를 도입하면 평균 20~30% 이상의 비용 절감 효과와 반복 작업의 자동화에 따른 근로자의 업무 만족도 제고 효과도 크다고 한다.

국내에서 RPA는 2016년 이후 은행, 보험, 카드사 등 금융권의 계약 관리, 보험증권 처리, 정보 조회 등 '백 오피스^{Back office}' 업무 중심으로 도입이 시작되었다. RPA는 시스템 로그인, 문서 작성, 화면 조회, 특정 셀의 데이터 읽고 쓰고 계산하기, 이메일 보내기 등 매우 단순하지만 꼭 필요한 일을 처리한다. 이런 단순 업무가 사무직 업무의 30~50%를 차지하고 있기 때문에 RPA의 도입은 기업과 근로자 모두에게 도움이 될 수 있다.

2017년 이후 한국도 주 52시간 근무제 도입이 시작되며 전 산업 영역에서 RPA에 대한 관심이 확대되고 있다. 내가 근무하고 있는 증권 업종에서 현재 RPA가 적용된 업무들은 비대면 계좌 개설 시 신분증 진위 확인, 비대면 계좌 개설 승인, 전자공시시스템 검색, 메일 서버 점검 등이 있다. 제조 업종에서는 송장 처리, 세금 계산서 업로드, 수출 면장 등록, 일일 업무 보고, 구매 입고 처리, 제품 등록 및 확인 등의 반복 업무를 RPA가 처리해주고 있다.

RPA 시장은 향후 연평균 30~40% 이상 고성장을 기록할 것으로 예상된다. RPA의 대표 기업인 영국의 블루 프리즘Blue Prism의 매출액은 최근 5년간 연평균 80% 증가했고, 일본 RPA홀딩스의 매출액도 3년간 연평균 116% 증가했다.

국내에서는 포스코ICT가 시장을 주도하고 있다. 2019년 자체 개발한 RPA 솔루션 '에이웍스A.WORKS'를 출시했고, 아마존에서 중소기업 대상으로 판매를 시작했다. 에프앤가이드와는 공동으로 RPA 사업을 추진해 국내 증권사, 자산운용사 등 금융기관 대상

RPA 솔루션 '에이웍스'의 금융 분야 활용 사례

© 포스코ICT

으로 공급하는 사업도 함께 펼칠 계획이다. 삼성SDS는 AI 기반 대화형 RPA를 삼성 주요 계열사에 공급하고 있고, LG전자는 이미 회계, 인사, 영업 등에 RPA를 도입해 사람이 500일 걸려 할 일을 한 달 만에 처리했다고 한다. 생산성이 무려 23배나 증가한 것이다.

인간은 창조적인 생물이다. 단순하고 반복적인 일은 사람을 피곤하게 만들고 생산성을 떨어뜨릴 수밖에 없다. RPA는 단순 반복 업무에서 사람을 해방시켜줄 도구다. 물론 기업에도 도움이 된다. 생산성을 높이고 비용을 절감시켜주기 때문이다. 한국의 RPA 시장은 이제 걸음마 단계에 접어들었다. 정부 기관, 금융 회사, 대기업 IT서비스 계열사를 중심으로 시장이 형성된 후 제조업, 서비스업, 중소기업 등으로 확대될 것이다. 이제 RPA는 선택이 아닌 필수다. RPA에 강점을 갖고 있는 IT서비스 기업에 관심을 가져보자.

▶ 투자 유망주

: 삼성에스디에스, 포스코 ICT, 한화시스템

참고 자료 ─────────────────────────

- 한경 경제용어사전, 약학용어 사전, 쇼핑용어사전, 나무위키

- 정인성, 『반도체 제국의 미래』, 이레미디어, 2019

- 이베스트투자증권 보고서, 「Over the Horizon 2」, 2020.9.14

- 미래에셋대우 보고서, 「8월 또 급증, 이젠 틱톡보다 웹툰」, 2020.9.4

- 이베스트투자증권 보고서, 「인테리어 101」, 2020.9.15

- KB증권 보고서, 「봉쇄령도 뛰어넘은 K-Food」, 2020.9.14

- 신영증권 보고서, 「코로나가 발견한 폐기물의 소중함」, 2020.8.24

- 신한증권 보고서, 「폐기물 클라쓰」, 2020.4.28

- 이베스트투자증권 보고서, 「예방이 치료보다 중시되는 셀프 메디케이션 시대」,
  2020.7.28

- 이베스트투자증권 보고서, 「Value & Growth」, 2020.6.30

- KTB투자증권 보고서, 「수소 경제-악마는 디테일에 있다」, 2020.9.17

- SK증권 보고서, 「Platform Path-finder」, 2020.8.11

- 포스코 경영연구원, 「주 52시간 시대의 해법, RPA를 주목하라」, 2019.2.21

미스터 마켓 2021

초판 1쇄 발행 2020년 11월 23일
초판 5쇄 발행 2020년 12월 30일

지은이 이한영, 김효진, 이다솔, 이효석, 염승환
펴낸이 김선준, 김동환

책임편집 한보라
디자인 강수진
마케팅 권두리

펴낸곳 페이지2북스 **출판등록** 2019년 4월 25일 제 2019-000129호
주소 서울시 영등포구 국제금융로2길 37 에스트레뉴 1304호
전화 070) 7730-5880 **팩스** 02) 332-5856
이메일 page2books@naver.com
종이 (주)월드페이퍼 **출력·인쇄·후가공·제본** (주)현문

ISBN 979-11-90977-03-6 (03320)